国家自然科学基金青年项目“西南山区旅游地民族聚落空间演进与机制研究”(41401604)
四川省科学技术厅重点项目“基于移动 GIS 和 AR 的红色文化资源采集与挖掘信息平台研究与应用”(2023YFS0459)
西南民族大学中央高校项目“中国式国家公园入口民族社区社会—生态系统韧性建设研究”(2024SYB10)

旅游聚落演变与灾后社区恢复力研究

以九寨沟为例

沈兴菊 著

中国农业出版社
北 京

图书在版编目（CIP）数据

旅游聚落演变与灾后社区恢复力研究：以九寨沟为例 / 沈兴菊著．—北京：中国农业出版社，2024.2
ISBN 978-7-109-31458-0

Ⅰ.①旅…　Ⅱ.①沈…　Ⅲ.①九寨沟－地震灾害－灾区－旅游业－经济恢复－研究　Ⅳ.①F592.771.4

中国国家版本馆 CIP 数据核字（2023）第 215590 号

中国农业出版社出版
地址：北京市朝阳区麦子店街 18 号楼
邮编：100125
责任编辑：孙鸣凤
版式设计：杨　婧　　责任校对：张雯婷
印刷：北京中兴印刷有限公司
版次：2024 年 2 月第 1 版
印次：2024 年 2 月北京第 1 次印刷
发行：新华书店北京发行所
开本：700mm×1000mm　1/16
印张：12.75
字数：250 千字
定价：89.00 元

PREFACE / 前言

西南山区是我国少数民族聚落集中分布的地方，也是旅游资源富集的地区。近年来，随着旅游业的迅猛发展，越来越多的少数民族农村聚落加入到旅游发展中，旅游在当地聚落发展和演进中也扮演着越来越重要的角色。它不仅改变了山区居民的生活方式，也改变了原有的民族聚落结构、特点及功能。民族聚落作为民族文化生态的重要载体，一方面，肩负着传承民族文化和地方文化的重要使命；另一方面，它本身也是对旅游者具有强烈吸引力的旅游资源。随着旅游业的进一步发展，许多乡村聚落和民族聚落中农户的生计模式发生了根本性的变化，他们不再主要依靠农业甚至完全不再依靠农业，而是将旅游业作为社区的主导生计。与此同时，原有的乡村聚落空间结构及形态特征都有了与以往不同的演变过程和方式，因此，如何在旅游开发的过程中结合民族聚落自身的空间形态特征，使其传统的聚落空间形态得以保护性开发是当前村落旅游开发面临的一个重要问题。

西南山区是我国地震、滑坡、泥石流等自然灾害频繁发生的地区，其中四川省是近几年我国自然灾害发生最频繁和最严重的地区之一。近 20 年来，我国发生的最严重的四次地震——2008 年的汶川大地震、2013 年的雅安芦山地震、2017 年的九寨沟地震、2022 年的泸定地震，均发生于四川省。每次灾害不仅带来大量的人员伤亡，还给当地的各行各业带来严重的影响，尤其对旅游业，产生了非常大的负面影响，造成了严重的经济损失。如 2008 年四川汶川“5·12”大地震，地震本身对旅游吸引物和旅游设施造成极大的破坏，给旅游市场信心带来沉重的打击，地震后次生的滑坡、泥石流、堰塞湖等地质灾害也给当地的旅游业造成了巨大的损失。据了解，四川“5·12”汶川大地震对其旅游业造成的直接损失达 465.92 亿元，当年四川省的入境旅游人次同比下降 59%，其他间接损失无法估计。2017 年 8 月 8 日，四川省阿坝州九寨沟县又发生里氏 7.0 级大地震，震中位于九寨沟。九寨沟世界自然遗产地，是中国乃至全球著名的旅游风景名胜区，该景区是一个地形以山地为主、居民基本为藏族、居民生计主要依赖旅游业的典型民族旅游聚落，地震前，景区每年吸引游客500多万人次，旅游总收入达8亿元以上，同时它还带动了周边其他地区旅游业的发展。地震后，九寨沟景区32处景观资源不同程度地受损，其中对游客吸引力很大的核心景点诺日朗瀑布、火花海、熊猫海等受损程度尤为严重。“8·8”地震不仅使九寨沟景区的旅游资源和景观受到重创，更给当地社会经济带来空前破坏：漳扎镇100余家宾馆饭店和藏家乐等旅游企业全面歇业，临时增加失业人口超过1.3万人；此外，该次地震还影响到以旅游业为支柱产业的四川省阿坝州旅游收入和社会经济发展，地震后的2017年，阿坝州全年旅游人数和旅游收入不足往年的1/3。地震不仅给九寨沟造成了重大损失，也给整个阿坝州的经济带来了沉重打击和严重损失。

地震后，从中央到地方、从政府到社区，都在积极开展灾后重建及恢复工作，但是灾后各行各业的恢复是一个长期、缓慢的过程，从基础设施恢复到社区各项建设，从民众生活恢复到游客信心重建都需要时间。经过艰苦重建，九寨沟于2018年3月，部分恢复接待游客，但因为设施、道路等仍在重建实施过程中，每天只接待2 000名团体游客，这与地震前日均接待2万多游客有天壤之别。更艰难的是，当九寨沟重建工作取得较大进展时，2019年底又遇到全球性的新冠肺炎病毒疫情，雪上加霜，景区再次陷入困顿。长期以来，九寨沟周围社区民众的生活和发展均严重依赖于旅游业，面对灾后的严峻现实和全球极端天气频发，除了政府的努力，当地社区如何进行自我发展、自我恢复，是需要特别关注的问题。

九寨沟作为典型的山区旅游聚落，其聚落发展演变及社区灾后重建不仅受到地形地貌、水土资源、灾害分布等客观条件的限制，还受到居民、政府和其他利益相关者的感知、态度和行为的影响。另外，旅游聚落与其他山区聚落最大的不同在于其生计方式严重依赖生活空间，聚落内社区成员的生计模式与旅游资源类型、离核心景区的距离、与交通线的关系、在聚落中所处的空间位置都有直接的联系，因此，无论是聚落演变过程中人的行为还是灾后社区恢复时的居民态度，都有其特殊性。本书关注旅游聚落，尤其是山区和民族旅游聚落空间演进的规律及其灾后重建过程与方式，试图分析聚落空间演进机理，探讨旅游聚落空间演进的适宜途径与模式，识别影响灾后旅游社区恢复力的敏感因子，提出民族旅游社区恢复力综合分析框架，希望可以为旅游社区，特别是民族旅游社区的防灾减灾和可持续发展提供有针对性的科学建议。

COTENTS / 目录

第一章 绪 论

自然与人文、地域与环境、生活与文化、民族与民俗、风土与人情、建筑与历史等，均为乡村聚落研究和关注的核心内容。伴随着传统与现代的融合及碰撞，以上内容及其关系也在经历着各种各样的变化，尤其是对于西南山区来说，这里是传统少数民族聚居区，又有特殊的自然地理条件，近年来又叠加了多次自然灾害，使当地的环境、人文和社会均发生了强烈变化，面临的问题也错综复杂，如何保证乡村聚落和社区的可持续发展，有必要全面展开并深入探讨。

一、研究意义

（一）现实意义

1. 理解和揭示山区民族聚落的动态演变特性

聚落及其空间演进是农村聚落研究长期关注的内容。山区聚落空间演进受自然、社会、经济等因素综合作用，其中自然环境是影响农村聚居空间演变的外部条件，社会生产力和人类经济活动是影响农村聚居空间演变的内在因素。

农村聚落是中国农村社会经济活动最基本的一个空间单元，它们承载着农村居民的生活、生产以及生态功能，功能多元化是聚落里产业与住宅两者融合发展的重要途径。西南山区地处青藏高原东缘和横断山系交界处，是中国自然地形第一、二大阶梯的过渡区和四川盆地丘陵山地向青藏高原的过渡带，是我国著名的“藏彝走廊”的重要通道，也是近年来我国民族旅游发展最迅速的地区之一。针对该区域复杂的自然条件和民族聚落背景，剖析山区聚落空间演进规律和驱动机理，不仅有助于理解和揭示民族聚落的动态演变特性，对于今后指导西南民族地区旅游业发展也具有重要现实意义。

2. 提供社区防灾减灾政策制定依据

社区是应对灾害风险的直接主体，是防灾减灾管理的基础，也是当地恢复和重建的主要参与者。重建工作以受灾社区为主体，社区能力决定了灾后重建的速度、质量和长效发展。地震后，九寨沟的重建得到了国家和政府的大力支持与帮助，也吸引了学界、旅游等行业的重点关注。如何让受灾社区在灾后快速恢复过来，让社区居民的生活重新步入正轨，是国家、地方政府和民众都非常关心的问题。中国共产党第十九次全国代表大会报告（以下简称“十九大报告”）明确提出，地区政府要加强地质灾害防治，促进人与自然和谐发展新格局的形成；2019年中央政府发布的《中国落实2030年可持续发展议程进展报告》中提出，要“建设包容、安全、有抵御灾害能力和可持续的城市和人类住区”，明确了我国住区可持续建设向应对脆弱性、提升住区恢复力与恢复力等主题方向发展；2020年《中共中央关于制定国民经济和社会发展第十四个五年计划及2035年远景目标的建议》中强调：坚持人民至上、生命至上，提高防灾、减灾、抗灾、救灾能力；《四川省“十四五”规划和2035年远景目标纲要》也提出，要加强地质灾害、地震等领域的监测预警和防灾减灾救灾工作建设。因此，厘清影响社区恢复力的影响因素和机制，一方面可帮助地方政府和相关部门有针对性地引导九寨沟旅游社区居民和企业进行积极的防灾选择，培养独立的减灾能力，加强社区自助和互助，增强社区可持续发展能力；另一方面，可为类似受灾害影响的其他社区防灾减灾、灾后重建、社区恢复等政策的制定提供参考依据。

3. 丰富旅游聚落与乡村振兴的实践研究

乡村振兴是一项系统性的工程，既需要有相对合适的外部环境和条件，又需要内部的人才、环境和产业的支持。乡村发展和振兴的空间在聚落，故乡村聚落发展是乡村发展的核心基础。

党的十九大报告提出了乡村振兴战略，明确了未来要建设一个“产业兴旺、生态宜居、乡风文明、治理有效、生活富裕”的美丽村庄。这一目标中包含有乡村的产业发展、空间分布、社区建设、环境治理、文化保护与传承、灾害治理等丰富的内容，要实现这一宏大目标中的具体内容，就有必要了解和掌握村镇尺度的聚落特征，实现乡村振兴战略的点—线—面结合，并将其真正落实到乡村地区建设和发展中。乡村发展和振兴的空间在聚落，在乡村振兴战略实施过程中，通过重组乡村聚落生产要素，协调人地关系，提升乡村空间功能[1]。落实到具体的研究对象中，九寨沟作为一类特殊的乡村聚落，一方面是生产要素聚集的重要节点和乡村居民的聚居区，另一方面由于旅游的加入使得它与周边区域之间的人员、信息和物质交流更加频繁和多样，聚落的开放程度也更高。以此为例，通过剖析九寨沟各村寨聚落的分布现状、集聚特征、驱动因素，以及灾后恢复重建等，探索乡村聚落建设和灾后恢复的综合优化路径，为实现乡村振兴和乡村聚落空间重构等提供科学依据和理论参考。从恢复力的角度看，对乡村聚落恢复力的讨论，应从单一生态恢复力视角转向综合社会恢复力视角，并且要将乡村聚落恢复力嵌入乡村聚落多功能转型的时间演进过程与空间多尺度的关联机制中，探讨乡村聚落的适应、转型和可持续发展的能力，为乡村振兴研究提供新的依据[2]。

（二）理论意义

1. 有助于扩展和补充社区灾害与恢复力相关研究

灾害对居民的影响和居民面对灾害时的行为反应近年来已逐渐受到地理学、灾害科学和社会学等学科领域的关注。西南地区由于特殊的地质地貌条件，过去经常发生自然灾害，而且以目前人类的科学技术水平和能力，现在及将来也无法完全阻止灾难的发生。对以旅游业为支柱产业的西南地区来说，频发的自然灾难是不得不面对的窘迫现实。尽管我们无法避免灾难，但最大限度地减轻灾害的影响和损失，积极进行自我恢复已成为旅游业可持续发展的重要前提。可持续发展理论自提出以来，已成为很多学科的研究主流，其目标是使自然生态系统处于理想的状态中，防止系统进入不理想的盆地，因为一旦进入无序，系统将很难恢复。旅游业是一种典型的资源依赖型产业，而我国西南地区的旅游资源多分布于山区，生态脆弱、敏感，且自然灾害频发，其发展进程因自然灾害经常被"扰动"，面对重重扰动，社会经济系统如何应对各种变化，保持其自身良好发展，已经成为一个亟待解决的重要问题。在此背景下，恢复力逐渐成为促进社会经济系统可持续发展的新概念和新范式[3]。

2. 有助于完善旅游地社区恢复的研究内容

社区恢复力既是结果也是过程。作为恢复力研究的新范式，社区恢复力强调旅游系统中行动者的能动性和恢复力的社会维度，为理解系统的恢复力提供了新的视角[4]，国外对此已有相对较多的研究，国内在此方面的研究才展开不久。

近年，随着自然灾害的频繁发生和旅游业加入后社会经济的快速转型，旅游社区恢复力对旅游目的地可持续发展的作用越来越明显，国内的研究也需要在这方面取得突破和拓展。九寨沟作为一类特殊的旅游聚落和社区，旅游介入乡村地区并成为主导产业，打破了原来乡村经济中以农业为主的产业形式，也让当地传统的聚落空间形态发生改变，由原来的沿河而居变为更贴近交通线，家屋的内部空间和高度也因其由原来的家庭居住功能变为以接待游客为主的民宿和家庭旅馆的功能而改变，这些变化不仅体现在空间和地域方面，也体现在微观领域，住宅和旅游居住混合功能的开发是世界遗产地农村聚落在微观尺度上转型发展的重要体现，是从微观尺度研究乡村聚落转型的新视角[5]。本书选取九寨沟作为案例研究对象，结合参与式农村评估与问卷调查，运用地理信息系统的空间分析方法，分析其转型发展的特点和模式，探寻影响因素和驱动机制，有助于完善以及补充农村居住区转型发展理论。

3. 有助于加强基础性的理论创新与实践的探索研究

旅游业是九寨沟当地社区经济的重要收入来源，也是改善社区生计的重要途径。本书通过案例深入研究突发灾害影响下旅游社区抗灾能力，探寻影响旅游社区恢复力的主要因素，掌握其影响机制，预测其恢复过程，提出提高恢复力的措施与方法，引导社区进行更快更好的自我回复，增强社区抗击自然灾害风险的能力，为地方政府和相关部门制定有针对性的灾后重建和社区恢复方案提供建议。另外，九寨沟景区在我国旅游地中具有很强的代表性：一方面是因为其旅游价值的高度认同性，九寨沟每年接待大量游客，社区对旅游依赖强烈，灾后的恢复和社区恢复力备受瞩目；另一方面其在我国西南民族地区发展方面极有代表性，西南民族地区多集中于灾害频发的山区，该研究不仅对当地有意义，对其他受自然灾害影响的民族社区的灾后恢复也有现实借鉴意义。

目前，国内对于少数民族社区灾后恢复的研究成果还较少，理论研究基础相对薄弱，实证研究也略显不足，研究方法较单一，缺乏创新。在乡村振兴背景下，民族聚落和社区的文化既是社区生产和生活的展开地，也是民族精神的承载地，在促进当地经济发展和文化传承中扮演着重要角色，对于加强社区凝聚力、助推乡村振兴、促进社区发展具有重大作用，对于此类问题，应该有理论的创新研究和实践层面的探索[6]。

4. 有助于灾后旅游聚落与社区进行自我发展和自我恢复

灾害背景下的社区恢复力理念产生于生态环境恶化、居民心理问题、社区文化缺失、灾害冲击频发的四大背景。社区恢复力包括社会或个人对于灾害发生后环境的适应能力、社会系统的自组织能力、决策的及时调整能力、从历史灾情中学习的能力。社区恢复力大小直接决定了当地灾后恢复和重建的速度与效率，而影响乡村社区恢复力能力建设的相关因素包括农业推广能力、社区转型能力、社区政治环境（社会和政治资本）的性质等，因此，要提升灾后乡村社区恢复力，就需要应对环境和社会经济变化的社区与农业土地利用适应力、通过文化传统维系农村生计的文化适应力、加强乡村社区与城镇社区的交往水平等[7]。本书融合了居民个体、企业和游客视角，利用了灾害、旅游、社区恢复等多学科的研究工具，丰富了灾后旅游社区恢复力的研究内容和理论内涵；同时，在一个框架中揭示个体、企业、社区等不同尺度恢复力的异质性和影响恢复力的背景，扩充了灾后旅游社区居民、经营者、游客及政府行为研究的新思路。

二、研究视角和维度

（一）研究视角和维度

1. 乡村—旅游—聚落—恢复力的全面思考

目前国内部分学者已经将演进恢复力的思维融入乡村聚落恢复力的研究之中，认为培育乡村聚落恢复力要在多尺度上追求可持续发展的能力，而非某个尺度下某一固定的稳定状态[7]。本书将恢复力理论引入民族旅游聚落研究，综合考虑在旅游的影响下社区聚落的空间演变及灾害影响下社区能力的恢复问题，希望能将理论与实践更紧密地结合，并更全面地把握民族旅游聚落的时空演变规律及灾后恢复过程，以便更好地为社区规划和管理服务。

2. 关注自然人文现代综合视角

随着全球气候变化，乡村地域系统遭受了多重复杂或快速或缓慢的自然扰动。尤其是我国西南山区，近年来连续遭受多次严重的自然灾害，生态环境愈加脆弱敏感。此外，在目前城镇化、现代化和全球化迅速发展的时代背景下，我国乡村经历着农业地位下降、非农业就业人数增加、社区生产方式背离传统等变化，特别是在西南民族旅游聚落中，旅游的介入又加快了这种变化的多样性和复杂性，这些变化对聚落的恢复造成了更加复杂的影响。因此，对于乡村旅游聚落的研究，需要从自然和人为扰动两方面展开；同时考虑到旅游这一产业的客观影响，所以本书需要将重点放在人为干扰上，并试图通过研究，找寻增强乡村恢复力的方法和路径，让类似的乡村聚落能够有效应对外部干扰和内部组成要素发生的变化，将扰动因素带来的危机转化为乡村聚落进一步发展完善的机会。

3. 走向微观层面的讨论

考虑到只有在社区尺度上制定政策才能实现最有效的落地和执行路径，本书融合了地理学、社会学、行为科学等多学科的知识和方法，将恢复力在个体和社区尺度上的层次结构体现出来，为乡村振兴的政策实施和乡村旅游聚落可持续发展提供新思路。

4. 立足于西南民族地区乡村聚落的应用性和实践性的研究

在自然、人力、经济、社会等多重因子的扰动和影响下，乡村旅游聚落及社区发展过程中的某些特殊现象，需要根据以往的发展模式进行调整和分析。本书将恢复力理论与乡村旅游聚落的研究结合，提出更有针对性和可操作性的建议，能有效提高乡村现代化质量，对实现西南山区民族旅游聚落的自我更新和良性循环发展，具有重要的指引价值和现实意义。

（二）研究维度

1. 空间维度

聚落的演变首先体现在空间变化上。在空间维度上，本书主要分析九寨沟的旅游聚落扩展和变化的情况。研究内容集中于乡村聚落空间演变和旅游社区公共空间发展等方面。针对九寨沟这一特殊聚落，本书主要关注旅游影响下，其乡村聚落的内部空间由原来的纯个体和家庭的居住变为服务空间、社交与休闲和旅游空间的趋势，以及旅游介入后，乡村聚落体系发生改变，聚落外部空间形态由依赖自然资源（水、农田等）向交通沿线以及产业集聚区集中扩散等的分析与探讨。

2. 产业维度

20 世纪 80 年代以来，九寨沟主要以旅游业为主。在产业维度上，本书侧重于关注社区参与旅游及其与旅游业深度融合的情况，包括当地社区居民直接或间接参与旅游业的情况，以及当地政府和企业引导并支持社区居民参与旅游产业发展的情况。

3. 生态维度

九寨沟是世界自然遗产，也是我国典型的生态旅游地。从生态维度看，本书主要关注乡村聚落演变与生态环境的关系协调，重点探讨旅游影响下，乡村聚落与生态环境的密切关系，以及当其生态系统阈值发生变化时，乡村旅游聚落面临的情况及需要做出的调整。

4. 恢复力维度

九寨沟作为山区乡村旅游聚落，经历了地震等重大突发的自然灾害引起的剧烈变化，也经历了旅游介入后聚落缓慢又深远的变化，面对自然灾害和人为扰动的不同情况，乡村聚落和当地社区如何发展，面临哪些困难，存在哪些问题？本书关注的重点是判断乡村聚落恢复力，分析增强乡村社区主动适应变化的能力。

5. 时间维度

在时间维度上，本书关注旅游快速发展过程中，九寨沟从旅游发展期到成熟期的变化，以及地震发生前一发生后一段时间—发生后（灾后初期—中期—后期）聚落和社区的经历、恢复过程、影响因素的变化，以及不同期社区恢复力的表现。

自然与人文、地域与环境、生活与文化、民族与民俗、风土与人情、建筑与历史等，均为乡村聚落研究和关注的核心内容。伴随着传统与现代的融合与碰撞，以上内容和关系也在经历着各种各样的变化，尤其是对于西南山区来说，既是传统少数民族聚居区，又有特殊的自然地理条件，近年来又叠加了多次自然灾害，使当地的环境、人文和社会产生了强烈变化，面临的问题也错综复杂，如何保证乡村聚落和社区的可持续发展，有必要从以上视角和维度进行全面和深入的探讨与实证研究。

第二章　概念、相关理论及章节安排

第一节　基本概念

一、聚落

聚落指人类居住的各种形式，由各种建筑物和构筑物物体、道路、绿地、水源等物质要素构成。聚落通常按类型分为乡村聚落和城市聚落两种，广义的聚落包括所有的人类居住地，狭义的聚落通常特指乡村（农村）聚落。现有研究中，聚落多指乡村聚落，即乡村居民点，在我国古代泛指有别于都邑的农村人口居住地。关于乡村聚落的概念，西方通常有两种观点：一种是指农村定居点，即在农村地区或非城市地区建造的定居点，除农业居民住宅外，还包括从事采矿、畜牧、渔业、工业制造甚至旅游业的居民住宅等，其含义是只要该区域不在城市内，都属乡村聚落；另一种是指以农业为生的人口的居住地[8]。近年来，随着社会的发展，乡村聚落的类型也越来越多样，目前大多数学者认为，乡村聚落不仅包括以种植业为生的主要村落，还包括渔村、牧村、副业村等聚落类型，本研究中的九寨沟属于副业参与的乡村聚落类型。

二、民族聚落

早期我国少数民族多生活在乡村，民族聚落首先是乡村聚落，指因地形、气候、水文、植被、建筑材料等环境因素、地理位置、风俗习惯等不同，具有不同生活特征和建筑形式的民族村落及相关生产生活设施，是少数民族发展生产的空间，也是少数民族传承文化、体现民族文化差异的重要场所。

三、社区

“社区”一词起源于拉丁语，“共同的事物”或“亲密的伙伴关系”。后来，德国社会学家斐迪南·滕尼斯（Ferdinand Tonnies）在其著作《共同体与社会》中提出，社区是指那些由具有共同价值取向、关系密切、来来往往、相互帮助的同质人群组成的群体[9]。中国社会学家费孝通先生首次创造了中文“社区”一词，并将社区定义为“聚集在一个地区的若干社会群体（家庭、氏族）或社会组织（机构、团体）聚集在某一地域里所形成的一个生活上互相关联的大集体”[10]，此后不断有学者定义社区，尽管在语言描述上有所差异，但大多学者关于社区的定义表明，社区通常具有以下特征：一是具有一定的共同价值观，主要指共同的利益、共同的文化、共同的意识或价值观等；二是社区居民之间有较多互动，更熟悉社区的日常生活；三是具有一些基本的社会功能和一定的规模；四是具有一定的地理范围。此外，国内外多数社会学家认为，社区的社会学定义应包括三个共同要素，即地域性、社会互动与共同的联系纽带[11,12]。

四、社区恢复力

阿杰（W. N. Adger）在2000年把社区恢复力定义为：社区应对由社会、政治和环境变化带来的外来压力和扰动的能力[13]。2008年卡特（Cutter）等在研究时加入了灾害的内容，认为社区恢复力是社会系统应对灾害以及从灾害中恢复的能力，包括系统承受和吸收负面影响的内在条件[14]。2012年克里斯滕森（Christensen）等指出，社区恢复力应聚焦于社区成员如何感知社会环境变化，以及如何基于已有知识和社会学习修正自身行为[15]。

第二节　相关理论

一、场所理论

“场所理论”是诺伯格·舒尔茨（Norberg Schulz）提出并详细阐述的，以场所（或住居 dwelling）概念取代空间（space）的概念，舒尔茨认为场所即赋予人一个“存在的立足点”（existential foothold）[12]，是城市之所以成为人类主要的聚居环境所必须具备的人类生存环境的普遍理论。尽管城市和城市之间存在着如此多的差异，但它们仍像一个容器一样承载着人类公共、私人和半公共生活领域的各种生活和习俗，形成不同的道德标准和价值观，使生活在这里的人们形成他们家园的基本形象。舒尔茨认为，一个地方是一个具有明显特征的空间，一个人类生活发生的地方。“场所是具有清晰特性的空间，是真正有生活发生的空间，是由物质本质、形态、质感和颜色的具体表现组成的一个整体”[16]。这里的空间不是一个简单的三维环境空间，而是一个包含环境、时间、人、人的意识和观念的多维空间，在这个空间中，所有的要素都为同一个目的、同一种意义而存在，并以人、建筑、环境三位一体的实体方式存在，形成不同的道德标准与价值衡量，使生活在这里的人形成对于家园的基本意象，这是个落地生根、落而成之的过程[9]。

场所，即“活动的处所”，由场所空间本身、人在场所中的活动和场所与人之间发生的关系三个要素构成。场所具有三个特征：第一，场所是真实存在的空间，是人们身边随处可见的空间，人们在这个空间中进行多样的活动与这个空间发生必要的联系，使空间成为场所；第二，人在场所中的活动是动态变化的，场所的本质包含着四季的更迭、时空的变换，在场所中活动的人及发生的活动也随着时间的变化而变化，每天来场所的人不同，发生的活动各不相同，人与场所建立了一种动态的变化；第三，场所与人建立起关系，营造场所的目标都是在物质空间环境的基础上，满足人们对场所的需求，给人们营造出对场所的感观情绪，进而展现出场所的独特性。

舒尔茨认为，建筑应该回归"场所"，场所不是抽象的场所，而是由具体事物组成的整体，事物的集合决定了"环境特征"[16]。罗杰·特兰西克（Roger Trancik）认为这个地方是独一无二的。当空间被赋予特定区域的文化历史和精神意义时，它将反映一种无法用语言表达的精神特征[17]。场所与物理意义上的空间和自然环境有着本质上的不同，它是人们通过与建筑环境的反复作用和复杂联系之后，在记忆和情感所形成的概念—特定的地点、特定的建筑与特定的人群相互积极作用并以有意义的方式联系在一起的整体，是由人、建筑和环境组成的整体，是由自然环境和人造环境有意义聚集的产物[18]。

场所理论指出，"场所作为空间的具体化取决于两个条件：在物质层面，它是空间的构成；在精神层面，它表现为场所活动的整体氛围，即场所的精神"[19]。该理论包括场所性和场所感两个方面。其中场所性强调的是空间，空间因人的活动而产生意义，合理的空间设计可以为人们提供多样活动的空间，该空间成为人们日常活动频繁使用的场所，空间具有了场所的意义。场所感是现代人文地理学研究的重要内容之一，产生场所感的主体是人，人通过与空间的相互作用，从而产生一种对场所的情感依附行为，对场所充满记忆[20]，人们在具有场所性的空间里感到舒适，没有危险性，该场所像家一样有庇护所的功能。营造具有场所感的空间需要具备三种要素：对场所有情感记忆；场所具有私密感和宁静感；场所可以使人们与空间或环境之间产生相互的情感作用。

二、聚落理论

聚落发展的过程是聚落居民对周围环境不断适应和改造的过程，对环境的适应体现在聚落选址、聚落生产、聚落活动和聚落构成、聚落人口的生活习惯等方面，因此对聚落的研究也始于聚落与环境之间的关系。

德国地理学家科尔（J. G. Kohl）是早期研究聚落与自然关系的先行者，他在 1841 年发表了《交通殖民地与地形之关系》，比较了不同类型的居住区，包括大都市、乡村和集镇[21]。从那时起，其他地理学家陆续加入进来，开始关注和研究农村聚落，但早期多数研究者的关注重点是关于农村房屋的形式，他们认为农村房屋代表了人类房屋与自然环境的依赖关系。邓晓南（De Schanel）在《塞诺那之房屋》中论述了这一原因，他说我们应该研究农村房屋，因为只有农村房屋与当地的自然地理环境有着密切关系[22]。法国近代地理学的创建人维达尔·白兰士（Paul Vidaldela Blache）则提出要研究小区域，特别提出要集中注意人和他周围世界的紧密联系。他指出，自然世界划定了人类居住的边界并提供了可能性，但人们对这些条件的反映和适应因其传统生活方式而异[23]。总体来说，这一时期的乡村聚落研究重点是房屋与周围环境之间的紧密联系，研究形式多为描述性分析和说明，观点基本认为聚落是人类的生存空间，相对忽略了对聚落功能本身的研究和关注。

“中心地理论”的提出及其在农村研究中的应用将居住区的学术研究与实际问题相结合，后来该理论被引用至农村规划、移民、农村中心空间系统的建立和发展战略的研究工作中。日本的石田宽在《日本的乡村聚落》一书中研究了经济发展，特别是城市和工业增长所导致的乡村快速变化[24]。这些研究表明，乡村聚落的研究已经超越了纯自然地理学和人文地理学的范畴，开始关注聚落社会形态的变化和经济发展，涉及聚落功能的研究。

金其铭《农村聚落地理》是一部比较系统的关于农村聚落理论和体系的著作[25]。该书系统地研究了中国农村聚落的房屋类型、聚落位置、类型、规模和分类。比较有代表性的是，他将中国的聚落按规模分为华北及东北平原聚落、南方长江流域平原聚落、少数民族地区聚落、东部季风区低山丘陵聚落、高山和戈壁荒漠聚落、西部地区农村聚落、海边农村地区村镇等，并详细分析了不同类型聚落的特点。这些研究资料和成果，即使在今天也有很高的参考价值。

王建革《华北平原内聚型村落形成的地理和社会影响因素》从地理和社会环境两个方面分析了华北平原内村落凝聚力特征的成因[26]；余英从三个方面对该领域的聚落研究进行了综述，文章指出，“地理学的研究已经从村庄空间形态的分析转向对人地关系与村庄社会关系的探讨，尤其着重于区域的历史地理学研究”[27]。此后，很多关于聚落的研究重点放在社群与社会结构和聚落形态的关系方面，具体研究方法也多引用西方地理学的观点。

在聚落发展的方法论上，目前比较一致的看法是参与式发展方法，以自然村或行政村为基本单元，以外部干预项目为手段，围绕社区群众的自主管理能力建设，启动社区群众自我发展机制，以形成可持续的人力、财力、设施、管理等方面的基层发展能力[28]。

三、地方感理论

关于人与地方的心理联系，赖特（Wright，1966）最先提出“敬地情结”（geopiety）这一概念，表示人因对自然界和地理空间的认识而产生的深切的敬重之情[29]。1974 年段义孚（Tuan Y. F.）提出“恋地情结”（Topophilia）一词，即指“人与地方之间存在一种特别的依存关系”，所表征的是一种经过文化与社会改造的特殊的人地关系。

后来，段义孚在“地方”概念的基础上提出“地方感”的概念，“地方感是地方本身所具有的特质及人们自身对地方的依附”[30]。随着研究的不断深入，地方感成为人文地理学的核心概念之一。根据《人文地理学词典》的释义，“地方感”包括两方面的含义，一是地方自身固有的特征。从这个意义上说，一些地方被认为是格外独特和特别值得纪念的，因为它们独特的自然特征或“想象力”，或它们与重要的真实事件或神话传说的联系。二是人们有一个依恋的地方。在日常生活中，个人和群体依赖于经验、记忆和意愿，对这个地方有着深深的依恋感[26]。威廉姆斯（Williams）和斯图尔特（Stewart）认为，地方感是场所空间的价值、空间的意义与主体行为人之间的情感联系，通过地方感，人们不断更新和重塑个人的价值观、世界观、人生观以及对旅游地的历史文化空间的观念[31]。结合《旅游休闲地理学》一书，李艳提出，“人们通过感觉器官接受环境信息（刺激）形成各种感觉，在感觉过程中人脑只能注意到环境中的部分信息，并只能对这部分信息进行筛选，通过认知过程与个体的经验、价值观和态度联系起来，感觉和认知过程最终形成了对一个地方环境的心理印象，地理学家称之为‘地方感’”[32]。徐汉晖认为地方感来源于地理要素的综合作用，是心灵深处具有价值内涵和情感张力的一种“地理因子”[33]。

感知世界、评价世界和再创构世界是人与环境互动的不了情[34]。段义孚曾说，“我们是诗人——用情感将我们自身和大自然连接在一起”。高泳源在《诗人眼里的地方感》一文中指出，“出现在眼前的景物，通过所有的感觉以及主动的和反映的意向，相互缀联系合，在我们的头脑中，一个地方就成为具体的实体，这幅外部世界的心象，我们称之为地方感”[35]。这是“地方感”一词在国内文献中第一次出现，也是早期我国学者对“地方感”系统化的概述与定义。从这个描述性定义中可以看出，“地方感”是一种内心世界与外部世界的联结，在中国“天人合一”的思想背景下，更是将人地互动的情感继续升华，充分说明了“地方感”的想象属性以及人与土地之间的浪漫联系。地方感作为一种社会概念，始终处于不断创造的过程中，是由社会建构的。从结构理论的角度看，“场所”不仅仅是个人经验和意义的总和，也不仅仅是宏观社会经济结构的空间产物，而是“社会—个体—场所”复杂多元互动关系的一部分。乔根森（Jorgensen）和斯特曼（Stedman）认为，场所感是指人们在体验场所时的情感和感知，包括态度结构和概念，该结构包括三个维度：场所依附、场所依赖和场所认同。其中，场所依恋是人们对场所情感成分的反映，场所认同是人们对场所认知成分的反映[36]。唐文跃提出地方感研究的ODTG（对象、领域、主题、目标）框架，认为地方感是关于人们对特定地理场所（setting）的信仰、情感和行为忠诚的多维概念，主要包括地方依恋（place attachment）、地方认同（place identity）、地方意象（place image）和机构忠实（agency commitment）等研究领域[37]。邵培仁解释的地方感是由感知而形成的总体印象，媒介可以通过对地方整体、特殊和具体价值的肯定建构地方性，整合大量媒介可以实现地方性的凸显[38]。朱竑和刘博论述地方感是一个动态变化的包容性概念，包括地方依恋与地方认同两个维度[39]。许振晓认为"人对环境体验的地方认知讨论"和"人与环境情感联结的地方依恋、地方认同、机构忠实"是地方感的两大内容[40]。张中华和焦林申认为地方感是一个三维概念，包括地方依赖、地方认同和地方依恋，三者在情感强度上依次加强[41]。

综合以上观点，地方感是一种人地互动机制，有多方物质性与非物质性因素在这一过程中发挥作用。通过对这种人地互动机制的运用，可以解释许多人与场所、环境、旅游地关联、人与环境结合程度等一系列研究问题。在旅游学研究领域，对地方感理论的合理运用，能够为旅游目的地建设、地方景观构成、地方性呈现等相应问题提供研究基础。同时，地方感中人的感知要素能够为旅游学中"人地关系"的研究提供理论支持，进而为普遍趋于同质化的旅游构成提供具有现实意义的解决方案。

四、恢复力理论

恢复力（resilience）的最初概念源自拉丁文 resilio，指跳回或返回这一动作[42]。生态学家霍林（Holling）于 1973 年第一次将恢复力概念应用于生态学研究领域，将其定义为生态系统吸收干扰后能继续维持其系统功能的一种能力[43]。之后，恢复力概念逐渐被运用到社会系统的研究中，指人类社会承受外部压力、干扰及危机，并能从中恢复的能力[13]。2001 年冈德森（Gunderson）和霍林将恢复力概念正式应用于社会—生态系统，社会—生态系统恢复力指系统在承受干扰的过程中，能维持其基本特征和属性的能力[44]。卡彭特（Carpenter）和沃克（Walker）在此基础上，将其定义为社会—生态系统面临突然迅速变迁，系统需要做适应性转型之前，系统可以承受的干扰量大小[45]；后来沃克进一步将之定义为社会-生态系统承受一系列打击和干扰之后，在新的环境之下通过恢复或自组织形式，继续维持和发展其基本功能、结构、身份和各种反馈的一种能力[46]。

21 世纪以来，"社会—生态系统恢复力"一词被广泛使用，上述概念也被沿用并被引申为：社会—生态系统受到干扰后的功能维持和控制能力，由系统承受且可以保持系统结构、功能、特性及其反馈在不发生改变时的干扰大小体现[46]。系统自身的稳定性、受到干扰后的自组织能力、适应干扰的学习和调节过程是系统恢复力研究关注的核心内容[42]。在适应性循环、球杯模型等一系列概念模型的支持下，社会-生态系统恢复力的概念内涵已经相对成熟，并应用于生态学、地理学、灾害学、城乡规划等各个领域[47]。除恢复力外，脆弱性、适应能力等也是解读社会-生态系统的关键概念[48,49]。因而需要回答：为什么要研究恢复力而不是脆弱性？卡特等对脆弱性、适应能力和恢复力的关系进行了总结（图 2-1）并认为脆弱性和恢复力所关注问题的侧重点不一致，倾向于采用图 2-1 的概念框架[14]。具体而言，包括暴露、敏感性和适应性在内的概念的脆弱性描述了系统的固有特征，并且可能在事件发生之前就存在；而弹性是事件发生时的吸收能力，以及事件发生后的弹性[50]。因此，弹性比脆弱性更能反映系统在一定驱动因素下的动态过程。此外，人地系统的动态建模侧重于系统过程的边界条件，而恢复力研究则侧重于系统的阈值。据研究，超过阈值后，系统将经历不可逆转的转变[57]，这进一步反映了描述人类的弹性概念，适用于研究地球系统的动态过程。

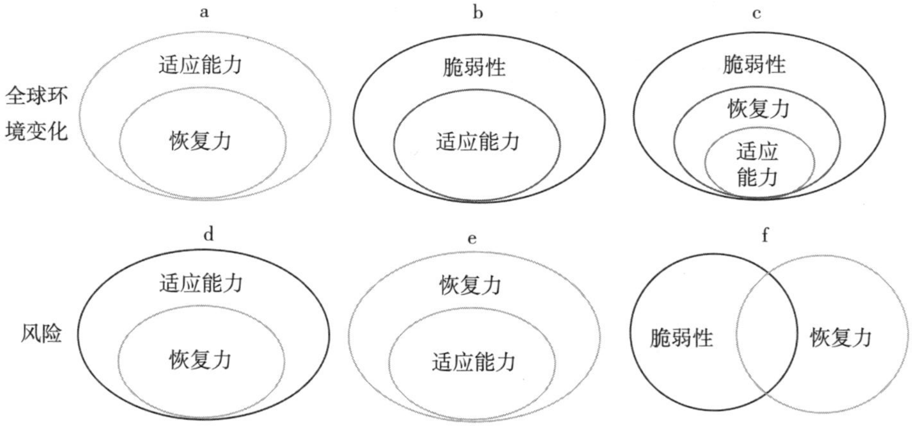

图 2-1　恢复力—脆弱性—适应能力概念关联

第三节　研究方法

本书选择民族旅游聚落九寨沟为典型案例点，结合地理学、环境生态学和社会学相关统计分析及野外调查，以聚落和恢复力理论为指导，深入研究和探讨其聚落演化过程、机制以及灾后旅游社区恢复力的变化特点及影响机理研究中主要采用了四种方法。

一、GIS 与遥感解译方法

遥感影像利用的是 2004 年 Quick Bird 的高分辨率影像及 2017 年 Google Earth 高分辨率的影像数据，卫星影像分辨率均为 0.61 米。研究通过遥感影像解译融合提取信息，并利用 ERDAS Image 对影像进行几何校正和监督分类，为聚落空间演进研究提供基础空间数据。为提高解译精度，将遥感数据和非遥感数据进行融合以辅助判读。利用 ArcGIS 的数据录入、信息编码、空间分析、地统计分析、地图制图等功能，对聚落空间格局进行了处理。

二、数理统计方法

采用完成计量模型建立和估计参数，同时，由于关注变量多、子维度多以及灾害分级等原因，还使用了描述性统计、T 检验/卡方检验、偏相关等常规计量分析手段以及分层线性模型分析数据。

三、文化地理学和环境心理学中的心理测量范式

根据聚落居民的社区恢复力测度过程，以及游客的认知，设计问卷时主要借鉴文化地理学和环境心理学中的心理测量范式。

四、问卷调查和半结构式访谈

在调查过程中，采用问卷调查和半结构式访谈方法，互为补充，力求调查更客观和翔实。

第四节　主要创新点及研究框架

九寨沟作为典型的山区民族旅游聚落，其聚落发展演变及社区灾后重建不仅受到水土资源、灾害分布等客观条件的限制，同时还受居民、管理局等利益相关者的认知和态度行为的影响。另外，旅游聚落与其他山区聚落最大的不同之处在于其生计方式依赖于生活空间，聚落内社区成员的生计模式与旅游资源类型、离核心景区的距离、与交通线的关系、在聚落中所处的空间位置都有直接的联系，因此，无论是在聚落演变过程中的行为还是灾后社区恢复时的态度，都有其特殊性。以往对聚落的研究大多限于农村地区，少有把旅游与农村聚落相结合的成果。

聚落演化的机制是影响聚落发展演化的原动力，已有的研究大多从自然条件和社会经济等宏观影响因素进行分析，对村域、农户行为和游客视角的微观机制研究不够深入，本书是从微观领域对聚落演变进行深入研究。

从研究领域来看，已有的恢复力研究大多直接运用于灾害领域，而且定量的实证研究比较匮乏。这一方面是由恢复力理论本身的复杂性和系统性造成的，另一方面是由于实践中旅游社区的竞争优势来源于自然和社会力量在旅游资源、文化、宗教等方面相互作用的结果，而现有的恢复力的评价模型遮盖了对旅游现象

的独到理解，将这些模型直接应用到实践中会比较困难。本书将恢复力的思想和理论融入旅游聚落演变和社区灾后恢复中，建立起具有实践意义的旅游社区恢复力模型，有较强的现实意义。

目前更多的研究将政府、旅游企业、社区居民隔离开来进行分析，没有把社区居民、旅游企业、政府以及游客作为一个整体来研究。本书以九寨沟为案例点，对其分别进行研究，并进行综合评价，这在现实中更具合理性（图 2－2）。

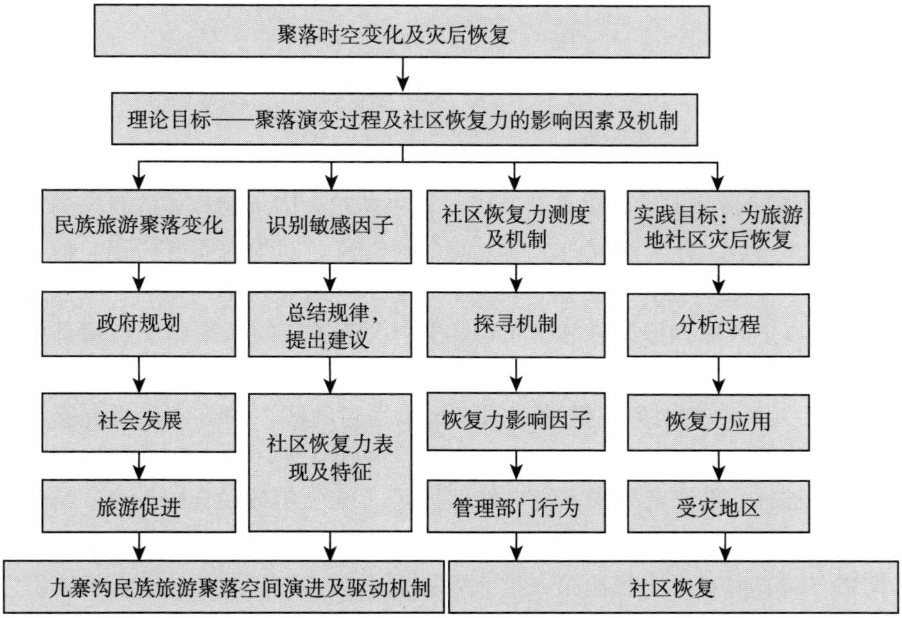

图 2－2　研究框架

第三章　九寨沟旅游资源与社区环境

第一节　自然资源概况

一、位置境域

九寨沟景区是国家重点风景名胜区，位于四川省阿坝藏族羌族自治州九寨沟县境内（图 3-1）。九寨沟属白水沟上游白河支流，因沟内原有树正、荷叶、则渣洼、黑角、盘亚、亚拉、尖盘、热西和郭都 9 个藏族村寨而得名。景区海拔均在 2 000 米以上，区内原始森林密布，108 个水色各异的高原湖泊点缀其中，宛若仙境，素有“童话世界”的美誉。

1982 年九寨沟被国务院批准为国家级风景名胜区，1983 年南坪九寨沟风景名胜区中心管理局在九寨沟正式成立，负责景区的管理，1994 年九寨沟因其丰富的林业资源被林业部认定为国家级自然保护区，1992 年被联合国教育、科学及文化组织自然遗产委员会列入世界自然遗产名录，1997 年被列入世界“人与生物圈”保护网络，2000 年被评为我国第一批 5A 级景区，2001 年获得“绿色环球 21”认证证书，2007 年九寨沟再次被国家旅游局评为国家 5A 级旅游景区（图 3-2）。

图 3-1　九寨沟风景区示意图

图 3-2　九寨沟评级图

九寨沟沟内有三个社区，第一个社区为树正社区，包括三个村，即树正、则渣洼和黑角村；第二个社区是荷叶社区，包括荷叶、盘亚和亚拉三个村；第三个社区是扎如社区，包括尖盘、热西和郭都三个村。其中树正寨是在原址上发展扩建，后来又加入了从黑角寨搬迁下来的居民；则渣洼是由原来的寨子往北发展和延伸了较大区域形成；荷叶寨是由原来居住于较高海拔的尖盘、盘亚和老荷叶三个寨子的居民搬迁下来后组成；扎如寨原名为热子寨，后来加入了从郭都寨迁来的居民。整个九寨沟的村寨相对集中在景区北部，南部为无居民区，目前的村寨分别位于扎如、树正、诺日朗三个景区段（图 3-3）。从位置上来看，荷叶寨、树正寨和则查洼寨位于景区内主要的游览线路上，其他所有村寨都位于世界遗产地保护区内，未进入世界遗产地核心区。

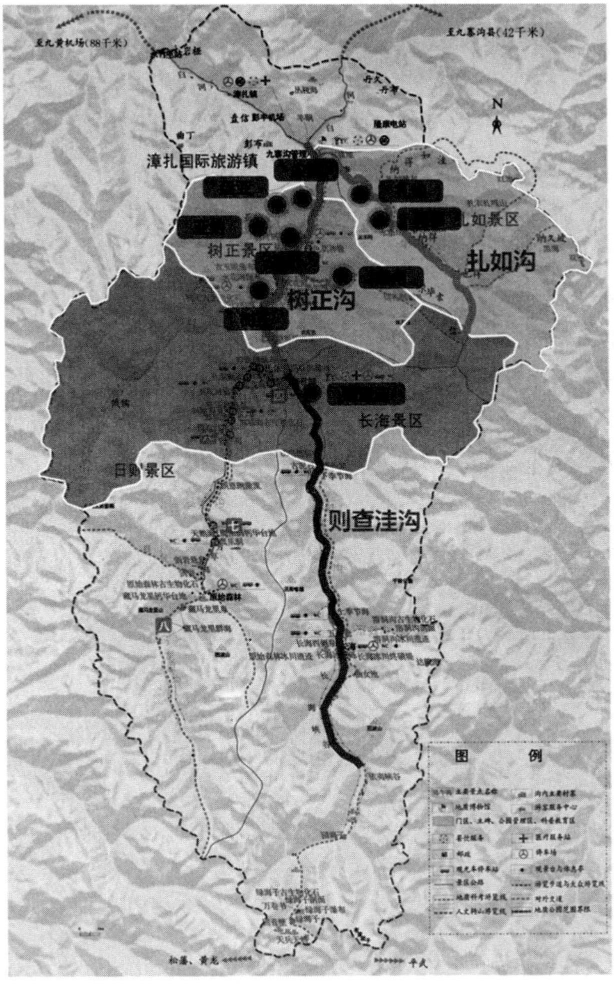

图 3-3 九寨沟沟内社区分布

二、自然地理概况

九寨沟位于青藏高原东南缘，是我国第一级阶梯往第二级阶梯过渡的边缘地带，其西部为气势逼人的青藏高原，东部为地势凹陷的四川盆地，地形复杂，地势险峻，地貌多样，属高山峡谷地区，又属长江上游岷江流经地带，水景变幻，生物资源丰富。

（一）地质

九寨沟自然保护区由于受印支、燕山、喜山等多期构造运动的反复作用，其岩层发生变质，褶皱、断裂、切割、破碎，在经历了多次复杂强烈的地质作用过程后，形成了如今奇绝于世的地形地貌。同时，由于在漫长的地质地貌构造和发育过程中，融合了后期不同阶段不同程度的风化、剥蚀作用，形成了现今奇特壮丽的九寨沟风景。

从岩层和岩性上看，该自然保护区地层属于四川马尔康金川地层区和摩天岭地层区的交汇过渡带，除少量的薄层砂岩和板岩，以及很少的含煤地层出露地层外，绝大部分是古生界泥盆系（D2）时期到中生界三叠系（T）时期的海相碳酸盐岩地层。由于九寨沟自然保护区的碳酸岩组成部分大多为灰岩、白云岩和生物碎屑灰岩，其厚度可达 4 000 米左右，且碳酸岩地层中的泥质成分含量非常高[52]，从而形成了该地丰富多样、连绵多姿的碳酸岩钙化地貌。

（二）地貌

根据地貌和第四纪遗迹的不同特征，结合各种地貌的空间分布特征，九寨沟地貌可分为高山地貌、高山斜坡地貌和高山河谷地貌三种基本类型（表 3－1）。这些地貌类型中，有险峻的高山、深邃的峡谷、幽静的湖泊、跌宕起伏的瀑布、开阔平坦的山地平原等，再加上多样的冰融地貌和西南地区特有的喀斯特地貌，形成了九寨沟美轮美奂的风景。

表 3－1　九寨沟地貌类型及表现形态

地貌	包括类型	分布	主要表现形态
高山地貌	寒冻风化地貌	主要分布于海拔 4 000 米以上，以及现代雪线以下的山峰和岭脊部位	有角峰、刃脊和峰丛相间的锯齿状山脊，古冰川系列、冰悬谷、U 形谷、筑巢谷、雪蚀洼地、冰桶
	冰缘地貌	位于高山灌丛草甸带上方 3 800 米（林线）处，山脊以下山坡上	有大量的岩屑锥、岩屑裙、石海和石河。除第四纪冰川冰碛物外，还有风化形成的岩屑碎石
	第四纪冰川残留地貌	在海拔 3 800 米的森林线以上	主要是第四纪冰川作用留下的遗迹，其样貌大多为角峰、冰刃脊、洼地、陡崖悬谷、冰川 U 形谷等

（续）

地貌	包括类型	分布	主要表现形态
高山斜坡地貌	山坡断层陡崖	分布较广	
	崩塌及岩崩倒石锥	遍布大小沟谷	
	滑坡	多分布在各大沟谷的谷坡上	
	泥石流	广布	
高山河谷地貌	流水作用钙华堆积谷地	以九寨正沟和日则沟为代表	湖泊、瀑布、钙华堤埂及灌丛钙华滩等
	喀斯特干谷	分布在则查洼沟、丹祖沟、克泽沟和黑果沟	喀斯特漏斗、落水洞、洼地和堰塞湖等

整个保护区的地势南高北低，且山高谷深。区内山脉纵横，雪峰连绵，海拔 3 500 米以上的高山有 80 多座，其中海拔 4 500 米以上的高山有 60 多座。区内景观高差悬殊大，其中南部最高的无名山峰海拔接近 5 000 米；北部的白河河谷海拔在 2 200 米以内，是该旅游区的最低点。

（三）气候

九寨沟自然保护区所在的九寨沟县（原南坪县）位于岷山山脉南段，按照《四川地理志》（四川省地方志编撰委员会，1996）的气候分区，九寨沟县的气候属川西高原气候区，主要气候特点是冬季长夏季短，白天温暖夜晚凉爽，昼夜温差大；夏季无酷暑，冬季无严寒，春秋两季凉爽。气候垂直差异明显，干、雨季分明。境内分为暖温带、温带、寒温带及少量的高山寒带区，气温随海拔高度升高而降低；在一定高度以下，降水量随海拔高度升高而有所增加。

九寨沟的年均温较低，只有 7.3℃，其中夏季（七月）的月均温是 16.8℃，冬季（一月）的月均温为－8.7℃。年日照时数约 1 800 小时，高于九寨沟县，冬季日照略多于夏季。风力较弱，主导风向北偏东，年均风速仅 1～2 米/秒。

根据海拔高度大致可分为两个气候带：海拔 1 600 米以下，属暖温带半干旱季风气候；海拔 2 500 米以上，属寒温带季风气候。县内的西南部、西北部及高山地区气候特点是冷而湿润，年均降水量 761.8 毫米（九寨沟）；东南部河谷及半山区暖而干燥，年均降水量 552.9 毫米（县城）。干季（10 月至次年 4 月）降水稀少，空气干燥，占年总降水量的 20.2%（113.2 毫米）；雨季降水集中在 5 月至 10 月，占年总降水量的 79.8%（445.8 毫米）。

（四）水文

九寨沟发源于岷山的多尔纳峰，是长江水系白龙江上游的一条支流，流域面积 642.97 平方千米[53]。九寨沟自然保护区内湖泊众多，总面积 2.85 平方米，其中绝大多数湖泊集中于日则沟和树正沟。

九寨沟内的湖泊面积相差悬殊，有的面积很大，如面积达 0.93 平方千米的长海；也有的面积很小，仅有几平方米。另外，九寨沟内众多的湖泊往往有集聚性的分布状态，也因此，九寨沟有了一个被人们熟知的名字“群海”。

九寨沟保护区拥有奇特的水体景观，除了有数量众多、大小形状各异的湖泊，还有高低、宽窄各不相同的瀑布和跌水，如树正沟的瀑布和诺日朗瀑布附近，都有群海相伴，更有地上的溪沟与河流、地下的暗河把湖泊、瀑布和跌水相连，形成了一个完整的水系统。

九寨沟自然保护区的水景观包括 114 个山湖、17 个瀑布、5 条滩溪、47 个泉水和 11 条湍急的水流，群海多与瀑布伴生，如树正、诺日朗景区都较典型。

（五）生物

1. 野生动物

九寨沟具有多样化的自然地理特征和优越的环境条件，为野生动物提供了栖息、繁衍的理想场所。县内有野生动物 255 种，其中珍稀动物 26 种（表 3-2）。

表 3-2　九寨沟内分布的国家珍稀动物

保护类型	数量（种）	名　　称
国家一类保护动物	3	大熊猫、金丝猴、牛羚
国家二类保护动物	9	小熊猫、雪豹、毛冠鹿、红腹角雉、大天鹅、小天鹅、疣鼻天鹅、鸳鸯、绿尾角雉
国家三类保护动物	14	马麝、林麝、鬣羚、斑羚、石豹、蓝马鸡等

2. 植物

由于九寨沟保护区内高山峡谷相间分布，景观高差悬殊，因此，该区域内的植物类型丰富多样，植物垂直带谱分布显著[54]（图 3-4）。

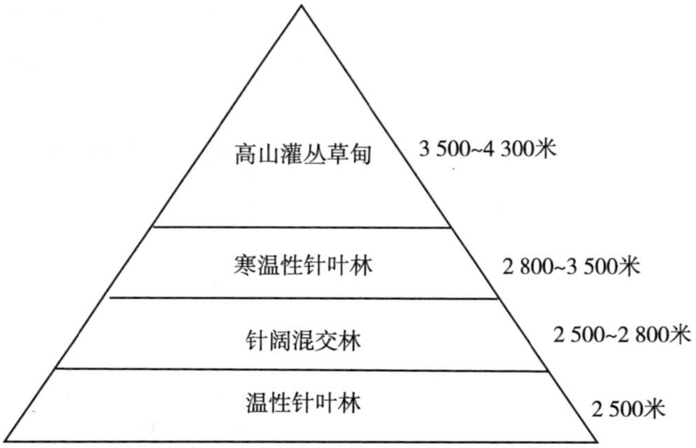

图 3-4　九寨沟植物垂直带谱图

其中，高山灌丛草甸部分主要由低矮、耐寒且耐旱的木本及草本植物组成，不同海拔分布的不同类型的植被，构成了九寨沟丰富立体的景观资源。

（六）土壤

九寨沟自然保护区的土壤有明显的垂直带谱，该垂直带有明显的过渡特征。土壤以半湿润、半干旱暖温带基地带山地淋溶褐土为代表，类型随海拔升高、含水量增加、温度降低而增加，相应发育山地棕壤、山地深棕壤和山地灰化土（表 3－3）。

表 3－3　土地类型及特点

土壤类型	分布海拔（米）	成土母质	特点
山地淋溶褐土	199～2 200	砂岩、板岩、灰岩等发育而成	重壤，肥力较好
山地棕壤	2 201～2 700	砂岩、板岩、灰岩等发育而成	重壤，轻黏
山地暗棕壤	2 701～3 200	砂板岩、灰岩等残坡积	重壤，黏
山地灰化土	3 201～3 700	变质灰岩风化残积坡物及部分冰碛物	重壤，石砾多
亚高山草甸土	3 701～4 100	砂岩和板岩冰碛物等残坡积发育而成	重壤
高山草甸土	4 101～4 300	冰碛物发育而成	重壤，黏土质地
高山寒冻土	4 301～4 500	砂岩、板岩、石灰岩和变质岩通过冷物理风化作用物理风化成块	岩石裸露，地表砾石间有土壤分布

（七）地质灾害

九寨沟保护区属松雅地震带。2017 年 8 月 8 日，九寨沟县发生 7.0 级地震，九寨沟景区遭到地震破坏，部分景点和通往景区的道路受到山体滑坡的损坏，火花海和诺日朗瀑布受到较大影响。

九寨沟保护区内崩塌及岩崩倒石锥分布广泛，尤其在岩性坚硬、节理发育的石灰岩地区，以地震和断层活动为特征的新构造运动在九寨沟沟谷内形成了很多岩崩倒石锥，有些仍在发展中的崩塌现象和岩崩倒石锥，上面基本没有植物生长，坡度一般在 38°～45°；还有些已经发育完成，大小不一，上面有植物生长，表现稳定。也仍有部分倒石锥分布于旅游主干道路两侧，偶有滚石和小崩塌，尤其是从诺日朗瀑布到长海两侧的谷坡和谷底，连续出现了新老倒石锥群，对沿途的旅游基础设施和游客安全及道路均构成了威胁。

九寨沟景区内还有部分滑坡存在。滑坡多分布在大峡谷的谷坡上，尤其是中小型滑坡。这些滑坡本身并不是典型的基岩滑坡，多发育在顺层和断层破碎带上，典型的如诺日朗瀑布南侧与则查洼沟交汇的三角形地带的基岩顺层滑坡、五花海北端孔雀和西岸的谷坡上的切层古滑坡、长海的顺层基岩滑坡等，它们常与岩崩倒石锥和泥石流堆积扇相伴生。

九寨沟沟内的泥石流固体物质主要来源于古冰碛物、冰水堆积物、古岩崩倒石锥和基岩风华产生的松散碎屑物质，因此，以黏性泥石流为主，发生时多表现为规模大、冲击力强的特点。但目前，该沟内的多数古泥石流无明显活动的迹象。

第二节　人文地理概况

一、历史沿革

九寨沟的历史可追溯到前16世纪的商代，距今已有3 500多年。在此期间，九寨沟人民留下了独特的历史印记，并创造出了地方特色浓郁的生活智慧。其中，原始悠久的历史文化、原生态的民俗风情以及自然崇拜的宗教信仰共同构成了九寨沟村寨令人目不暇接的丰富人文景观。

九寨沟旅游区位于县域西南部，其北部白河流域一带属九寨沟县漳扎镇管辖，其余部分的643平方千米范围属九寨沟风景名胜区管理局和自然保护区管理处管理，实行一套班子两块牌子的管理体制，其中风景名胜区为阿坝州和九寨沟县共管的管理格局。另外，其东北端有超出自然保护区范围的一部分土地，面积约24.5平方千米，属于白河自然保护区范围，为了景观的完整性而纳入九寨沟风景名胜区范围。

二、人口与民族

（一）九寨沟景区人口概况

截至2017年，九寨沟景区内有扎如、荷叶、树正三个社区居委会，共有358户1 388人。

（1）扎如社区：共64户243人，其中扎如1组49户，176人；扎如2组15户，67人。

（2）荷叶社区：共145户599人，其中荷叶1组84户，341人；荷叶2组61户，258人。

（3）树正社区：共148户608人，其中树正1组96户，393人；树正2组52户，215人。

景区内各村寨的村民勤劳、友善、好客、尊老爱幼，民风淳朴，民族团结，社会和谐。

从劳动力来看，女性16～54岁共475人，男性16～59岁共411人，九寨沟世界遗产地村寨共有886个劳动力，其中青壮年劳动力人口占大多数。伴随着前期国家计划生育政策的调整，九寨沟各村寨的人口中儿童和青少年的比例也略有上升。

（二）经济与产业状况

九寨沟开放以前，经济以农业、森林砍伐为主，生产水平较低。自1984年九寨沟正式开放以来，经济发展迅速，其中旅游业发展尤为迅猛，在当地的国民生产总值中所占比重逐年增大，目前已经成为九寨沟县的支柱产业。旅游门票收入从 1984 年的 185 万元增长到 2017 年的 10 亿元，增长了 500 多倍。

景区内居民职业多数以旅游、商业服务等第三产业为主，村寨产业状况和景点、区位、交通、游客量等因素有密切的联系。扎如、黑角、郭都、尖盘、盘亚、亚纳六个村寨基本没有业态，村寨无产业功能。树正、则查洼、荷叶三个村寨主要从事和旅游相关的餐饮服务、旅游纪念品销售、租衣摄影等产业。其中，树正寨有村寨居民家庭门面；诺日朗服务中心位于则查洼寨旁，提供 200 多个摊位，可供售卖旅游纪念品，同时设有诺日朗餐厅；荷叶寨处于旅游线路上，有租衣摄影等业态，只有少许门面。

（三）宗教信仰

九寨沟内九个村寨起源于吐蕃王朝东征时期，达布和贡布率领的两个未召回的部落军队在此世代定居下来，成为安多藏族的一部分。

九寨沟有原始悠久的历史文化和原真原生的民俗风情，其民俗文化包括转山会、藏历年等民俗节日与活动，肥腰、长袖等特点的民族服饰，唐卡壁画等雕塑及绘画，踢踏舞、狮子舞等藏族舞蹈、民间音乐，以苯教文化为主的民间故事、宗教书法，待客禁忌等风俗，等等。

寨内居民以藏族为主，宗教信仰保留着西藏的原始自然宗教——苯教（信仰日月星辰，万物有灵），形成了以苯教文化为基础、佛教文化为主导的藏传佛教特色。同时，九寨沟内村寨也存在区别于其他藏寨的宗教信仰特征，体现在寺院、活祭、放生、转经、牙则等方面。寨内扎如寺庙始建于明末，“文革”期间被毁坏，后于 1987 年重建。以上均为当地重要的人文旅游资源。

第三节　旅游发展条件

一、区位

（一）自然区位

九寨沟风景区位于四川省阿坝藏族羌族自治州东北部，九寨沟县西南部。它属于川西北高原地区。地理坐标为东经 103°46′—104°4′，北纬 32°54′—33°19′，海拔 1 500～4 900 米。

（二）交通区位

九寨沟旅游区东距九寨沟县城 41 千米，西距松潘县城 104 千米，距离阿坝州政府所在地马尔康约 580 千米，距离成都 430 千米。

九寨沟至川主寺环保公路总长 88 千米，是国内第一条环保示范公路。九寨沟县内公路交通网已基本形成，道路畅通。

九寨沟沟口漳扎镇距离九寨黄龙机场 83 千米，机场到成都飞行时间约 40 分钟。九寨黄龙机场为中国国内支线旅游机场，是阿坝州的首个机场，也是国内三大高原机场之一，已开通航线有：北京、上海、杭州、西安、重庆、成都等城市，该“航空走廊”加上其他交通，使得九寨沟旅游区具有很好的可进入性。

（三）旅游区位

第一，九寨沟旅游区集世界自然遗产、人与生物圈保护区计划、绿色环球21世纪、国家5A级景区四项桂冠于一体，是世界遗产旅游的重要组成部分。

第二，九寨沟旅游区是中国第一个以保护自然风景为主要目的的自然保护区，是中国著名风景名胜区和全国文明风景旅游区示范点。

第三，九寨沟和三星堆、大熊猫共同被列为四川省三大国际旅游品牌。

第四，九寨沟旅游区在《四川省旅游发展总体规划》中，被确定为川西自然生态旅游优先开发区。

第五，九寨沟县被评为四川省天府旅游名县。

第六，在《阿坝州旅游发展总体规划》中，九寨沟旅游区被纳入为四大精品旅游区之一。

第七，在《九寨沟县旅游发展总体规划》中，九寨沟系全县重点打造的旅游品牌。

二、优势旅游资源

九寨沟的旅游资源以水取胜，有俗语云：“九寨归来不看水”，这是众人对九寨沟水景质量的最高评价。作为世界自然遗产，其最大的价值在于喀斯特形成的地质地貌与水景和其他景观的完美组合。为此，世界遗产委员会曾对它有专业的评价：“九寨沟位于四川省北部，绵延超过72 000公顷，曲折狭长的九寨沟山谷海拔超过4 800米，因而形成了一系列形态不同的森林生态系。它壮丽的景色因一系列狭长的圆锥状喀斯特地貌和壮观的瀑布而更加充满生趣。”[55]

九寨沟位于高原地区，气候温润，森林密布，湖泊云集，湖水清澈如洗，瀑布如练，共山水于一体，融奇巧于一身。九寨沟的水中富含碳酸钙，碳酸钙素有“造景能手”之称，在水中遇到植物则包住植物，遇到石头则包住石头，本身还能形成形态各异的结晶体或卧于湖畔，或沉于湖底，极具观赏价值；九寨沟的水中富含藻类生物，不同的藻类生物在湖水中呈现出不同的色彩；湖边的植物因季节不同会呈现不一样的缤纷；再加上海拔较高，远处的雪峰隐约可见，整个九寨沟五彩斑斓。碧海、层叠的瀑布、色彩斑斓的森林、雪峰和藏族的爱情，被称为九寨沟的“五绝”，它们构成了九寨沟独特的旅游资源，吸引了许多来自世界各地的游客。

（一）湖泊

传说九寨沟保护区有大小湖泊118个，现今人们看到的湖泊远远少于传说中的数目。九寨沟内供游客游览的湖泊主要有散落如盆景的盆景滩、絮絮芦苇飘荡的芦苇海、跨度较大的树正群海的双龙海、波平如镜的镜海，分布于日则沟中的终年碧波荡漾的五花海、形似熊猫的熊猫海，以及分布于则查洼沟中的面积最大的长海、美轮美奂的五彩池，还有随季节变换而神态各异的季节海，每个湖泊都多姿多彩，引人注目（表 3-4）[56]。

表 3-4　九寨沟保护区主要的湖泊

名称	位置	名字	海拔（米）	面积（平方米）	深度（米）
则查洼沟	上游	长海	3 060	928 440.0	44.57
	长海以下	五彩池	2 995	5 645.8	6.60
	五彩池以下	上季节海	2 910	18 745.0	12.70
	上季节海以下	下季节海	2 560	39 245.0	15.60
日则沟	上游	草海	2 910	17 602.0	1.30
	上游	天鹅海	2 905	45 231.0	2.70
	中游	箭竹海	2 618	165 034.0	6.00
	中游	熊猫海	2 587	91 200.0	14.10
	下游	五花海	2 472	76 847.1	4.59
	下游	镜海	2 390	196 840.0	10.96
树正沟	上游	犀牛海	2 315	200 099.0	11.70
	上游	老虎海	2 298	4 932.3	8.90
	中游	树正群海	2 220	832 117.0	10.50
	中游	卧龙海	2 210	42 675.0	21.20
	中游	火花海	2 187	36 356.0	9.00
	中游	双龙海	2 185	25 737.0	8.20
	中游	芦苇海	2 168	196 879.0	3.00

（二）瀑布

九寨沟自然保护区内的瀑布主要有五个，分别是气势磅礴的诺日朗瀑布，水流漫延的珍珠滩瀑布，虽小却如疾风骤雨的树正瀑布，以及高瀑布和干瀑布（表 3-5）[56]。

除大型瀑布外，还有数量众多的跌水，如箭竹海和树正群海以下的跌水都颇具规模。

表 3-5　九寨沟保护区主要的瀑布

名字	位置	海拔（米）	高度（米）	宽度（米）
树正瀑布	树正沟南侧	2 295	15.0～20.0	67
诺日朗瀑布	则查洼沟与九寨正沟交汇处	2 360	24.5	270
珍珠滩瀑布	日则沟与丹祖沟交汇处	2 433	21.0	1 625
高瀑布	熊猫海出口处	2 592	65.0	50
干瀑布	日则沟天鹅海以北 1 000 米	2 855	78.0	67

（三）九寨沟旅游区旅游资源类型及分布

九寨沟的翠湖、蓝天、雪峰、瀑布、森林，每一项都独具特点，每一种都引人入胜，它是我国唯一拥有“世界自然遗产”和“世界生物圈保护区”两项世界桂冠的风景名胜区。其旅游资源丰富而多样，既有翠海、飞瀑、彩林、雪峰等引人入胜的自然景观，也有藏区特色民族文化；既有野趣神妙的动植物，也有神奇梦幻的雪山森林。从旅游资源的分类来看，九寨沟具备发展旅游的天然优势（表 3－6）[56]。

表 3－6　九寨沟旅游区旅游资源类型及分布

主类	亚类	基本类型	主要景观名称
地文景观	综合自然旅游地	山丘型旅游地	扎依扎嘎山、达戈山、沃诺色莫山、图波山等
		谷地、平坝型旅游地	树正沟、诺日朗沟、日则沟、扎洼沟、扎如沟等
	沉积与构造	地层剖面	泥盆系—中三叠统碳酸盐岩地层
	地质地貌过程形迹	奇特与象形山石	镜岩等
		峡谷段落	扎如沟等
水域风光	河段	观光休憩河段	白河
	天然湖泊与池沼	观光休憩湖段	长海、树正群海、草海、五花海、熊猫海、火花海、犀牛海、五彩池、镜海、上季节海、下季节海、箭竹海、老虎海等
	瀑布	悬瀑	九寨沟 17 道瀑布、5 道滩流，有树正瀑布、诺日朗瀑布、珍珠滩及珍珠滩瀑布、扎如瀑布，熊猫海高瀑布等
	泉	冷泉	九寨沟矿泉水，九寨沟剑岩悬泉、湖底涌泉（五花海）、间歇泉（熊猫海下）
生物景观	树木	林地	九寨国家森林公园（神仙池高山森林、玉瓦彩林、甘海子高山森林），九寨沟（原始森林、红叶彩林），白河太平沟（彩林）
		丛林	
	草原与草地	梳林草地	
		水生动物栖息地	松潘裸鲤
	野生动物栖息地	陆地动物栖息地	大熊猫、川金丝猴、牛羚、小熊猫、毛冠鹿、鬣羚、林麝、岩羊、天鹅、鸳鸯、绿尾虹雉、红腹角雉、血雉、兰马鸡等
天象与气象景观	光现象	日月星辰观察地	五花海月夜、九寨晚霞
	天气与气候现象	云雾多发区	九寨晨雾
		物候景观	冬季冰雪景观、“蓝冰”等

（续）

主类	亚类	基本类型	主要景观名称
建筑与设施	综合人文旅游地	宗教与祭祀活动场所	扎如寺等
	景观建筑与附属型建筑	佛塔	菩提塔
	综合人文与社区	传统与乡土建筑	漳扎镇，荷叶寨、树正寨、则查洼寨、扎如寨，甲蕃古城
旅游商品	地方旅游商品	菜品饮食	酥油茶、青稞酒、土豆糍粑、杂面、糌巴、手抓肉
		农林畜产品与制品	中药材：当归、黄芪、党参、黄连、贝母、天麻、金银花、杜仲 山珍：蕨菜、草莓、黑木耳、花椒、核桃 水果：苹果、柿子
		传统手工与工艺品	灯盏、茶壶、藏式佩刀、首饰、手工羊毛编织品
人文活动	艺术	文学艺术作品	民族艺术：藏戏，藏、羌歌舞，侣舞
	民间习俗	地方民俗与民间礼仪	民族风情：藏族民风民俗（服饰、习俗、婚礼、葬仪）
		民间节庆	藏历年、麻芝节、德朵节、转山节、赛马会、尕米寺庙会、藏羌文化民族风情节
		宗教活动	宗教：苯波教；寺庙：扎如寺等
	现代节庆	大型表演活动	中国国际熊猫节、中国九寨沟大型实景演出

三、旅游资源价值

（一）科学价值

蜿蜒曲折的九寨沟，海拔 4 800 多米，形成了一系列形态各异的森林生态系统，包括高原钙华湖群、钙华瀑群和钙华滩流等奇特的水体景观，优美的综合环境、喀斯特熔岩地貌，保存完好的冰川遗迹，可谓生物种质资源的基因库，是代表地球演化历史中重要阶段的突出例证。同时，九寨沟也是嘉陵江流域水源涵养和长江上游绿色生态屏障的重点地区，其独特、稀有、绝妙的资源特征和优质的生态环境，保证了其具有重要的生态和科学价值。

（二）遗产价值

九寨沟作为世界自然遗产，是全人类永续利用和共享的财富。世界遗产委员会确定了它独特的、具有传承意义的遗产价值。高山峡谷及独特的地形地貌造就了该遗产区内众多独特美丽的自然景观，这里是“国家级风景名胜区”“九寨国家森林公园保护区”“金丝猴自然保护区”“勿角大熊猫保护区”“杜鹃山风景区”

等，因此，它既是全人类的财富，也是我国的宝贵生态遗产。

（三）示范价值

九寨沟旅游区将生态环境、自然遗产保护与旅游发展有机结合起来，成为我国世界遗产保护、管理、利用的范例，并作为四川省旅游的形象品牌被隆重推向国内外旅游市场，具有典型意义和示范作用，其旅游品牌具有世界影响力。另外，它以得天独厚的资源优势入选我国首批5A级旅游景区名单，在旅游领域，具有相当强的示范作用。

（四）文化价值

九寨沟尽管分布偏远，但具有悠久的人类活动历史；九寨沟县是一个多民族聚居区，在九寨沟景区内生活的藏族人民与同样生活于此的羌、回、汉等各族人民交往过程中，逐渐形成了独具特色、丰富多彩的民俗文化，并保留了丰富多彩的民族文化遗产和民族文化习俗，这些珍贵的文化资源为九寨沟平添了原生态的魅力，也为我国少数民族文化的丰富多彩创造了文化价值。

九寨沟是世界自然遗产，一方面，其因优美的自然环境被世界称赞。世界遗产委员会评价九寨沟："（九寨沟）壮丽的景色因一系列狭长的圆锥状喀斯特熔岩地貌和壮观的瀑布而更加充满生趣"；另一方面，九寨沟是我国藏族人民世代生活的地方，他们在此繁衍生息，创造了灿烂的文化；同时，九寨沟又是我国的5A级旅游景区，当地居民依靠和依赖旅游业。因此，该聚落既有乡村的外貌，又有民族特色，同时也受旅游的影响，他们的生存空间成为我国较具代表性的山区乡村旅游聚落。

第四章　聚落与聚落演变

“聚落”这个词在中国起源较早，它指的是由宇宙空间、政治、经济及社会文化等元素构成的复杂物理系统。《史记·五帝本纪》记载：“一年而所居成聚，二年成邑，三年成都。”[57]唐代张守节在《史记正义》中言：“聚，谓村落也。”可见，“聚落”是人类早期聚居形式之一，即村落。中国传统风水理论将聚落进一步发展，提出“聚局”的概念：“大聚为都，中聚为郡，小聚为乡。”[58]如《汉书·沟洫志》“贾让奏：（黄河）时至而去，则填淤肥美，民耕田之。或久无害，稍筑室宅，遂成聚落。”[59]吴良镛先生认为：“聚落是人类各种形式的聚居地的总称。与人类活动有关的环境、村庄、城镇、城市乃至城市连绵区，都是不同层次的聚落。”[60]

传统聚落空间既是村民日常生活、生产方式的载体，又是这种生活、生产方式的产物，其形态构成是社会组织、伦理观念和生活习惯的物质反映，这种空间形态构成一旦形成，会有历史的惯性和稳定性[61]。随着这种形态的持续演变与不断发展，人们获得一种内在的自我调节心理机制，控制着这种形态不断发展的自然状态。传统聚落空间形态是中国传统乡村生活状态的具体表达，其形成与发展反映了聚落中的居民认识、改造和适应自然的能力，体现了该社会群体的文化、习俗和生活方式[62]。地理学认为，聚落是人工与自然相结合的复杂系统，包括聚落社会、聚落空间两大部分，组成中国山区聚落持续发展与管理研究[63]。人类活动的过程也是聚落的变化过程，聚落内人口的变化会引起聚落形态和聚落功能的相应变化，直接表现是聚落空间随着生产力的变化而演变。聚落的演变受自然、社会、经济等多种因素的综合作用。其中，自然环境是影响聚居空间演变的外部条件，社会生产力和人类经济活动是影响聚居空间演变的内在因素[64,65]。聚落空间的分布研究是聚落地理学研究的基础部分，通过研究聚落自身空间密度，与周围地形、道路、水系、耕作条件等因素的相互关系来确立农村聚落空间分布特征。长期以来，聚落社会和聚落空间的研究受到了国内外地理学界的关注。

聚落是人类占据地表的一种具体表现，是形成地表形态的重要组成部分。作为一定时期人类占据地表的具体表现形式，聚落自产生起就被深深打上了人类文化的烙印，使其具有人类文化的具体特性。同时，聚落建筑作为我国地表上的一种自然景观文化形态，其与自然环境息息相关，无论是建筑聚落主体选址位置还是建筑聚落的内部空间结构分布及其历史演化形态特征，无不与聚落地形、地貌、水文、自然资源等自然环境影响因素有直接密切的关系，并在不同程度上受到自然环境的直接影响，因此建筑聚落同时也具有自然环境属性。聚落文化由于具有这种双重文化特征，因此发展成为自然环境与社会文化之间关系科学研究最为理想的合作纽带与沟通桥梁[66]。

从农业现实情况分析来看，我国是一个现代农业发展大国，地域广阔，农业劳动人口仍占绝大多数，且发展极不平衡。尽管经过 40 年的改革开放，城镇化已经有了飞速的进展，但仍有 6 亿人在 300 多万个乡村聚落中生产、生活和发展。乡村居民聚落文化作为整个乡村居民聚居乡土社会的基本环境生态载体，或是其生存持续发展的生态容器，是整个乡土聚居社会的实际生态文化表征，并始终可能伴随着乡村聚居乡土社会的生存发展而发生变化。在漫长的中国传统特色社会主义经济持续发展历史时期，基于我国社会主义经济持续发展增长速率仍然较低且相对平缓的种种原因，乡村居民聚落中的环境对应形态始终处于自下而上循序渐进式的环境对应形态演进变化过程之中，其结果不仅成功创造了无数形形色色且富含不同地域历史文化的典型聚落周围环境，而且突出了聚落周围环境之间的变化和对应聚落环境社会学的发展，更多地主要表现为突出良性的和谐相互适应而非恶性的矛盾相互对立。近年来，随着社会经济的迅猛发展，人们的生活水平得到提高，乡村聚落的社会生产方式也发生了急剧的变化，传统的聚落形态、人居环境、聚落内部关系等均发生了复杂而又多样的嬗变，由此也产生和引发了面对未来难以可持续发展的矛盾问题，需要引起足够重视。

第一节　农村聚落空间

一、农村聚落

聚落社会包括定居居民和定居组织，聚落空间包括聚落建设设施、自然资源和当地环境[67]。德国地理学家科尔（Johann Georg Kohl）1841 年开展聚落研究，最初研究内容多聚集于聚落与自然环境关系的研究及中心地理论在聚落类型、体系、职能及规划中的应用研究[68,69]。19 世纪到 20 世纪 20 年代中期，国外学者主要通过描述不同自然环境下聚落的形成过程和形态特征来研究聚落，因此主要关注聚落与自然地理环境的关系。德国地理学家梅村（A. Meitzen）分析了聚落的形成、发展和演变的条件，并根据其形态特征对聚落类型进行了分类[70]。也正是在这一时期，德国农业经济学家杜能（J. H. von Thunen）在农业生产用地的经济利用的基础上提出了意义深远的“农业区位理论”。时至今日，仍然有很多学者围绕农业区位论进行聚落方面的研究[71]。随着工业化的发展和交通的改善，国外的农村聚落研究内容逐渐扩展开来，并由最初研究聚落的形成到聚落的发展过程和模式，扩展到农村聚落的类型、形态和职能，并且加入了很多实证方面的研究。

这一阶段，最有影响力的理论是德国地理学家克里斯泰勒（Christaller）在1933年创立的中心地理论。该理论对中心村的定位和乡镇制度的规划具有重要的理论指导意义，促进了对农村理论的深入研究，并为农村聚落地理、人文地理和经济地理作出了巨大的贡献[72]。

二、农村聚落空间

农村聚落空间演进的研究初始多从土地利用切入。例如，赫洛西·艾赛达认为，农村聚落的演变和印度农业系统的发展是土地利用和耕地类型的环状分布的产物[73]；基士姆（M. Chisholm）利用距离对聚落空间和土地利用空间分布特征进行了系统研究[74]；阿·德芒戎（Albert Demangeon）分析了农村聚落形态与农业功能的关系，分析了不同村落类型与自然、人口、社会和农业因素的关系模式[75]，同时还对村落按照空间布局和形态进行了类型划分，将村落形态分为块型、长型、星型和分散型四种。此后的学者将聚落演进过程及机制结合起来进行分析。

李维斯（Lewis）研究了南非特兰斯凯地区农村居民点的发展过程，并确认特兰斯凯地区的农村聚落由分散演变为集聚的形态。他认为，政府行为在农村聚落规划中发挥了重要作用，政府的目的是发展农业和提高农村土地使用率，并控制土地退化[76]。白兰德（Bylund）建立了聚落空间的演化模型，将其划分为两个阶段，一是区外居民的长途迁移导致区域扩张，二是区内居民的短距离迁移导致居住形式的变化[77]。基士姆的分析表明，影响农村聚落空间格局的主要因素有五个：生活环境的变化；技术进步，资源利用方式和生产方式的变化；人口增长和家庭规模扩大增加了住房建筑的占用面积或居民迁移；土地利用格局的变化，导致农村居民点聚落空间格局的调整；政府出于政策或经济因素考量的行为[74]。哈德森（Hudson）总结了农村聚落空间的开拓、扩张，以及再开拓和再扩展的演变过程[78]。凯里昂（Carrion Flores）等利用乡村宅基地转换的概率模型，发现城乡结合地界聚落转换与扩张优先选择的区域是中心城市周围的低密度区[79]。古德温（Goodwin H. L.）认为农村聚落的发展受到经济、人口、社会等诸多因素的影响，因此，区分农村发展的条件和影响因素，进行合理规划，保持农村社区发展，具有十分重要的意义。他调查了1 156个农村家庭后发现，农村服务设施的质量和便利性、家庭年龄、农村空气质量、就业等因素对农村聚落的演变影响较大[80]。斯维南特（Sevenant）等指出土地质量与视觉能见度是影响聚落模式的重要因素[81]；科维瓦（Kurkieva）通过所考察现象的定性特征证实传统制度保护是造成农村聚落经济社会差异的因素[82]；阿莱克西（Alekseev）等认为俄罗斯大部分地区的乡村聚落结构正处于均衡状态，经济转型加快了乡村居住模式的改变[83]；赫希尼（Hosseini S. B.）等指出以提供公共服务为目的的农村发展计划是改进农村居民点的重要途径[84]；丘贝（Choubey）等利用地理空间方法研究城市中心区的扩张对周边农村居民点的影响[85]。

另外，后期有很多成熟的诸如数据分析、核密度分析、空间相关性分析、景观格局指数、回归模型等空间分析工具和模型被引入到聚落研究中，并分别被用于乡村聚落空间格局和乡村聚落时空演变特征分析、聚落空间演变影响因素及驱动机制、乡村聚落布局优化等不同方面，这些新技术和新方法的引入，也很好地推进了乡村聚落的系统性研究。

国内农村聚落研究始于20世纪30年代。1930—1980年，研究内容多集中于聚落分类及不同区域聚落的专题调查和集镇研究等[86,87,88]，研究数量相对较少，成果也很零散，内容上并不聚焦。1980年后，随着我国农村的迅速发展，农村聚落研究也加快了进展，对聚落空间结构、聚落分区及整治等的研究逐渐增多[89,90,91]，其中金其铭对中国农村聚落的系统研究促使该理论体系基本形成[25]。2000年后，越来越多的研究开始关注聚落发展与演化中出现的实际现象和问题，如农户与环境关系[92]、聚落空心化及其机理[93]、聚落空间格局[94]等研究主题渐成新焦点，尤其是对城市化影响下的农村聚落空心化研究得到了充分的验证，研究内容广泛且深入，其中规划学关注个体村镇聚落空间形态的特征与演变规律，与乡村建设实践结合紧密；地理学则侧重研究村镇聚落体系，在转型重构、区域差异以及量化分析方法上优势明显[95]。

国内对农村和农村居民点功能的研究始于20世纪80年代，但早期的研究方法只是建立指标体系。金其铭在其《中国农村聚落地理》中，首先提及根据聚落的不同功能去划分聚落类型的论点。这一时期的研究方法主要侧重于定性描述。此后，范少言等在描述农村聚落的空间分布和结构演变时也提到了聚落的功能系统和强度，但他们没有进行进一步的研究[90]。

随着社会经济的不断发展，城市化进程的加快，以及第三产业的迅猛前进，农村经济发展模式变得越来越复杂，农村聚落的功能也表现得越来越丰富。更多的研究者开始涉入聚落功能的分类、演变和分化的深入分析；还有学者以北京的流动人口聚居地为对象或对农村居民点功能系统进行了详细的分析和基本框架的构建[96]；刘彦随、刘玉等研究了农村地域多功能的内涵、分类、互动结果和演变趋势[97]；还有不少学者研究改革开放以来区域农村聚落的功能变化，以及随着农村社会经济的整体转型和生活质量的提高，农村居民点的功能从最初的“生活—农业”转变为“农业—居住—商业”，以及“农业—住宅—工业—商业”和“农业—住宅—旅游”的多元化组合类型[98]。这些研究成果推动了我国关于聚落研究的深度和广度，也为我们提供了多元化研究农村聚落的方向和方法。

三、农村聚落空间演变

聚落空间演变的模式及规律和机制探讨也成了此阶段研究的重点。乡村地区聚落经济空间特征是对一个乡村地区聚落经济体系的空间地域性和空间分布范围的具体特征进行表达，主要内容包括乡村集体聚落的地域规模（包括人口、用地）和聚落空间区域分布等的特征。邢谷锐研究指出，乡村聚落空间在不同的地域空间尺度上有不同的表现，包括区域范围内乡村聚落空间结构、乡村聚落单元及其空间分布特征以及乡村聚落建筑实体空间三个不同的层次。同样的发展背景或外力作用，由于乡村聚落之间的资源条件、区位优势、经济发展水平和社会环境等各方面条件的不同，尤其是与城市的区位关系和经济社会发展条件的差异性，对不同的乡村聚落产生了不同程度的影响，并使其产生不同的空间演变特征，进而发展形成新的空间形态。在此基础上，他进一步深入探讨了我国城市化进程影响下乡村建造聚落建筑空间结构演变的各种类型及结构特征[99]。范少言、陈宗兴提出，应将我国乡村民居聚落整体空间结构的分析研究工作重点分别放在聚落规模与区域腹地、等级区划体系与结构形态、地点与地理位置、功能与整体用地结构组织、景观建筑类型与生态区划五个方面，可以从城镇宏观管理整体、村庄管理个体、住户管理单元三个不同层次对其地理特征状况进行分析研究。其中范少言较详细地分析了农村聚落空间结构演变的一般规律和机制。他认为，提高劳动生产率水平，特别是新技术应用是推动空间结构演变的主要动力，而集中化和分散化是聚落空间演变的主要外在表现形式，聚落的空间形态逐步推进，会呈现出不同层次的复杂螺旋状态[100]。庞骏等从聚落形态学和类型学角度对乡村聚落的系统进行研究，包括对我国乡村地区聚落文化形态的基本特征、聚落组织结构及其类型、形态组织结构的发展演变、城镇化发展背景下的我国乡村地区聚落多元文化形态的基本特征等问题的研究[101]。此外，付孟泽等基于人地关系演化探讨了乡村聚落空间演变规律[102]，其他聚落研究者的多项研究成果认为：聚落演化形态的自然演化过程其实是自然空间演化过程与自然社会演化过程的有机统一[103,104,105]。从上述关于聚落演化的基本机制与演化特征的研究结果来看，经济、科学技术和社会发展是聚落形态不断演化的最主要和最直接的影响因素和驱动因素。

四、农村聚落空间演变的影响因素

在乡村聚落空间演变研究过程中，还有许多学者将目光投往乡村聚落空间形态演变的影响因素方面[100]。高苹、席建超研究了旅游产业驱动下乡村聚落空间格局演变特征[107]；张海朋等认为政策、市场、人口、区位条件、管理制度及文化观念等社会人文因素是推动聚落演化的主要动力[108]；郭晓冬、席鸿等提出以乡村社会主体需求为主的内部动力和以政府调控、城市发展等为主的外部动力共同构成乡村聚落演变的驱动机制[109,110]；张磊等运用景观指数分析、GIS空间叠置分析和缓冲区分析等方法对社会经济变迁影响下农村聚落的空间分布变化及特征进行了探讨[111]。研究者们普遍认为，乡村聚落空间形态演变的影响因素可以分为自然地理环境因素、社会经济因素、政策制度因素以及其他因素四类（表4-1）。

表4-1　乡村聚落空间演变的影响因素

自然地理环境因素	社会经济因素	政策制度因素	其他因素
1. 地形： 地形作为聚落布局的基础性因素，作用范围广，且对聚落空间演变具有制约作用； ①平原地区聚落分布密度通常比较大，山地丘陵区聚落分布密度明显偏小； ②海拔越高，坡度越陡，聚落空间分布越少。 2. 水源： 水源与聚落空间分布有着密不可分的联系，聚落往往临近水源	社会经济水平是推动聚落空间演变的核心动力： ①经济基础越好、发展越快的区域，聚落规模扩张越明显； ②城镇化周边区域，聚落内民居更为集中； ③交通线的建设能够快速改变乡村聚落空间分布和形态特征；主要道路对乡村聚落产生直接影响，乡村聚落沿主要交通线路分布趋向明显； ④区位优势是村民住房与乡村产业选址的重要依据	政策调控和规划引导是宏观影响因素： ①政策和计划指令性加快了聚落空间的重构； ②城市化、工业化等新型发展模式和发展方向影响聚落空间分布； ③村民生计方式的变迁是推动乡村聚落空间格局变化的深层次原因	①工程修建等； ②其他突发事件

聚落空间分布的影响因素是多元和多样的，需要进行整体性的认识与分析，但整体并不意味着各地的均等。近年来，在建设中国社会主义特色新农村和实施农业建设现代化发展战略的积极推动下，乡村生态聚落的建设研究越来越多地受到国家重视，但目前科学研究中对现代乡村居民聚落人口空间结构演变与人口影响变化因子之间的结合定量分析研究相对较少，多数是直接采用传统定性分析方法和现代传统乡村数量分析统计结合的定量分析方法，与区域特色结合也不够紧密[112]。特别是对于特定的区域，在特定的时间内，存在着主导因素，不同的地区有不同的具体表现，需要做更细致和深入的研究。

在此过程中，城镇化、交通基础设施、社会结构等非自然因素在聚落发展中的作用也越来越吸引研究者的目光。如李伯华将农村聚落空间的演变分为以下几个阶段，即封闭的原始时期、村庄核心部分陈旧的空心化时期、农民经营多元化的时期、交通改善后的道路依赖期（包括道路依赖的初始期、中期和后期）以及有了稳定的交通网络系统后，乡镇聚落空间格局的网络化时期[113]。郭晓东等认为自然环境条件直接决定了我国乡村文化聚落的各种总体地理空间结构分布以及格局，但也有人口快速增长、经济社会发展、城镇基础建设、交通条件、政策法规制度以及乡村传统民俗文化等重要因素[114]。蔡为民等对黄河三角洲典型地区乡村居民点景观格局进行分析时发现，乡村集体农业经济居民点最初与古代我国乡村农业经济生产力和自然界的形成环境条件、开发和经济发展过程历史密切相关，在其后的诸多时代发展变化及其发展变迁过程中，较多地、直接地受到我国国民经济社会发展、国家集体经济发展政策、人类社会活动、城市集体经济发展等诸多社会方面的客观因素直接影响[115]。在对我国乡村地域聚落地区扩散的深入研究中，我们发现，人口不断增长、收入不断增加、家庭经济规模不断变化、交通条件不断改善、农村集散地区发展工业化等已成为推动乡村地区聚落扩散演变的重要社会推动力。邢谷锐将针对我国新型乡村城镇社区聚落建筑居住使用空间设计发展过程演变的各种类型数据进行分析归纳，将其划分为主动型、被动型和消极型三种不同发展类型[99]。

另外，考虑到自然因素对聚落的影响，不同的学者研究的代表性区域也有侧重，沈茂英、陈国阶等学者的研究集中于山区聚落[63,64]，马晓冬、李红波等集中研究了沿海地区的聚落发展状况[116,117]，郭晓东重点关注黄土丘陵地区的聚落演变问题[106,109]，罗光杰、闵婕等将目光投向喀斯特地区的聚落发展[118,119]，王传胜等主要研究坡地聚落[120]，席建超、葛全胜等学者研究的代表性区域是城市周边农村[121,122]。

近年来，随着遥感技术（RS）及地理信息系统（GIS）等新方法新技术的出现，国内对农村聚落空间演进的研究更加深入。研究内容从聚落形态和空间分布信息的提取发展到聚落空间分布的定量分析和重新解读，聚落空间研究的理论意义和实践价值变得更加明显和突出[123]。例如有的研究针对西部山区聚落的特殊条件，从理论、实证及生态视角分析其空间演进过程和成因机制[120]；有的研究借鉴地理学、经济学、社会学和生态学观点，提出农村聚落演变的基础、新型和突变三大因子[122]；有的研究从聚落体系、聚居规模、形态、功能、文化及环境等方面揭示农村聚落演变的总体趋势与特征等[123]，研究内容丰富。

实证方面，有些学者关注农村聚落的区位，重点研究了影响农村聚落分布的地理位置、特征和主要影响因素。例如，冯文兰等用 ArcGIS 空间分析方法定量研究了岷江上游农村聚落聚集的特征，发现农村聚落分布规律表现为沿水源和交通线等分布[124]。田光进、刘纪元等基于 TM 遥感影像数据，提取了中国农村聚落点的信息，分析了中国农村聚落分布的基本特征[125]。刘仙桃等采用 ArcGIS 与点阵图相理论结合的研究方法，对北京市昌平区农村地区居民点阵图空间格局分布结构特征作了分析研究[126]。郭晓东等利用农村景观图的格局散布分析和

ArcGIS 对聚落空间进行了分析和优化[106,127]。单勇兵等利用 ArcGIS 软件，定量分析了江苏省徐州地区农村居民点的空间分布格局，得出了该区域农村聚落沿水系和道路分布的基本特征[128]。彭鹏等于 2008 年运用 3S 技术（遥感技术、地理信息系统和全球定位系统）和定性定量方法，探讨了湖南省农村居民点的地理区位、规模、分布和空间结构的差异，并提出了优化调控的策略和途径[129]。李全林等运用密度分析工具，对苏北、苏中农村聚落分布格局进行研究，从宏观上总结出乡村聚落空间格局的特征与类型[130-131]。孙丕苓以聚落为主体，于 2012 年分析了自 1990 年以来河南省商州区的规模扩张及其特征[132]。雷振东围绕关中地区乡村聚落开展研究，认为地缘位置优势、交通运输优势、资源环境条件、行政机构及高等教育基础设施、工业经济发展的新状态等因素已逐渐成为未来影响中国乡村聚落发展前景的主导影响因素，同时也是直接影响乡村聚落群的流动人口在乡村空间结构流转的文化核心和劳动力构成要素[67]。

从研究趋势看，关于聚落的研究不再是单纯的静态研究，而是静态与动态相结合；从研究内容看，从对聚落的空间形态到演化过程，从类型变化到驱动机制，都有涉及。同时，新方法和新技术，特别是 GIS 和遥感技术的应用，为聚落研究提供了可靠的技术手段[125]。

第二节　旅游聚落

莱帕尔（Nepal S. K.）是早期比较深入研究旅游与聚落关系的学者，从人文视角考察了旅游业对尼泊尔乡村聚落发展的影响。他发现，受旅游影响，区域乡村聚落表现出核心—边缘结构特征，且同一个传统村庄内，也有同样的变化发生，即村民放弃他们原本在村落中心的房屋，而选择在村落边缘重建住宅，这种空间变化使得传统村庄中表现出城市化的现象[133]。沃尔（Wall）通过实证研究了印度尼西亚巴厘岛八个传统村庄村民对旅游影响感知的空间变化。他发现，虽然村庄土著居民对旅游业的态度总体上非常积极，但这些态度因距离旅游中心的远近而异，也最终会反应在聚落空间的变化上[134]。哈瑞森（Harrison D.）通过实地调查传统古村落文化旅游，从发展程度和相关制度方面进行分析，认为村落商业化并非传统乡村旅游发展的结果，而是社会系统发展的产物[135]。

此后，旅游学科对自然村落的科学研究范围扩大到自然生态旅游、遗产文化旅游等各类实践研究活动。陶伟、戴光全以苏南三个特色水乡文化古镇为范例，提出了旅游资源相似的临近地域旅游发展采用“竞合模式”，以提高区域旅游发展的整体吸引力[136]。吴承照、肖建莉以高迁历史古村落保护为案例，从历史文化遗产保护与农村经济社会发展、文化生产经营与农村社区文化旅游、生态安全与污水容量污染控制六个不同方面详细分析了两地古村落经济发展的主要制约因素及其解决对策[137]。孙静、苏勤从建筑色彩、体积、形态、材料、文化冲突和过度商业化的角度探讨了乡村旅游发展中的视觉污染，指出应通过规划控制、法律管理、改善生活条件和建立视觉管理基金来减少或消除视觉污染[138]。但上述研究大多集中在旅游村的保护和发展、旅游对村庄社会文化和经济的影响、旅游对村庄自然环境的影响、村庄的发展和管理、游客市场和游客的行为等方面，对村庄和聚落的空间形态关注不多。2006 年车震宇、保继刚开展了一项关于旅游业发展对村庄形态变化影响的开创性研究，他们根据旅游开发过程中聚落形态的变化，将直接涉及旅游的村庄划分为渐变、稳定、突变和恢复四类，以上述四种不同类型的村庄为研究案例，将村庄划分为不同的区域，从边界、节点、地标、民居和整体风格等因素入手，探讨了各类村庄的形态变化特征，构建了村庄形态变化的影响因素模型，并指出村庄形态变化受多种因素的影响[139]。此后，其他学者对这一领域的关注很少。2011 年后，席建超、赵美风和葛全胜以河北省的野三坡为例，研究了旅游区和乡村聚落农业用地分布格局及其演变过程，结果表明，乡村用地格局演变伴随着乡村城镇化的过程[121]，呈现出周期性特征。此后，乡村聚落研究开始被重新关注，研究成果也越来越丰富。

随着旅游业快速发展，越来越多的乡村聚落由于拥有某一类优势的自然景观或具有开发价值的人文旅游资源而被开发出来，并依托该地的旅游景观，专门为游客提供旅游服务；与此同时，该类乡村村民的生计方式也发生根本性的改变，他们的主要收入来源由原来的农业或其他产业变为旅游业，主要的就业渠道也分布在旅游相关产业链内，整个聚落的演化和发展与旅游业息息相关，这类乡村聚落逐步变成了旅游聚落。

李小建因此提出，今后我国的聚落会发展成四种主要形式，除传统的居住型村落，还包括专业化农业村、规模农业家庭居住村和旅游发展专业村[1]（图 4－1）。

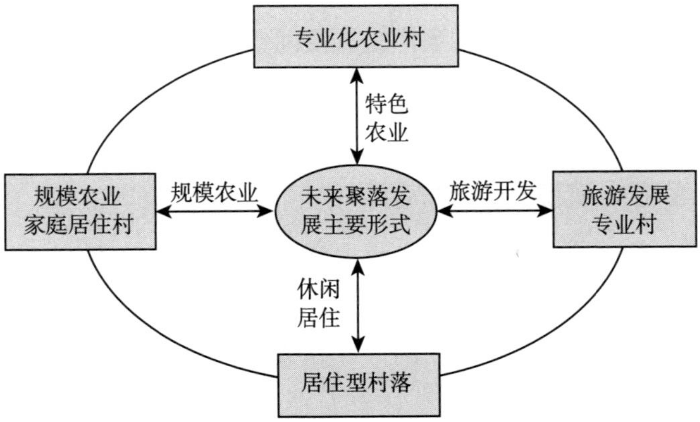

图 4－1　未来聚落发展的四种形式

从实际情况来看，越来越多的以资源依托型为特色的乡村聚落，慢慢接近或已经成为旅游发展的专业村，尤其在西南山区的诸多少数民族聚落，这一变化表现得尤其明显。这些民族聚落旅游资源或丰富，或独特，深受游客欢迎，然而，由于地形、自然环境等因素的制约，以及社会生产力、地方发展水平的差异，它们的演变和发展也各有不同。如九寨沟已经完全从传统的农村聚落转变为以旅游业为主的聚落，其村庄与外部世界的物质和能源交换大大增加，而对原生的农业资源的依赖程度大大降低，聚落功能和结构及演化过程均发生了明显变化[60]；贵州省的西江苗寨，同样因为旅游的发展变成一个典型的旅游聚落，聚落功能的变化也伴随着聚落形态的变化。但目前针对这类问题的研究成果较少，本书以九寨沟聚落为研究对象，不仅是对聚落理论研究体系的有益补充，同时也可揭示当前我国各地民族聚落经济发展中可能出现的各种冲突和矛盾问题，为地方政府研究制定民族聚落旅游发展规划、乡村振兴规划和其他政策措施提供决策依据。

第三节　聚落空间及演变

一、民族聚落空间研究

除了地理学者用多种方法进行乡村聚落类型研究，民族学者还从社会和文化层面对农村聚落进行研究。伍家平认为，聚落的分布、形式、结构和功能的差异是由于传统文化特征的差异造成的，因此聚落的类型可以根据民族聚落的文化表现形式进行分类[140]。管彦波提出，应以自然地理、经济活动、宗教、家庭和形式为指标对中国民族聚居地进行分类[141]。邓春凤等从民族社会和经济空间关系视角，研究在经济社会转型下，桂北地区少数民族文化聚落社会空间关系重构中的特征及面临的重大挑战，并从加快转变传统价值观念、提高农村就业服务水平、注重农村特色产业引导和农村集聚经济发展等多个方面提出改进策略，以有效解决农村聚落之间空巢老化现象严重、空间经济形态环境遭到严重破坏及聚落空间经济发展粗犷无序等突出问题，使聚落空间功能重构与经济社会转型良性协调互动，从而使少数民族传统聚落文化得到更好的保护与持续发展[142]。

二、聚落空间演变的主要内容

聚落在人类利用和改造自然的过程中诞生，并受地理环境的影响而具有了地理特质。随着人类社会的不断发展，地理环境对聚落的作用和影响也逐渐变化，聚落越来越被赋予新的内容，其空间形态和功能均有了时代特征和外在表现。

1. 聚落空间形态变化

聚落在发展和扩张过程中，由原始的村庄变为村镇和城市，在此过程中，聚落规模、水平和功能不断变化，形成了聚落空间结构。农村聚落空间结构从史前时期的一个个单独的点，发展到农业社会的随水源、道路而形成点和线，接着发展到后来的面。现在，聚落的空间形态已经变成了网络式的点—线—面结合的立体结构，等级不断提高，功能不断完善，不仅完成了聚落结构的变化，也实现了聚落功能的提升[143]。

2. 聚落演化动力和影响因素

尽管聚落空间变化的原因和动力多样，但地理环境始终是影响乡村聚落空间结构演变的力量和因素。在传统农业社会，农村聚落的分布和扩散都具有鲜明的地域特征，但伴随着社会的发展及生产方式的改变，聚落空间演变过程也发生改变，在此过程中，带来了社会关系的改变。早期，农村聚落的居民主要是与当地或附近的居民发生联系，其社会交往主要限制在聚落内或聚落附近，而较远的社会网络较少；后来，聚落居民的社会交往半径越来越大，交往网络越来越复杂，聚落与社会关系同时发生着改变，聚落空间的演变受到用地、人口、设施和观念等多方面变化的影响；进入工业社会后，聚落位置的选取有了城镇化的倾向，开始接近交通线、产业聚集区等，聚落扩张和发展受人口增长、收入差距、交通发展、土地政策等因素共同影响，聚落演变影响因素日趋多样和复杂。

3. 聚落空间演变的时间和尺度

尽管自然因素和社会因素共同影响聚落演变，但由于聚落演变的过程和速度在不同时代并不相同，故早期聚落演变研究更多的关注于长时间和大尺度的表现，近年来，随着聚落演变进程的加快，受城镇化、基础设施建设、市场发展、地域文化等因素以及旅游等新兴产业发展的影响，村域层面的聚落研究逐渐展开。

第四节　本章小结

综上，尽管目前国内外学者对聚落的研究广泛且深入，对聚落演变影响因素的分析也越来越全面，但仍存在一些不足。

第一，从聚落空间演化规律分析来看，已有的成果大多聚焦城市化对乡村聚落演化规律的影响，比较缺乏对聚落演变规律的理论性探讨。

第二，从聚落演化的机制分析来看，已有的成果大多从自然条件和社会经济等宏观影响因素进行分析，村域或农户行为等微观机制研究不够深入。

第三，从研究聚焦核心来看，国外乡村聚落研究更注重人文社会、行为科学的研究以及现象剖析、理论模型的创新，而国内的研究更注重定量分析与空间优化模拟。

第四，从旅游角度研究聚落变化的成果数量偏少。当前的研究成果侧重于以下内容：多关注的是旅游开发前传统村落形态与当地自然环境、社会文化环境的关系，侧重于聚落的形成过程，或多或少地忽略或者不重视旅游产业对聚落变化产生的影响；研究集中于对旅游发展过程中的传统村落提出保护对策和建议。上述研究对聚落变化前的形态和变化后的结果给予了较多关注，但对于聚落变化过程中出现的问题和动态现象，尚没有足够的重视。

已有研究表明，农户主体空间行为变化将直接引致农村空间秩序的改变，并突破传统人居环境的平衡状态[144]，但各学科对中国农村问题，尤其是村镇主体决策视角和村域微观尺度上的研究仍待深入。已有的前期研究缺乏对聚落演变的微观视角分析，特别是旅游开发及游客旅游行为对村落内部空间的影响。如何在旅游开发过程中保持乡村聚落的乡村性及地域文化特色，并支撑旅游业的持续发展，是目前乡村地理学与旅游学交叉研究的相对薄弱领域，也是今后研究需要关注的内容。特别是对分布于农村地区的民族旅游聚落的研究，可丰富旅游对聚落影响的重要科学理论，对推动我国民族地区可持续发展起到积极的作用。

近年来，随着社会发展、技术进步和产业方式调整，聚落的形态、特征、结构等均出现了新的变化和特点，在这一现象的产生和发展过程中，旧的聚落秩序被打破，新的聚落要素不断产生并持续发挥作用，在新旧交替时，有冲突，有矛盾，也必然有融合和创新。目前，乡村聚落空间形态的变迁已引起了社会学、民族学、建筑学、城市规划学等学科的普遍与广泛关注，也出现不少深入的研究成果，这些研究有效地拓宽了乡村聚落研究的视野。但由于各地的自然和人文环境千差万别，对于处在不同历史发展阶段和不同演变时期的乡村聚落来说，过于宏观的战略视角在具体的聚落建设规划指导中会缺乏实际可操作性，从乡村聚落民居空间结构演变的历史角度，对当前社会主义经济快速稳步发展的大背景下乡村地区聚落及周围环境结构变迁的现象考察和系统性研究，尚处于一个比较早期的研究阶段[145]，有待进一步探讨。

第五章　九寨沟旅游聚落空间演变

乡村聚落体系作为乡村社会活动的空间载体，是乡村地域系统的重要组成部分；对乡村聚落空间格局演变的理解和分析，是探析农村聚落演变模式与动力机制的基础。从成因来看，自然地理因素是典型山区乡村聚落空间格局形成和发展的基础条件，是聚落体系演化的重要影响因素，制约着乡村聚落空间的分布：地理环境包含生态资源、气候条件、水文情况、地形地貌和地理位置等多个因素，是聚落存在所必需的物质条件，为聚落的发展提供了水、土地、植物以及矿产等必要的生态服务和资源供给，同时自然地理因素又因其自身承载能力对聚落发展有明显的约束作用。社会经济因素是推动乡村聚落空间演变的核心动力，区位优势是村民住房与乡村产业选址的重要依据，社会经济水平的提高刺激了社会主体改造与新建住宅的需求。乡村政策因素是调控乡村聚落演变模式的基本保障，为土地资源配置、城乡人口流动、乡村产业发展提供政策支持，决定着乡村聚落演变的总体态势[146]。

但是，受自然环境、社会经济等多重因素影响，乡村聚落也表现出空间演变过程的异质性。以九寨沟为例，从社会大环境来看，我国社会经济的迅猛发展，推动了当地社会经济发展水平的提高，为民族乡村聚落环境提供了经济支持，社会经济因素成为乡村聚落空间格局演变的核心驱动力。同时，由于其位于景区，又有少数民族聚落的特殊性，村寨居民作为聚落空间演变的行为主体，受社会经济因素的直接影响，其社会观念、居住偏好、消费习惯都有自己的特点和方式，也因此导致该旅游聚落的演变既表现出了我国乡村聚落演变的普遍性特点，也有属于地方环境和文化的方式。

第一节　九寨沟聚落变化核心区

一、地点的代表性

九寨沟是享誉世界的旅游名胜，是世界自然遗产，也是我国顶级旅游景区和国家级重点风景名胜区。它还是世界生物圈保护区与世界地质公园网络的一部分，是我国首个主要以自然风景保护为目的的自然保护区，是我国旅游进入快速发展阶段后的典型旅游地。由于该区域所处位置为西南山区，它也是受地形影响的代表性山地旅游景区，其发展形态、聚落的变化是我国西南山区聚落在旅游发展背景下的代表。

二、研究的核心范围

根据九寨沟旅游发展的实际情况，自然保护区内严格控制建筑的范围和规模，景区内聚落的变化仅限于个体居民家庭的重建以及保护区接待所必需的少量小范围扩建，故景区内的聚落扩展并不明显。随着我国旅游业的迅猛发展，九寨沟游客接待量连年推高，大量的新增接待设施及由此产生的聚落变化主要集中于沟口外，也就是沟口的彭丰村及离景区很近的漳扎镇中心范围。

在游客规模不太大或旅游淡季时，位于沟口的彭丰村和附近的漳扎镇是接待游客的核心区，所以此区域也是聚落范围扩展的中心圈层。随着九寨沟旅游规模的迅速扩大，彭丰村及漳扎镇中心已经接待不了如此庞大数量的游客，游客的活动半径越来越大；旅游接待设施也无法在相对集中的区域内布局，因此在地域上表现出越来越分散的趋势。于是，沟口以西，离景区 20 公里的九寨天堂洲际大酒店，以及沟口以东的隆康—沙坝片区，均进入了游客接待的中心区，并成为聚落明显变化的区域。因此，本书将进入沟口前，九黄机场必经的甘海子（原洲际九寨天堂大酒店附近）至沟口以东，通往九寨沟县中途的二道桥作为研究的核心区（图 5-1）。

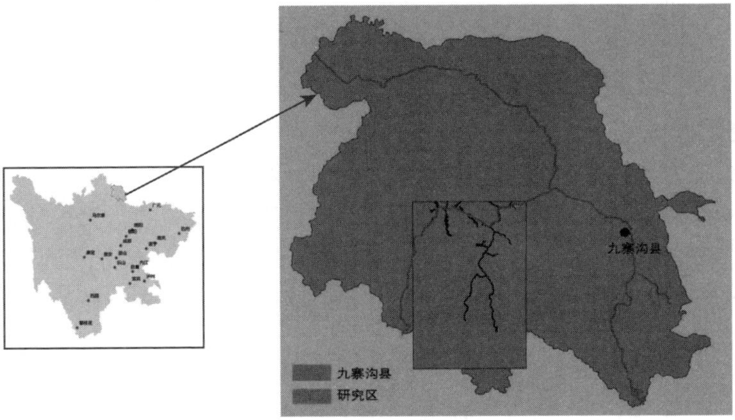

图 5-1　研究区范围

二道桥村以东，是九寨沟的县城，离景区约 43 公里，是当地人的居住地，但因为能与九寨沟相媲美的景点不多，对远道而来的游客没有太强的吸引力，因此只是旅游旺季九寨沟景区附近接待紧张时偶有游客入住，可以替景区分担一些压力。一般情况下，大部分游客均选择住在九寨沟景区附近的河谷地带，故九寨沟县城不作为研究的核心范围。

三、研究区的自然与人文特征

研究区以九寨沟景区为依托点。九寨沟景区的形状大体呈 Y 字形，主要由一条主沟和随之延伸的两条支沟组成，主沟为九寨沟，延伸出去的两条支沟分别是树正沟和则查洼沟。沟内风光旖旎，都有成片的溪水和多彩的瀑布、湖泊，还有原始森林。如分布于树正沟的树正瀑布、芦苇海、火花海、犀牛海、盆景滩和诺日朗瀑布等景点，分布于则查洼沟的季节海、五彩池、长海等等景点。

景区外，以接待为主的区域为九寨沟县的漳扎镇，包括漳扎镇镇政府所在地漳扎村及所辖的彭丰村、甘海子村、上四寨村、中查村、郎寨村、牙屯村、永竹村、漳扎村、隆康村、丛牙村、牙扎村、沙坝村、二道桥村，以及景区内的树正、荷叶、扎如三社区（寨）（图 5－2）。

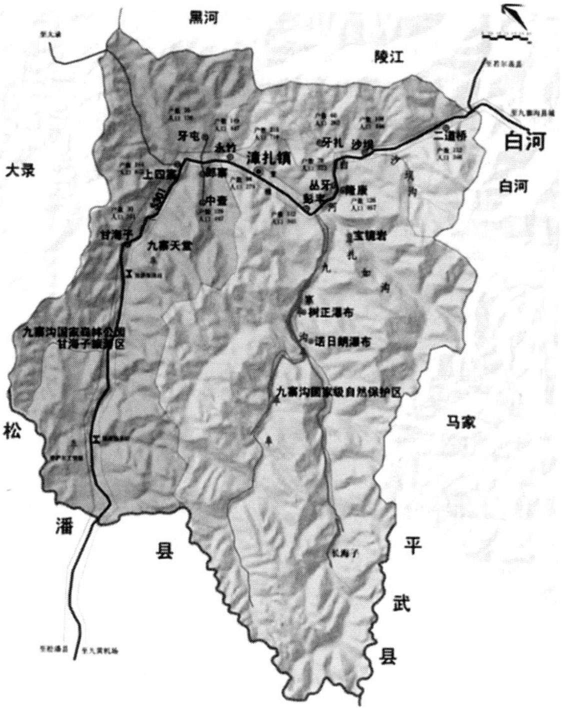

图 5－2　研究区及周边区域

漳扎镇 2017 年镇域总人口约为 1.36 万人，其中户籍人口和外来旅游服务人员各占一半，是一个典型的依托景区发展的旅游聚落。镇内民族以藏族为主（占 90％以上），另有少量汉族、羌族居民聚居于各村寨之中。

随着旅游业的不断发展，当地居民收入越来越高，但由于各村距离景区的远近不同，地形、道路等均有不同，九寨沟旅游聚落的时空布局也存在很大差异。

四、核心区旅游发展及聚落变化

九寨沟从 1984 年开始发展旅游，至今已有近 40 年的时间。九寨沟开放以前，各村寨经济以农业、森林砍伐为主，生产水平较低；正式对外开放以来，九寨沟经济得到了快速发展，旅游业占地区生产总值的比重越来越大，已经成为当地支柱产业。仅九寨沟景区的旅游门票收入，就从 1984 年的 185 万元增长到 2016 年的 80 489 万元，增长了 400 多倍。

依托九寨沟景区，景区内的三个社区居民和漳扎镇辖区的居民，多数从事旅游、商业服务等第三产业，经济条件较好，人均收入远高于周边其他山区聚落居民。

考虑到时效性和九寨沟聚落改造及变化的实际情况，本书的研究时段从 2004 年开始。因为从 2003 年开始，九寨沟风景名胜区管理局对景区进行了整改，拆除了景区内的违规建筑，为了补偿居民家庭旅馆拆除后的损失，每年固定从门票中拿出一定的金额进行分配。从 2006 年开始，按当年旅游人次数每人 7 元的标准，从门票中提取经费作为分红分配给景区内的居民。

另外，九寨沟风景名胜区管理局还在风景区内修建了诺日朗服务中心，这里有固定片区作为社区居民的旅游纪念品销售区，居住在沟内的每个家庭居民都可以在支付少量的租金和管理费后申请摊位并开展独立经营。还设有固定的拍照点，居民申请后可进行合法经营。沟内全部居民每年均能得到稳定的收入，不再进行农牧业生产[147]。

第二节　研究方法及过程

一、聚落空间演进研究重点区判识

首先，解译九寨沟 2004 年和 2017 年间隔 13 年的两期遥感影像，结合大比例尺地形图以及谷歌地球（Google Earth）高清影像和 1∶50 000 的土地利用现状图，提取并生成的九寨沟民族聚落分布矢量图，计算出相应的九寨沟聚落斑块数、聚落斑块总面积、聚落斑块密度等聚落景观指数。

其次，利用景观指数从空间分布、规模分布、形态分布三个方面表征民族聚落的空间格局。

最后，获取九寨沟聚落空间分布与变化空间数据。运用 ArcGIS 测算村域尺度的聚落空间格局热点区图。由聚落空间格局变化热点区图，研究判识聚落空间演进的热点区，将其作为研究重点区。

二、遥感解译和 GIS 方法

本书通过遥感影像解译融合提取信息，并利用地球资源数据分析系统（ER-

DAS Image）对影像进行几何校正和监督分类，为聚落空间演进研究提供基础空间数据。

为提高解译精度，将遥感数据和非遥感数据进行融合以辅助判读。利用ArcGIS的数据录入、信息编码、空间分析、地统计分析、地图制图等功能，对聚落空间格局进行了处理。

遥感影像利用的是2004年快鸟卫星（Quick Bird）的高分辨率影像及2017年谷歌地球（Google Earth）高分辨率的影像数据，该卫星影像的分辨率为0.6米，完全可以达到小尺度的聚落变化分析要求。将影像经过几何校正、坐标配准后，经过解译分类处理，最终提取九寨沟漳扎镇所管辖的核心研究区两个时期的乡村聚落、道路、河流等要素的分布情况；同时，解译得出的乡村聚落数据与实际调查情况相结合，进行分析和精度验证，有效提高了解译的准确性和精确性。

根据上述数据资料，使用ArcGIS 10.2的空间分析模块，分析了两个时期乡村聚落的时间、空间分布以及演变的主要特征。

聚落空间结构演变分析：选择聚落空间土地形态变化的表征指标，分析不同时间段时聚落空间的变化特点，其中土地利用类型除传统的聚落研究中涵盖的林地、耕地、交通用地、住宅用地、公共服务与管理用地、水域、其他用地外，在商业服务用地中分为旅游餐饮用地、旅游娱乐用地、旅游购物用地以及旅游住宿用地。

另外，研究过程中还使用了该研究区域内部的坡度的详细数据以及九寨沟景区的数字高程模型（DEM）数据进行重分类，将坡度图和海拔图与九寨沟的乡村聚落分布图进行叠加分析，以此对乡村聚落与坡度和海拔的布局特征关系进行研究分析。由于九寨沟聚落基本沿道路分布，因此在处理数据时还对道路做了缓冲区，接下来进行了道路与乡村聚落分布和变化之间关系的分析。

在上述分析的基础上，本书探讨如何从微观层面对乡村旅游聚落的用地和空间布局进行优化和提升。

三、村域尺度的聚落空间格局热点区图的测算

运用ArcGIS 10.2测算村域尺度的聚落空间格局热点区图。由聚落空间格局变化热点区图，研究判识聚落空间演进的热点区，将其作为研究重点区，与冷点区进行对比分析，找寻山区民族旅游聚落演变的基本规律与变化特征。

四、核密度分析方法

农村聚落密度指单位面积上的农村聚落点数量，其理论假设前提为聚落点在区域内均匀分布。但实际情况是，农村聚落点并不平均分布，而且聚落的空间分布会随着时间和尺度的变化而变化。为了解决这个矛盾，本书利用核密度估计方法，近似估计计算单位面积上的农村聚落具体数量。

核密度估计法是以选定的某一点为中心（核心），基于数学表达方法来计算乡村聚落点到指定的核心位置的距离值，并以距离值结果为依据，生成平滑圆形表面；核密度可测算聚落空间分布密度，核密度值越高，聚落分布密度越大。核密度估计充分体现了地理学的距离衰减规律，因为距离中心点越近的聚落，权重值越大。

因为难以比较直观地分析其空间趋势，可以直接用图来表达离散点的数据。核密度估算可以计算出研究对象的密度变化图。由于空间变化是连续的，并且可以显示“峰值”和“低谷”来增强空间分布模式，核密度估算可以客观准确地表达聚落的空间分布，而且还可避免同质性假设的前提。

核密度估计是一种常用的 GIS 空间分析方法。它通常被定义为：假设 x 是一个独立的同分布样本，它取自具有分布密度函数的总体样本中，在 x 点处的估计值 $f(x)$ 通常由 Rosenblatt-Parzen 核估计。

$$f_n(x)=\frac{1}{nh}\sum_{i=1}^{n}k\left(\frac{x-X_i}{h}\right) \qquad (5-1)$$

式中，$h>0$，是带宽；n 代表聚落研究区分布的乡村聚落数量；$x-X_i$ 表示估计点 x 到事件 X_i 处的距离。在估计农村聚落空间分布模式的过程中，选择了经过乡村聚落点密度加权之后的乡村聚落用地规模强度，在 ArcGIS 上运行计算具体的模型。

五、总体分布特征

使用 ArcGIS 中的要素转点工具（feature to point），提取了聚落斑块的中心点，利用核密度（Kemel）方法来制作乡村聚落分布的密度图。

生态学家克拉克（Clark）和埃文斯（Evans）于 1954 年首次提出空间的最近邻分析法。其核心思想是利用一个地区点的随机分布与实际分布相比较，并判断出点的分布模式。1969 年，这种方法被引入城镇聚落的空间分布分析，此后逐渐发展成为一种人文地理的空间分析方法，即最近邻分析指数，也叫 R 指数，用于区域内各点与其他随机分布的点的距离。R 指数量化该区域中每个点与最近点之间的平均距离与该区域中各点的随机分布的平均距离之比。若 R 等于 1，则为随机分布；如果 R 大于 1，则分布是离散的；如果 R 小于 1，则为集聚分布。

公式为

$$R=\frac{\overline{D_o}}{\overline{D_e}}=\frac{\dfrac{\sum_{i=1}^{n}d_i}{n}}{\dfrac{0.5}{\sqrt{\dfrac{n}{A}}}}=\sum_{i=1}^{n}d_i\cdot\frac{2}{\sqrt{n\cdot A}} \qquad (5-2)$$

式中，$\overline{D_o}$ 为区域内各点与其最邻近点实际距离的平均值，$\overline{D_e}$ 为区域内点随机分布最邻近距离平均值，d_i为点 i 与其最邻近点的距离，A 为区域总面积，n 为区域总点数，用最近邻距离分析居民点与交通用地、其他用地的空间距离和关系。

第三节　九寨沟民族旅游聚落的空间分布及演变特征

一、聚落数量、规模、用地面积上升

利用 ArcGIS 10.2 软件制成 2004 年、2017 年九寨沟民族旅游聚落分布的矢量图，选择表征聚落斑块特点的景观指数进行对比分析，试图了解这十多年间九寨沟民族旅游聚落演变的特征和规律。

数据显示，这十多年间，两个时段旅游聚落面积变化明显，2017 年（图 5－4）比 2004 年（图 5－3）的斑块范围明显增大，整个聚落的面积增长迅速，并且呈现出集中连片的趋势。聚落建成区的面积，2017 年比 2004 年明显增大，由 12.23 平方千米增大到了 18.71 平方千米。

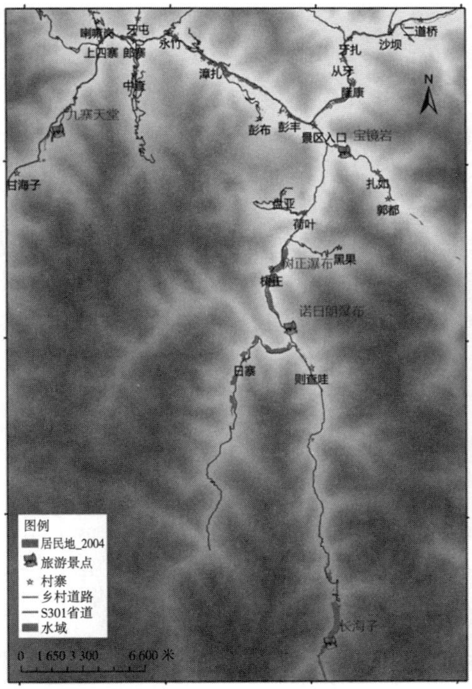

图 5－3　2004 年九寨沟旅游聚落范围

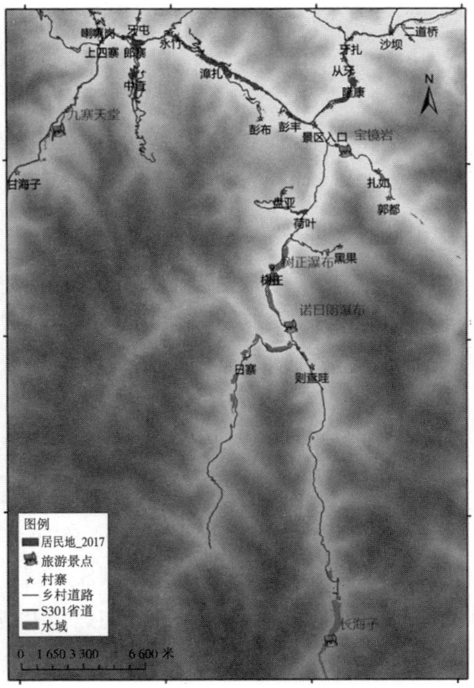

图 5－4　2017 年九寨沟旅游聚落范围

增加面积大而且明显的区域主要分布于四个片区（图 5－5）：

一是郎寨片区。主要指牙屯、郎寨和中查片区的南北两端，均有明显变化，比原来增大了37%。

二是漳扎片区。主要指永竹往漳扎镇方向延伸部分，这段为游客进入景区的主要活动区域，增大了36%。这里是漳扎镇政府所在地的中心区域，这一片增加得很集中，面积变化很大，并且沿着S301国道向两侧扩展。

三是隆康—丛牙—牙扎区域。此片区为九寨沟旅游景区往九寨沟县方向的必经之路，增大了16%。

四是沟口。景区内有部分增加，约占11%，但由于景区内的增加主要是一些接待设施的扩建，并且是被严格管理的，所以本片区不是突出的增加区。

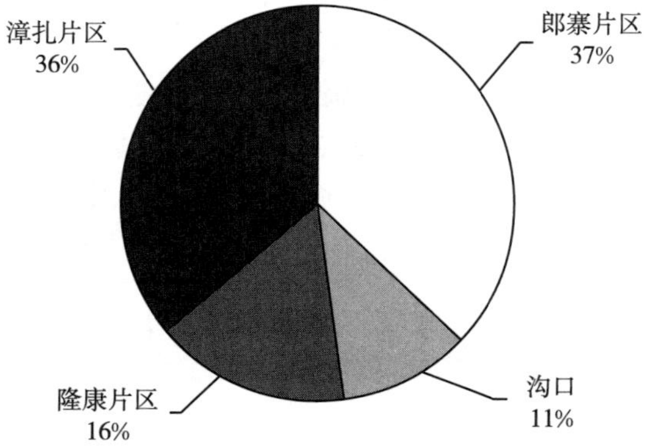

图5-5　聚落面积增加大且明显的区域

分析其原因，首先是因为我国乡镇发展过程中实施了整体推进和相关措施，新建的居民点是经过统一规划的，要根据具体情况集中分布；其次是因为空间所限，新的居民点只能见缝插针地填充到原有的聚落中间去。从较长时间来看，原本分散开的聚落慢慢被填充，不相邻的居民点逐渐连成了片，集聚性表现得越来越突出。但是整体上，乡村聚落所占比例仍然较小，聚落的分布体现了相对的集中性。

二、聚落以集镇为中心，呈条带状分布

从图5-6可知，无论是聚落的整体分布还是聚落的面积增加，其变化明显的部分都主要集中于交通沿线（S301国道附近），聚落斑块增长的集中点、斑块大面积的分布区均沿交通线分布，并以漳扎镇为中心，呈条带状分布。

从实际情况分析，九寨沟的旅游交通以九寨—黄龙公路环线为主，分东环线和西环线。东环线从成都出发，经过广汉、绵阳、江油、平武和九寨沟县至九寨沟自然保护区；西环线从成都出发，经都江堰、汶川、茂县、松潘至九寨沟自然保护区。受交通便利程度的影响，九寨沟十多年来聚落分布变化的趋势沿主要交通线延伸和分布。

三、聚落空间向聚集型发展

九寨沟聚落空间分布具有强烈的一致性。受自然条件的影响，九寨沟聚落初期主要分布于地势平坦的漳扎镇中心区域以及坡度平缓的河谷地带（Y 字形河谷地带），但聚落增加的部分仍然跟坡度和海拔直接相关（图 5－7），这说明山区发展聚落时具有明显的地形局限性。因此，尽管从整体上来看，九寨沟聚落空间变化的集中性明显，但事实上并不随机，有其变化的固有规律。

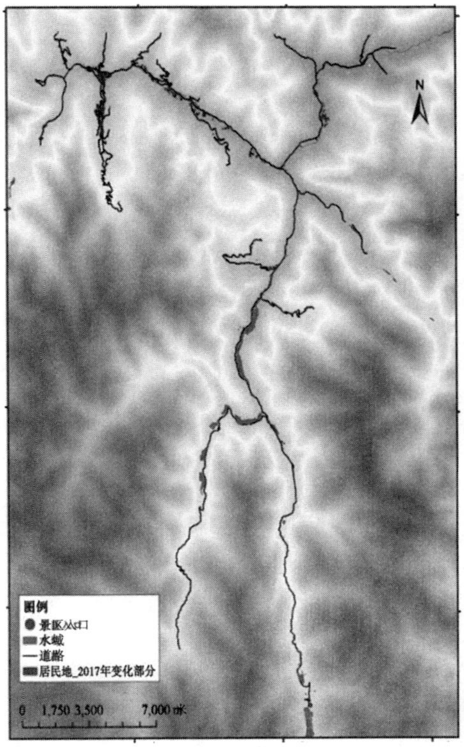

图 5－6　聚落的重点变化区域

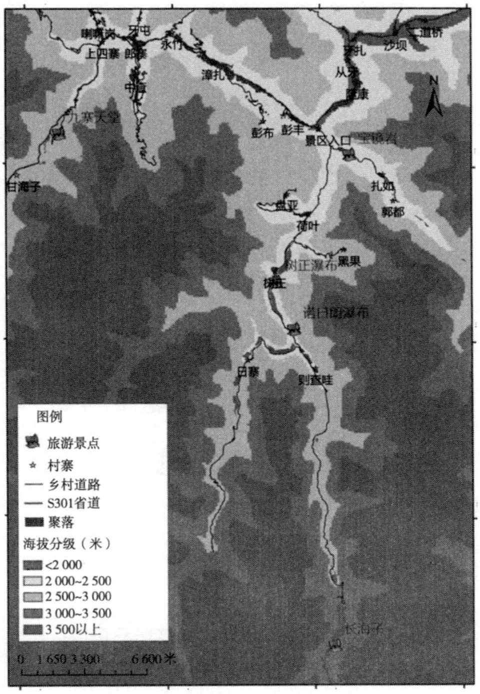

图 5－7　聚落变化与海拔的关系

利用 ArcGIS 10.2 的叠加分析（overlay）模块，与海拔属性叠加，得到不同坡度高程上的聚落分布变化图。结果发现，九寨沟民族旅游聚落呈现出明显的坡度指向性，低坡度（15 度）以下是乡村聚落的主要聚居区，两个时期都体现这一特点；陡坡区民族聚落分布稀疏。从历史原因来看，由于随着坡度的上升，农业生产条件变差，不利于农业生产。但生产方式改变后，从 2004 年到 2017 年的这十多年间，该区域的居民不再以农业为主业，其聚落面积和范围增加的部分仍然集中于低海拔低坡度区（图 5－8，图 5－9）。随着河流和道路缓冲半径的增大，聚落所占比例慢慢缩小，从聚落表现形态来看，向下蔓延的趋势更突出，这是人类适应和调节自然环境的明显表现。

对居民来说，影响聚落分布的关键因素是生活的方便程度和便利性，尤其对于发展旅游来说，游客更愿意选择在低海拔地区活动，居民和游客的活动范围直接决定了聚落的分布和变化状态。

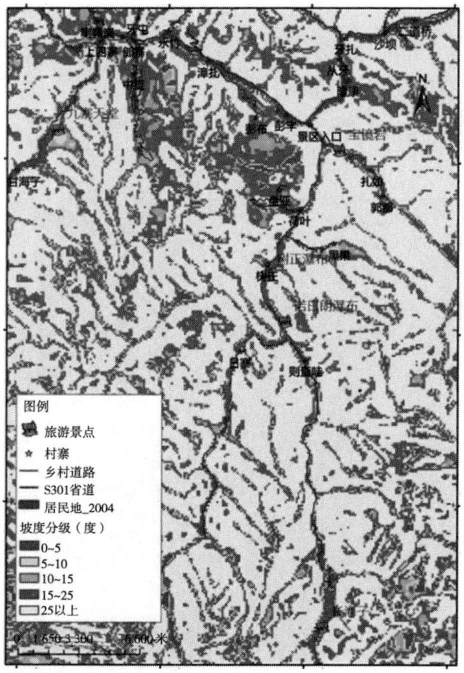

图 5－8　2004 年九寨沟旅游聚落分布与坡度的关系

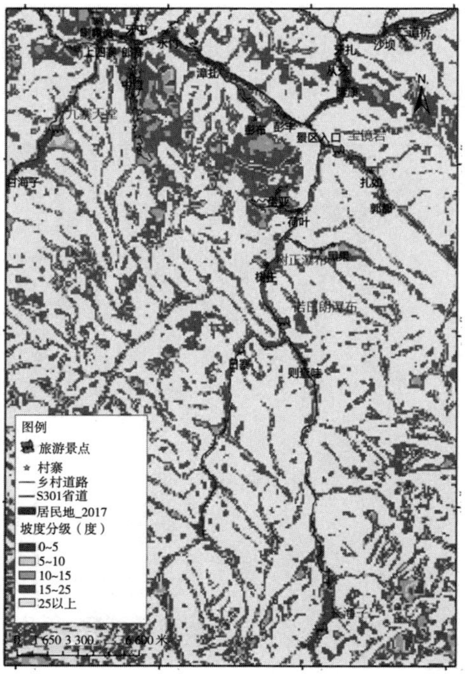

图 5－9　2017 年九寨沟旅游聚落分布与坡度的关系

四、聚落热点由集中走向扩散

用 ArcGIS 10.2 的热点分析模块，识别出聚落分布的热区和冷区。

总体来看，2017 年乡村聚落聚集程度明显高于 2004 年，大体呈现镇中心密集、外围相对稀疏，距离沟口和漳扎镇中心近、密度相对较高的空间分布格式，且两个时期空间差异大（图 5－10，图 5－11）。

2004 年和 2017 年不同道路缓冲区农村居民点的变化区域显示，新增加的聚落仍表现为向靠近公路的区域集中的特点。在 300 米的道路缓冲区域范围内，伴随着缓冲区域距离的扩大，农村居民点的变化面积慢慢地缩小。在超过 500 米的道路缓冲区，由于交通和地形限制，很少有聚落的分布。总的来说，聚落聚集于交通线周围，并朝着大规模的聚落模式发展和变化。

2017 年，聚落热点区表现得仍然集中，漳扎镇中心仍是热点的核心区，但是有一个很明显的变化，其热点开始向外围区域扩展，如在2004年为冷区的永竹村，在2017年成了新的热点区；2004年相对集中的隆康村，却表现得与2004年略有差别，不再是热区。

从冷区的分布情况来看，2004年离景区相对较远的永竹村以西部分，均为明显冷区，2017年永竹村、牙屯村、郎寨村、中查村部分集中性明显变好，不再是冷区。这点和聚落面积的变化相互验证，表明聚落的延伸范围开始往镇中心外围方向扩展和延伸。

究其原因，跟游客进入九寨沟的方向有直接的关系。大部分自驾游客沿着G213－S301国道从西进入景区；九黄机场也位于景区以西的方向，因此，永竹方向是游客进入九寨沟的主要通道。此外，很多游客到达九寨沟时通常在下午或晚上，故愿意选择在进入景区前先休息一晚，休息的区域常常会选择在沿途。交通可进入性的影响在热区和冷区图中比较明显地反映了出来。

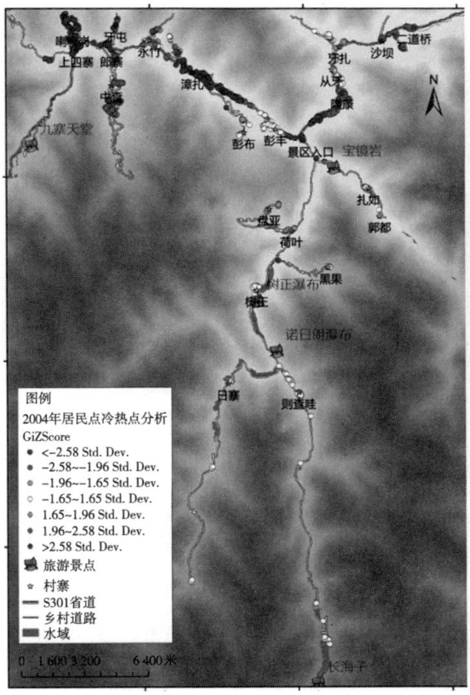

图5－10　2004年九寨沟旅游聚落分布热点

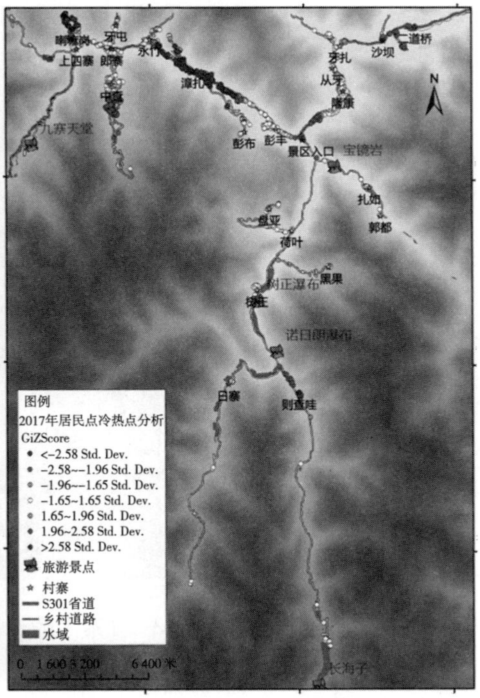

图5－11　2017年九寨沟旅游聚落分布热点

五、聚落功能向多样化发展

九寨沟传统上是个少数民族聚落，是以农业为主的传统社区，而且人口稀疏。自20世纪80年代发展旅游开始，随着越来越多的游客进入，该区域的聚落性质已经完全改变，居民的生活方式发生了很大的变化，同时也影响了聚落性质和内容。

以往，九寨沟聚落内容和性质主要是居民的家庭住房；如今，九寨沟以漳扎镇为中心的区域，其聚落的性质已经由原来的自住变成了以商用为主。数据显示，从九寨天堂到二道桥的范围，密密麻麻排布着各种不同级别、不同形式的住宿设施（图 5－12）；住宿设施的核心区域也基本沿着交通线分布，并且有较明显的小区域性表现。如集中住宿区，一是沟口，离景区最近；二是漳扎镇中心，生活方便；三是稍外围的沟口以东的隆康村和沟口以西的郎寨村。

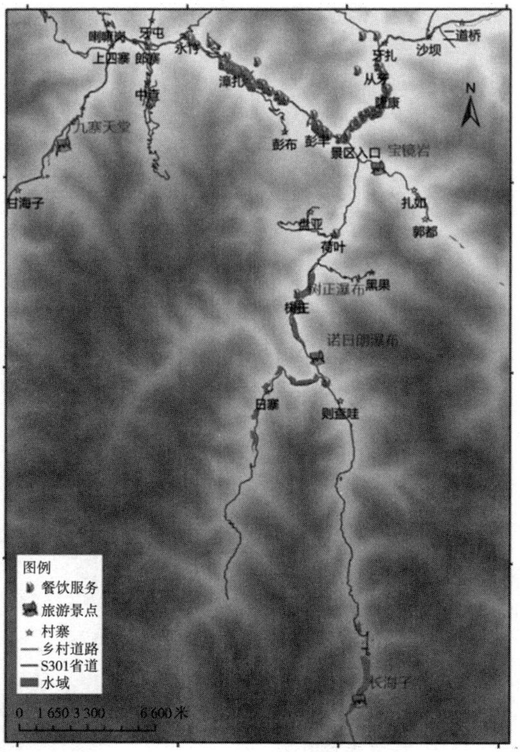

图 5－12　九寨沟旅游聚落内住宿设施的分布

六、居民点随缓冲区距离增加而减少

从图 5－13、图 5－14 可以看出，两个时期在道路缓冲区 300 米以内，基本集中了聚落 70％以上的面积，这是该区域聚落分布最理想的位置；随着主要交通路线距离的增加，农村居民点的面积和比例逐渐减少；山区聚落主要分布在较小的地势平坦区域；另外，区域的主要道路也发挥着关键作用，整体聚落变化呈现出沿 S301 省道分布的特点。随着离交通线距离的增大，2004 年和 2017 年两个时期，农村聚落的总面积和斑块数量也在递增。

从 2004 年和 2017 年不同道路缓冲区农村居民点的变化区域可以看出，新增加的聚落仍表现为向靠近公路的区域集中的特点。在道路缓冲区 300 米范围内，随着缓冲区距离的增加，农村居民点的变化面积逐渐减小。超过 500 米的道路缓冲区，由于交通和地形限制，很少有定居点和聚落的分布。总的来说，定居点聚集在交通线周围，并朝着大规模的聚落模式发展和变化。

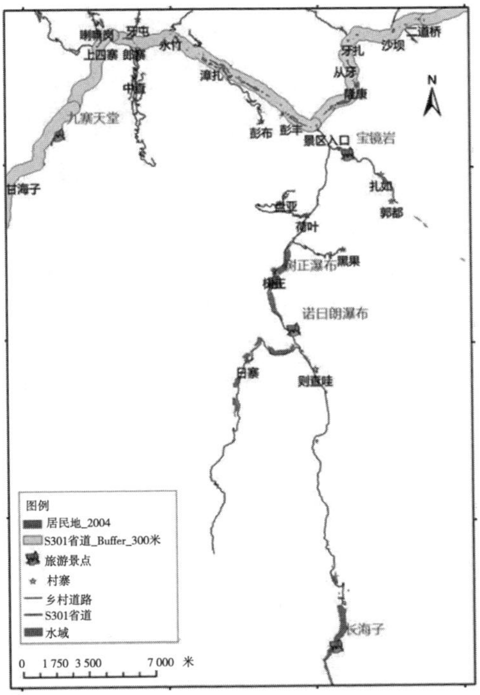

图 5－13　2004 年 300 米缓冲区内的聚落分布

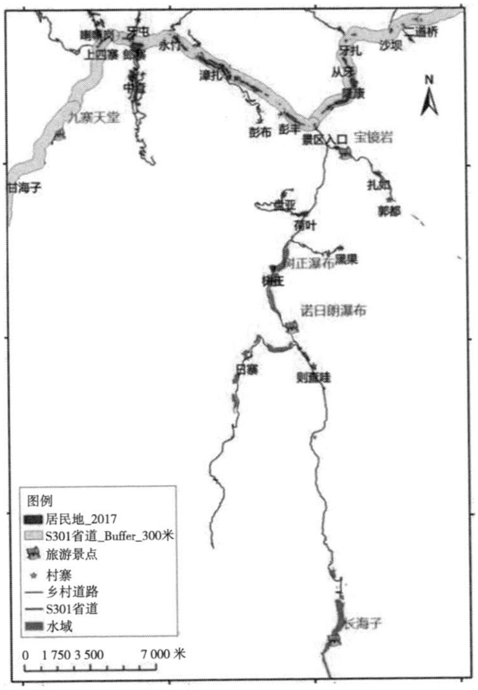

图 5－14　2017 年 300 米缓冲区内的聚落分布

从具体情况分析，由于该区域的道路本来就分布于地势相对平坦之处，在 300 米以外的地方，不仅受道路不便的限制，也受地形的限制，道路两侧属于山大坡陡的区域，无法进行聚落的扩展和新建，因此聚落变化必然集中于交通沿线周围的缓冲区内。

七、景区内外聚落变化差异显著

（一）居民点核密度变化

九寨沟风景名胜区管理局对景区内部的建设有严格的要求，受制度约束，景区内外的聚落变化情况非常不同。景区内，只有个别地方有聚落面积增长，如荷叶寨、则渣洼片区，其中则渣洼一带主要是部分旅游设施的新增，但增加面积都不大（图 5-15，图 5-16）。

根据热点图分析、用地面积的变化，聚落变化体现出“内冷外热”的情况。聚落外的块状扩展区，主要分布在彭丰村、隆康村、郎寨村以及漳扎镇镇区。带状扩展区，集中分布于 G213-S301 公路的两侧，尤其是漳扎镇镇区以及往县城方向。分散扩展区，分散分布，无集中片区，典型的如九寨天堂，离景区入口和人口密集区较远。

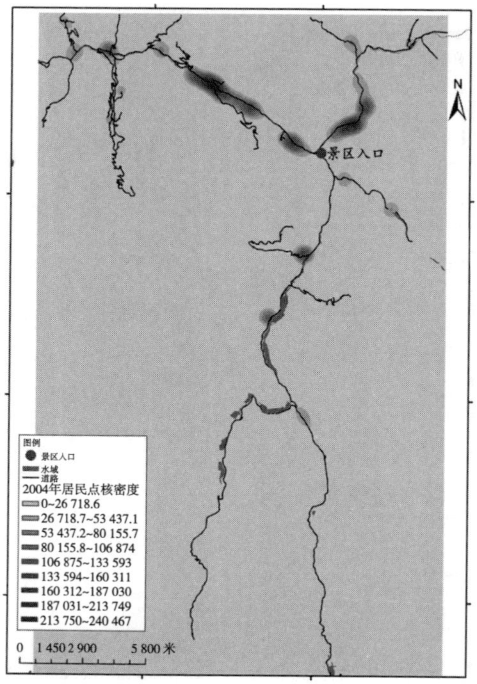

图 5-15　2004 年九寨沟旅游聚落居民点核密度

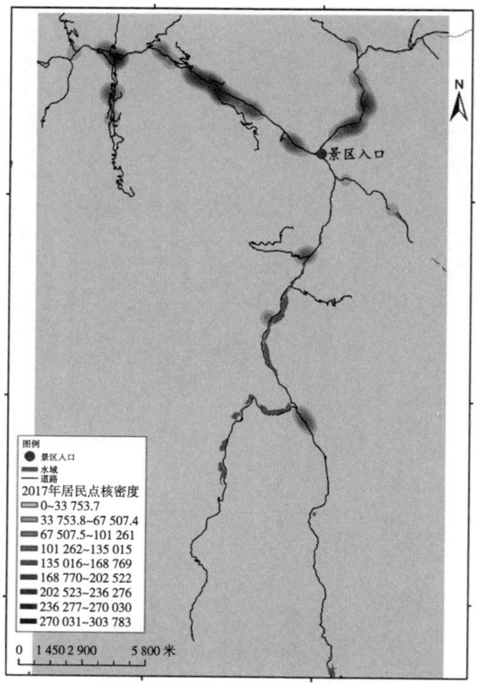

图 5-16　2017 年九寨沟旅游聚落居民点核密度

（二）面状热点分析

面状热点反映出九寨沟聚落规模的变化规律，主要表现为空间填充和空间蔓延（图 5-17，图 5-18）。2017 年面状热点沿着交通主干道向两侧蔓延，并且把原来的空白区慢慢填充上，使聚落点由点状变为线状和面状。这也再次说明，交通线路对乡村聚落蔓延的影响力度较大。从以往的情况来看，县城对乡村聚落的辐射能力有限，尤其对旅游聚落来说更是如此。但从变化趋势上来看，值得注意的是，2017 年热点向九寨沟县城偏移的趋势已经比较明显。这是一个突出的信号，说明当地政府的引导和规划有了一定的效果。

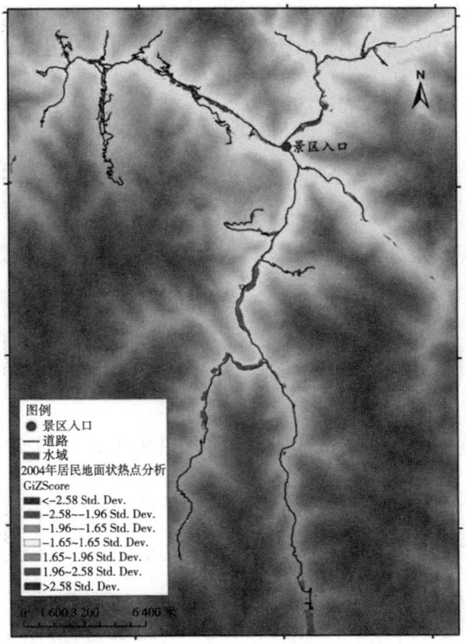

图 5-17　2004 年面状热点分析

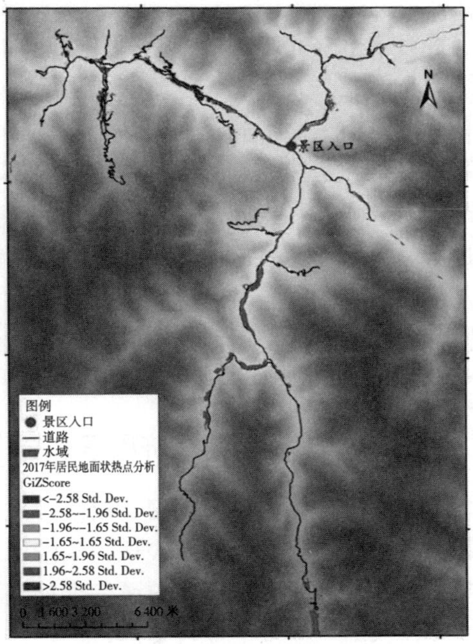

图 5-18　2017 年面状热点分析

第四节　九寨沟旅游聚落空间的演变规律

一、地形是影响聚落空间变化的关键因素

九寨沟是个典型的山区聚落，这既是九寨沟聚落初始区位形成的基础，也是其后期空间演化的约束。地形因素在九寨沟的发展与变化过程中，是个长期而稳定的影响因素，九寨沟聚落空间演变也表现出明显的低山缓坡趋向。最初，九寨沟的先民们考虑到自然条件的影响，选择居住在相对平坦的沟内，这是最初该聚落形成的基础；时至今日，聚落的分布与变化仍然受制于山地地形，随着高程和坡度的增加，九寨沟聚落规模和人口密度都逐渐减小，基于地形因素的这种聚落空间格局在近几十年的九寨沟发展过程中保持不变。九寨沟属于小尺度的区域，其聚落空间结构是在悠久的历史过程中形成的，对地形有强烈的依赖，很难在短时间内改变。由此可以看出，这一自然要素不仅在相当大的程度上影响与控制着乡村聚落的空间分布格局，同时还对九寨沟旅游聚落的发展潜力产生了明显的影响。

二、聚落空间的扩张和变化表现出明显的交通依赖性

聚落的数量和农村居民点空间结构的改变是彻底的。在地形因素、区位因素

和社会经济因素的综合影响下，这是一个聚落整体的择优选址过程。其中，区位因素对聚落空间结构的影响反映在更加微观的时空分布上，这改变了聚落的空间结构和形式。

九寨沟聚落空间演变表现出较强的地形指向性，整个聚落沿交通线（公路）发展变化和延伸的趋势非常明显，说明这一区位要素在很大程度上决定了九寨沟聚落的空间扩张方向。作为一种空间移动过程，旅游对交通有很大的依赖性，与此相对应的影响是旅游产业活动也具有很大的交通依赖性。旅游活动的主体是人，即旅游者，旅游者沿交通线移动和暂时停留的活动，使得运输旅游者和承担旅游产业活动的交通线路建设和分布围绕人群为中心，形成了九寨沟聚落沿交通线发展与变化的整体趋势。

三、旅游等社会经济因子加强了聚落空间演变对区位和地形的依赖

随着旅游业的快速发展，旅游对聚落的影响也越来越凸显。首先表现为旅游资源对聚落的影响，其次表现为旅游活动对聚落发展的影响。在九寨沟的发展过程中，更明显的表现是：旅游发展加强了聚落对区位和地形的依赖。

九寨沟不仅是个乡村聚落，更特殊的是，它属于旅游聚落。旅游系统是由旅游者、旅游资源、旅游中介要素构成的整体，其中基本的构成要素是旅游活动的非本地性，这决定了旅游者一次旅游活动的完成是从客源地—旅游目的地—客源地的空间上的移动过程，而连接客源地和目的地之间的中介就是旅游交通。交通又决定了区位。旅游业的介入使九寨沟这样的传统聚落的空间变化更显著地受到这类社会经济因素的影响，加速了聚落的演化速度，并使聚落逐步向中心区（景区入口或游客中心区）集聚。

四、中心区聚落空间扩张呈向游客活动中心区聚集的效应

不同时期的聚落中心分布和聚落空间演变，均受人类活动的影响，且建立在人类利用和改造地理环境的基础上。从总体布局来看，九寨沟聚落分布离乡镇中心较近区域的聚落比重普遍不高，聚落扩张更多地体现为接近沟口和游客活动中心的区域聚落扩张较快，占比提升明显。不过，从近几年的发展变化来看，随着市场化进程加快以及高原乡镇经济职能的强化、辐射能力的提升，聚落选址也开始呈现出指向乡镇或县城中心地的特征和未来趋势。

第五节　本章小结

乡村聚落演变及其驱动机制是一个十分复杂的发展历程，不同研究视角、不同研究区域、不同发展阶段均呈现出不同的演变特征。在九寨沟乡村聚落演变过

程中，复杂的山区地形与资源分布是其空间格局延伸的基础，也是其限制性条件；由于聚落居民谋生的主要方式——旅游与交通、景区直接相关，加强了聚落对交通、景区的依附性。九寨沟乡村聚落体现了旅游区域系统在乡村地域系统的作用，是新型城镇化过程中乡村转型发展的重要类型，旅游经济结合了居民、企业、政府与旅游者等主体的适应行为，并通过市场作用解构和重组乡村地域的各种要素，推动了旅游产业的融合与集聚，也促进了乡村聚落功能空间异质化与多元化的改变。

不同时期的聚落中心分布和聚落空间演变，均受人类活动的影响，且建立在人类利用和改造地理环境的基础上。从九寨沟的聚落发展变化及空间演化过程来看，地形、区位和旅游三个因子共同对其产生了影响：地形是基础，也是限制；区位因子主导；旅游是催化剂。不同的时间段，三个因子的影响作用也不同：早期，主要是地形因子起关键作用，聚落的演化过程相对迟缓，其他两个因子的作用并不明显；随着社会的迅速发展和旅游的介入，区位的作用显著增强，旅游则促使聚落的变化服从于旅游活动与旅游者的行为，聚落中心也逐渐向游客活动中心偏移。

随着旅游业的进一步发展和社会结构的变化，旅游越来越深入地影响着聚落的发展。聚落的功能由原来的乡村农业型转型为服务型，乡村聚落演化为旅游聚落，从而导致了同一区域内不同的村寨在经济方面产生较大的差距，聚落的空间分异趋势以及人口规模分异都变得原来越明显。

第六章　九寨沟旅游地域系统熵变演化

旅游是一项系统工程，是由资源、产业、城镇等子系统共同构成的地域空间系统[148]。旅游地域系统是以旅游吸引物、旅游设施为基本要素的客观空间地域系统，其空间结构表现出开放性、自组织性等复杂性特征[149]。旅游地域系统的演化是由内生变量和外生变量共同决定的，其内部旅游地间的空间互补增强效应和旅游地间交通联系的便利性、通达性是系统形成和发展的基础条件，其结构的形成演化依赖于系统内部各旅游地的竞争与合作，即通过共生效应、互补效应和整体效应使系统整体实现从旅游点的增多和规模扩大，旅游通道的构设，最后向整个旅游腹地扩展的空间结构[150]。

第一节　九寨沟旅游地域系统

作为世界自然遗产地及自然保护区，九寨沟从 20 世纪 80 年代发展旅游，到 2017 年地震之前，年接待游客已超过 500 万人次，是著名的旅游目的地，其旅游活动涉及生态、环境、可持续发展等方面的内容，因此，与一般的区域系统不同，这里的旅游区域系统是一个特殊的生态系统。其特殊之处在于人类活动的直接对象是一个具有生态多样性和脆弱性的生态环境。这一生态系统运动的核心是旅游活动，运动的主要形式是人流的输入和输出。当系统内的旅游活动发展到一定阶段，随着旅游者的大量涌入和人类活动规模、频率的不断增加，人类活动已经成为旅游区域系统的重要组成部分，甚至成为影响整个生态旅游区域演化的主导因素[151]。面对这一特殊而复杂的系统，单靠定性研究是远远不够的，该旅游区域系统内部是否协调，人类对它施行调控的可能幅度等，都应该进行量化研究[152]。目前，对旅游地域系统的研究仍以定性描述为主，仅有少数围绕环境承载能力的定量指标研究，对很多问题和现象的讨论往往只限于描述性分析上。

对九寨沟旅游地域系统熵变进行定量分析，一方面有助于了解该系统的发展状况；另一方面通过计算不同时段的系统熵值，了解影响系统熵变的主要因素，为九寨沟旅游可持续发展提供参考和建议。

第二节　旅游地域系统及其特点

一、旅游地域系统

人类活动和一定范围的地域空间形成了完整的地域系统，地域系统是人类活动得以顺利进行的物质载体。

区域系统强调“区域”性，是由一定区域和空间的要素构成的具有一定功能的系统。作为人类活动的重要形式，旅游经济活动离不开空间[153]。旅游系统由若干相互关联、相互作用的部分组成，在一定的地理空间内构成一个有机的整体，包括自然、社会、经济等诸多因素。它不仅是元素的综合体，也是区域的综合体。旅游区域系统通过一定的空间组织形式将分散在一定地理空间的旅游资源和要素连接起来，形成具有一定功能的有机体，进而产生旅游经济活动和独特的经济效益。

二、旅游地域系统的特点

系统论认为，系统是具有一定功能的有机整体，由一定结构中的若干要素组成。完整性、相关性、层次结构、动态平衡、时间序列等是所有系统的基本特征。除了其他系统常见的基本功能，基于旅游活动本身的复杂性，旅游地域系统涉及多个层面、多个尺度，具有复杂多样的特点。

（一）系统性和整体性

从旅游系统的构成来看，旅游区域系统无论从功能上还是地理上都是一个完整的系统，具有一套各要素之间密切配合的社会功能。一个旅游地域系统内至少有一个完整的旅游区，有完善的旅游中心地或旅游基地，有与之相配套的交通网络等，因此，它首先必须是一个结构有序的完整系统。另外，旅游地域系统的构成要求有自然、社会和经济等多方面，但系统的发展和运行并不是单纯靠各要素的简单叠加，而是各要素之间的紧密配合及非线性关系组成的复杂整体，这就要求系统内各要素协调发展，最终实现旅游地域系统的整体最优。

（二）开放性

旅游地域系统具有自组织性和耗散性，系统内的各要素一直处于不断的变化过程中；同时，它是一个开放的发展系统，“旅游地，无论从其存在的现实状态，还是人们对其客观认识来看，它都是一个典型的开放系统。旅游地与周围环境之间，或其各子系统自身之间都在无时无刻地发生着物质、信息和能量的交换与传输运动，并以‘流’的运动形式作用其中（如资讯、资金、人才、游客等无时无刻地流动于旅游地与环境之间）。旅游地与环境之间的相对开放性及其物质、信息和能量的交换维系着系统与环境，系统内部各子系统之间的关系”[154]。

旅游地域系统的开放性表现为系统整体和内部的各要素都处于不断变化和演

化的过程中；不同时期和不同地域下，旅游地域系统的变化方向和趋势不同，并受到各种外部因素的影响。如经济全球化和区域一体化，均为旅游地域系统提供了发展变化的外部动力，系统无法在这样的背景下处于封闭状态。从本质上来说，旅游地域系统受与之关联的经济、社会、自然等诸多因素的影响，如果外部环境因素和条件发生了变化，旅游地域系统也将随之在演化路径和演变方向进行调整。

（三）地域性

旅游活动赖以开展的区域，有不同的自然地理和人文地理条件，发展基础和地域结构存在很大的差别；旅游活动进行依赖的资源有自然旅游资源和人文旅游资源，资源特色和人文历史有各自的特点；不同地区的自然形态和社会经济结构不同，其发展的内外部环境也有较大的不同，不同旅游目的地的人类活动强度和资源环境承载力也因此存在明显差异，最终形成了各旅游地域系统的地域差异。

（四）时空动态性

旅游地域系统并不是永恒不变的。从时间上看，随着时间的推移，旅游资源的外延化，旅游产业的不断发展，旅游需求的多样化，旅游交通的改善等条件和要素改变，旅游地域系统也随之不断演变。按巴特勒的旅游地生命周期理论来解释，旅游地域系统要经历从发展到成长，再进入停滞到衰退；从旅游系统的构成来看，旅游区系统在功能和地理上是一个完整的系统。

从空间上看，由于受经济、社会、技术、资源等要素变化的影响，旅游地域系统也在不断地发展和变化。同时，由于各地域发展的不平衡，地域系统变化带来的作用强度，波及的范围和影响效果的不同，导致旅游地域系统的变化也表现为显著的动态差异性。

（五）层次性

如同任何其他系统一样，旅游地域系统也有其层次性，在其持续动态发展过程中，体现为由低到高、由简单到复杂的演化特点和结构分异，这也是该系统层次性的充分表现。从组成旅游地域系统的资源开发过程来看，各地区最初开发的资源主要是观光类和历史遗迹类。到旅游开发的中期，体验类的旅游则开始大行其道，休养类的旅游资源开始受欢迎。

从结构上看，旅游地域系统可根据性质和功能的不同，划分为不同等级的次一级系统或子系统。如旅游区划中的不同等级层次，是旅游地域系统层次的一种；旅游城镇体系中重点和次重点旅游城市的划分，均属旅游地区系统的层次性。

（六）协调性

旅游地域系统的理想结果是提高人类生活质量，满足人们对休闲的基本要求，并在此过程中尽量保护自然和生态，促进经济发展。因此，一个良好的旅游地域系统，意味着旅游活动与自然环境之间，旅游消费与环境承载力之间的关系是协调发展的。通过协调人的需求与自然供给、社会消费与资源压力之间的矛盾和冲突，实现旅游区域系统各要素的均衡发展，使系统功能最大化，达到最佳效果。

第三节　地理熵视角下旅游地域系统的演变

一、旅游地域系统的演化

所谓演化，是事物长时间发生的变化与发展，是表示事物从一种状态变为另一种状态的具体过程。演化可分为结构演化和功能演化两个方面，前者指有新层次产生，后者是跨越了相互关系或产生了新的层次关系。旅游区域系统的演化是指旅游区域系统的长期发展变化，这一过程本身反映了旅游区域的演化是一个时间过程，从一种功能转变为另一种功能的过程[155]。

随着时间的推进，旅游地域系统从形成到发展的过程中，持续表现出的系统结构和功能方面的改变即旅游地域系统的时间演化。在系统演化的过程中，在不同的时间阶段，系统的状态、性能、发展特点各不相同。针对这一现象，加拿大地理学家巴特勒（R. W. Butler）提出了旅游目的地生命周期理论，这是对不同时期旅游区域系统变化特征的经典解释。

基于美国经济学家弗农（R. Vernon）1966 年提出的产品周期概念，巴特勒将其经济地理学理论引入旅游地理学，并于 1980 年提出了著名的旅游目的地生命周期理论。他认为，一个地方的旅游业发展并不总是处于同一水平，它会随着时间的推移而发展[156]。巴特勒在解释其理论时，用 S 形曲线来说明不同发展阶段的旅游目的地的发展：有时旅游目的地的游客正在增加，有时访客人数可能会下降。巴特勒认为，旅游目的地演化表现为明显的周期性，共分为六个阶段，即探索阶段、参与阶段、发展阶段、巩固阶段、停滞阶段、衰退阶段或恢复阶段（图 6-1）。

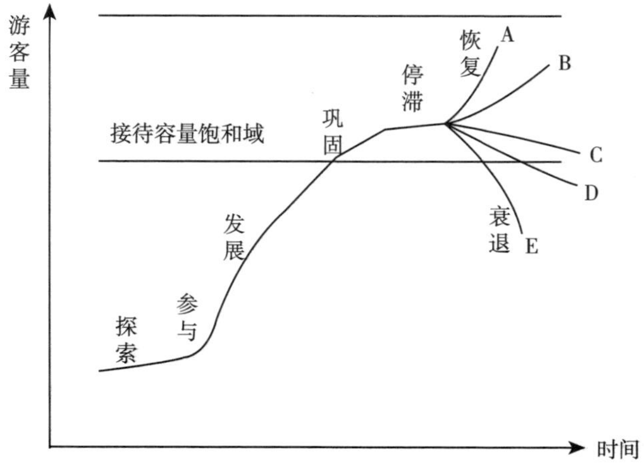

图 6-1　巴特勒旅游目的地生命周期曲线

他认为，旅游地的发展及演变是个复杂的渐变过程，由于旅游者需求的不断变化和旅游地所受的外部竞争及自身的制度、管理等因素的影响，会出现类似生命的周期变化，即产生—发展—衰落，这个过程或长或短，不同的旅游地发展历程不同，生命周期特点也有所不同。更重要的是，他强调了旅游地的发展要在容量的限制范围内进行，旅游地的持续发展要关注环境承载力对系统发展的影响。

按系统论的观点，系统在演化过程中，通常有相对一致的发展趋势。即在系统的产生和发展早期，总体的演化方向呈上升状态；中期有个发展的平台；中后期则表现为下降趋势。旅游地域系统同样遵循这个规律，在其形成和发展过程中，随着旅游区内外地理环境、社会经济环境等各子系统的变化和各子系统内各因子的变化，以及旅游地域系统与外界系统的相互作用的变化，导致旅游地域系统在演化的不同阶段，表现出空间结构特征、旅游经济特征、生态环境影响特征等方面状态和性能的不同。

国内学者李雪等在此基础上，总结了旅游地域系统在不同的演化阶段表现出的时空维演化状态与特点（表 6－1）[150]。

表 6－1　旅游地域系统演化阶段及特征

阶段	空间结构特征	旅游经济特征	生态环境影响特征
形成阶段	零散点状相对均质阶段	缓慢增长	生态环境压力及生态环境效率均较低
发展阶段	空间集聚扩散	快速增长	生态环境压力增大，生态环境效率较高
成熟阶段	空间扩散集聚—有序网络化结构	增长放缓，旅游经济发展达到最高水平	生态环境压力控制在一定的范围内，生态环境效率达到最高值
衰退阶段	网络化结构弱化	旅游经济水平下降	生态环境压力明显增大，生态环境效率下降

资料来源：李雪，李善同．旅游地域系统演化研究综论［J］．社会科学家，2012（9）：89－92.

旅游地域系统的演化不论是哪个阶段，都与生态环境压力息息相关。当旅游地域系统受到系统外部力量和系统内部结构变化的影响，压力超过旅游资源和环境的承载能力时，地域系统将发生变化，元素将进行重组，系统内外的物质交换能量流和信息交换将发生变化，最终导致旅游地域系统的状态由正常向非正常转变。

二、地理熵视角下旅游地域系统的演变

根据耗散结构理论，人地关系的地域系统是一个远离均衡的开放系统。熵是用来表征系统混乱程度的指标，地理熵是区域人地关系系统混乱程度的指标之一。人地关系的状态由微观状态构成，当规模和结构变得单调和简单，或者趋于固定和单一的人地关系区域系统范式时，整个人地关系区域系统呈现出有序结构，其地理熵值相对较低直至为零。相反，地域系统的规模和要素越复杂，也就是说，当它们倾向于以各种形式均等时，地域系统往往处于混乱状态，主要表现为人类活动结构

的混乱，对应于无序状态的地理熵较高，甚至趋于无穷大，处于完全无序状态。一般来说，“自然地理系统，在自然状态下，过程进行的自动方向总是从几率发生较小的状态——离序状态，趋向于几率发生较大的无序状态，最后趋于平衡。整个自然地理界在人与生物的参与下处于这种有序和无序的相互转化中。在热力学第二定律中，表示这种无序状态的定量指标是熵”[157]。地域系统的地理熵在零和无穷大之间，其自组织能力和熵水平是相互适应的。因此，地域系统的熵会自发地和暂时地接近一定水平，并且由于自组织能力的存在，它将试图达到并保持这一水平的趋势。

区域系统熵是指人类活动产生的熵的绝对值与区域负荷产生的熵之差。人地关系状态的演化和发展可以通过两个时刻人地系统熵的差异来判断。旅游地域系统的熵通过比较不同时期人类活动熵与生态环境承载力的熵变，来判断旅游地域系统在时间段的演化方向和可持续发展能力，从而分析其功能和地位。

第四节　九寨沟旅游地域系统熵变

一、系统熵与生态旅游地域系统

美国科学家香农（C. E. Shannon）于 1948 年在信息学中引入了熵的概念，将其定义为信息熵[158]。即对于一个不确定性系统，可用随机变量表示其状态特征；对于离散型随机变量，设 X 的取值为 $X=\{x_1, x_2, \cdots, x_n\}$（$n\geqslant 2$）；每一取值对应的概率为 $P=\{p_1, p_2, \cdots, p_n\}$（$0\leqslant p_i\leqslant 1$，$i=1, 2, \cdots, n$），且有 $\sum P_i = 1$，则该系统的信息熵为：

$$S=-\sum_{i=1}^{n} p_i \ln p_i \qquad (6-1)$$

这一公式称作香农公式，其定义的熵为广义熵或泛熵，可用来描述任何一种体系或物质运动的混乱度和无序度[158]。由于该理论广泛的适应性，很多学者将其应用于不同的学科领域。如耿海青等研究了基于信息熵的城市居民家庭能源消费结构演变[159]。近年来，信息熵也开始被用于旅游的研究中，如徐菲菲等用信息层次熵对湿地生态旅游进行了评价研究[160]，冯卫红探讨了用信息熵法定量分析生态旅游地域系统演变的理论方法[161]，但尚无人利用信息熵对旅游区的系统演变做实证分析。

本书以世界遗产地九寨沟为实例，在该旅游地域系统评价中引入信息熵，选取旅游地域系统演化评价指标，从支持型系统熵（生态环境承载熵）和压力型系统熵（人类旅游活动熵）两方面建立初步的量化模型，计算了 1986—2016 年的长时间系统动态演化过程中的系统熵，对九寨沟旅游地域系统的时间演变原因进行初步计算分析（图 6 - 2），为九寨沟旅游可持续发展提供参考。

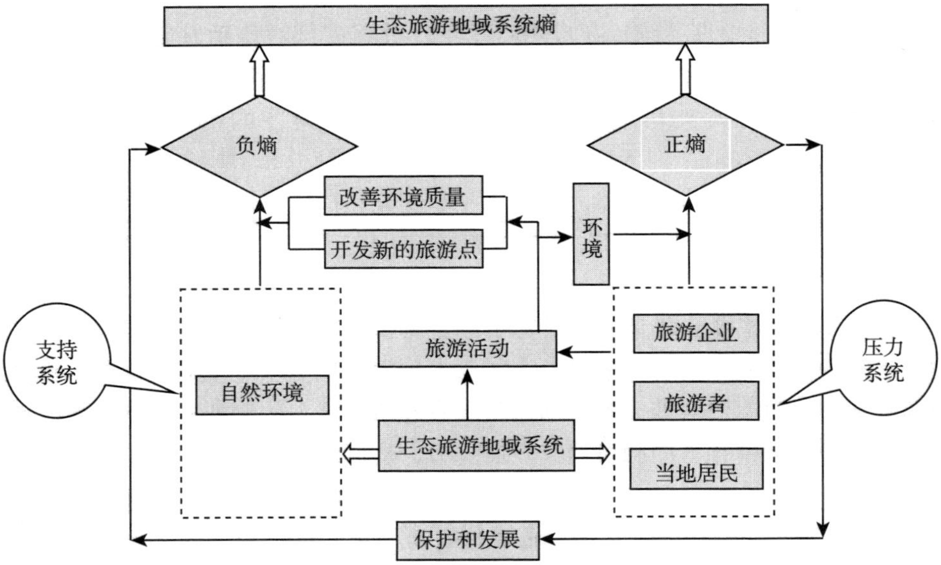

图 6-2　生态旅游地域系统演变与信息

二、生态旅游地域系统熵

生态旅游地是一个社会—经济—环境复合生态系统，其核心活动包括旅游者的旅游活动和作为支持系统的当地旅游企业及当地居民的社会活动，这些活动的内容最终体现为人类旅游活动对生态环境的压力和自然资源对人类社会经济活动的支持，因此，在生态旅游地域系统中，对系统功能影响最大的因素是人类旅游活动和生态环境承载力。

（一）生态旅游地域系统熵

熵是度量系统混乱程度的重要指标。对于旅游生态地域系统，负熵是维持系统正常运行和旅游系统生态环境稳定的必要基础，即区域在一定时间内的生态环境承载力熵。正熵是系统代谢的过程，即人类活动对环境的负面影响，主要是人类活动的无序程度（人类活动熵）表示。

设生态旅游地域系统熵为 V，其值可以通过系统内人类活动无序度（M）所产生的正熵（人类活动熵）与生态环境承载力（C）所产生的负熵（生态环境承载熵）的矢量和来计算，整个生态旅游地域系统在时间断面上的运行状况和演变趋势也可以通过历史时期不同时刻总熵的变化来判断。

$$V=k\ln\frac{M}{C}M-k\ln C \tag{6-2}$$

式中，k 是人地协调系数，由于指标的复杂性和目前统计工作的限制，为了便于分析问题，把 k 值取 1 简化计算。

设旅游地域系统内人类旅游活动所产生的熵为 V_m，生态环境承载力所产生的熵为 V_c，则

$$V = V_m - V_c \tag{6-3}$$

人类活动熵（无序度）的测算公式为

$$M = \sum_{j=1}^{n} q_j m_j \quad (j = 1,2,3,\cdots,n) \tag{6-4}$$

式中，q_j 是各指标的权重；m_j 是各因子的归一化值；n 是指标的个数。

（二）指标的获得与计算

旅游地域系统内的人类活动包括旅游者的活动、当地居民的活动及当地旅游企业的活动，三者相互作用并影响整个系统的变化和系统熵的变化。据此，本书选取对系统熵影响最大的旅游者旅游、当地居民活动及旅游企业活动三大指标构成人类活动熵的基本评价体系，但由于九寨沟旅游企业中的大多数从业人员为当地居民，为了避免重复计算，将旅游企业活动与当地居民活动合并。在每一指标内，又分别选取对人地关系影响和对环境承载影响最大的人数、固体垃圾、废水、环境保护等指标，根据系统性、可操作性原则和数据的易获得性原则，最终筛选出可以评估人类活动无序度的指标体系。

（三）权重的赋予

目前，确定指标权重的方法主要有主观赋值法和客观赋值法两种。前者是指根据评价者对指标的主观重视程度确定权重的方法，如层次分析法（AHP）和专家经验评估法。后者是指根据客观原始数据信息的关联强度或指标提供的信息量确定指标权重的方法，如熵法、因子分析法、多重相关系数法、价值法等。主观性赋值方法主观性强，而且由于选择的专家不同，主观赋值方法也会有很大差异，使得分析结果不稳定。客观赋值法不需要添加任何主观信息，有助于减少极值对评价结果的不利影响。因此，有学者认为，经过数据处理后的熵方法与标准化方法相比更为合理[162]，本书采用改进的熵值法对各指标计算权重，以最大可能地消除主观因素对计算结果的影响（表 6－2）。

表 6－2　人类活动无序度评价指标体系及权重

一级指标	二级指标	权重
旅游者的旅游活动	旅游者人次数	0.159 8
	旅游收入	0.128 9
	旅游者固体垃圾排放量	0.156 4
	垃圾中不可降解物质量	0.131 1
	旅游者废水排放量	0.128 7

（续）

一级指标	二级指标	权重
当地居民和旅游企业活动	当地居民人口数	0.109 7
	居民固体垃圾排放量	0.020 0
	垃圾中不可降解物质量	0.018 0
	当地居民废水排放量	0.019 0
	居民砍伐盗猎行为比例	0.021 0
	环境保护力度	0.040 4
	环境改善投入	0.067 0

注：旅游者和居民固体垃圾排放量按 500 克/(人·日）计算，垃圾中不可降解物质量按旅游者固体垃圾排放量的 40%计算，旅游者和居民废水排放量按 130 千克/(人·日）计算。

三、生态环境承载力熵

生态环境承载力（又称生态环境容量）是指生态环境在一定时期内承受人类活动影响的综合能力，在旅游地大多用环境日容量来表示，这是影响旅游地域系统熵的一项重要指标，其测算方法和模型多种多样。如谢彦君基于环境自洁能力建立了旅游地生态环境承载力测算模型[163]，胡炳清基于环境自生能力建立了模型[164]，李江天、甘碧群采用生态足迹的方法计算旅游生态环境承载力[165]。为了统一结果，本研究统一采用九寨沟风景名胜区管理局根据不同时段景区的土壤、大气、生物、社会等综合因子计算得出的日进沟最大人数。

根据上述数据的处理和计算，可得到生态旅游地域系统熵。如果区域系统熵为负，则表示系统处于和谐状态；如果为正值，则系统处于无序状态。通过历史发展过程中两个时期系统熵的差异程度，我们可判断旅游区域系统在不同时期的变化和演化趋势。

（一）系统总熵的变化及分析

从整体来看，九寨沟的旅游地域系统熵呈现出小—大—小的变化趋势（表 6-3)。1986—1996 年，九寨沟旅游地域系统的熵值大致保持在系统承载范围之内，故可将这一时期称为正常阶段。但 1997—2000 年，系统的熵值迅速增大，表明整个地域系统的无序度快速增加。2000 年系统熵演变为正值，即表现出了明显的混乱迹象，成为 20 年间熵值最高的一年。其原因为 1997—2000 年，九寨沟入沟游客量从 19.2 万人次迅速增长到了 83 万人次。四年内增长了约四倍，而景区的发展模式仍然沿袭早期的粗放型模式，系统内的环境整治工作才开始不久，整个系统的生态环境承载力并没有明显增大，这对生态环境产生巨大压力，系统无法在短时间内进行自我更新，最终导致生态系统的恶化和系统熵的持续上升。2000 年系统熵开始下降，尤其 2000—2001 年下降十分迅速，表明系统又向有序和健康的方向发展。这是因为 1999 年前系统的环境整治工作已大力开展，但由于系统本身的滞后性，系统熵值变化在 2001 年后才总体稳定在合理的水平上。2003 年后熵值略有回升，究其原因，可能与游客量逐年增加有关。这一阶段总熵上升了，但仍维持在正常范围内。

表 6-3　1986—2006 年九寨沟系统总熵

年份	熵值（V）	年份	熵值（V）
1986	−0.656	1997	−0.435
1987	−0.575	1998	−0.055
1988	−0.586	1999	−0.083
1989	−0.613	2000	0.333
1990	−0.464	2001	−1.810
1991	−0.403	2002	−1.910
1992	−0.433	2003	−1.977
1993	−0.422	2004	−1.639
1994	−0.485	2005	−1.548
1995	−0.513	2006	−1.416
1996	−0.384		

2006 年前后，九寨沟的旅游地域系统熵基本处于持续下降状态，意味着系统基本处于稳定状态，且运行良好。2008 年四川省发生了汶川大地震，地震对旅游活动和旅游环境产生了明显的影响。尽管地震并没有对九寨沟的旅游资源产生毁灭性的打击，但由于此次地震使四川省的旅游基础设施被严重破坏，沿途的交通、餐饮、住宿、电力供应、邮政、医疗卫生机构等都受到非常大的影响，再加上公众对安全的担忧，游客量迅速下降，九寨沟的旅游活动受到了制约。2009 年后，九寨沟的旅游基本步入正轨，2016 年九寨沟当年接待游客已超过 500 万人次。2017 年 8 月 8 日，九寨沟又遭遇了 7.0 级的地震，这次地震的震中就在九寨沟，因此给九寨沟带来了巨大的损失，部分资源被破坏，基础设施也受到严重破坏，此后，九寨沟再次进入恢复重建阶段。

表 6-4　2007—2016 年九寨沟系统总熵

年份	熵值（V）
2007	−1.188
2008	−1.398
2009	−1.521
2010	−1.801
2011	−1.559
2012	−1.329

（续）

年份	熵值（V）
2013	−1.328
2014	−1.199
2015	−1.433
2016	−1.381

值得注意的是，尽管2008年地震对九寨沟旅游业产生了影响，但系统总熵变化幅度相对较小，并且都表现为负熵，其中在2010年系统总熵达到最小值（表6-4）。究其原因，一方面是2010年九寨沟及周边的基础设施基本恢复，旅游接待能力提高；另一方面，2010年的游客量是此后几年中最少的，游客活动对生态环境的压力小，因此，系统总熵维持在一个理想的水平。

（二）人类活动熵的变化

从计算结果来看，人类活动所产生的负熵与系统总熵的变化规律基本一致。考虑到地震对该区域的影响，将人类活动熵也分为两个时段分析。

1986—2006年，人类旅游活动对九寨沟系统熵的影响较明显（图6-3）。其中1986—1996年变化缓慢，系统稳定，1997年开始快速增大，2001年大幅下降，之后基本稳定，2003年开始又略有上升。这种变化趋势与景区游客量的变化步调基本一致，说明游客量对人类活动产生的负熵有较大影响。从实际情况来看，旅游收入、产生的废水、固体垃圾排放量、垃圾中不可降解物质的数量等都与游客数量直接相关。

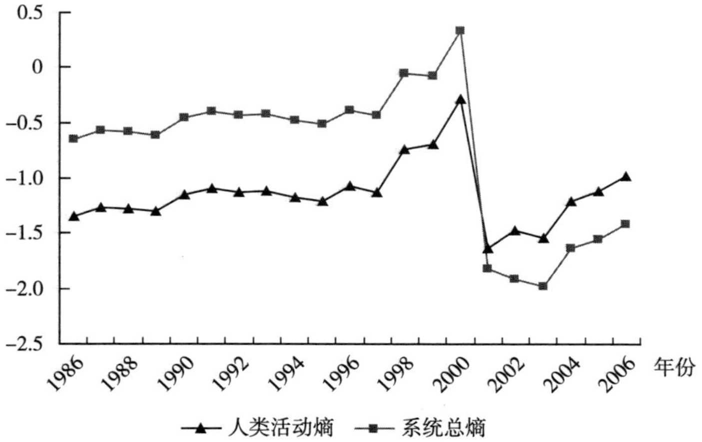

图6-3　1986—2006年人类活动熵与系统总熵变化

2000—2001年，九寨沟游客量从80万人次增加到了近120万人次，但人类活动产生的负熵却大幅下降，这得益于1999年后景区开展的大规模生态建设。因此尽管游客量增大，但排放到系统中的废水、固体垃圾等污染物被及时输出系统，从而引起熵值减少。2003 年受“非典”影响，游客量骤减，系统负熵与前几年相比明显增大，这表明游客量对系统熵有较大影响（图 6-4）。

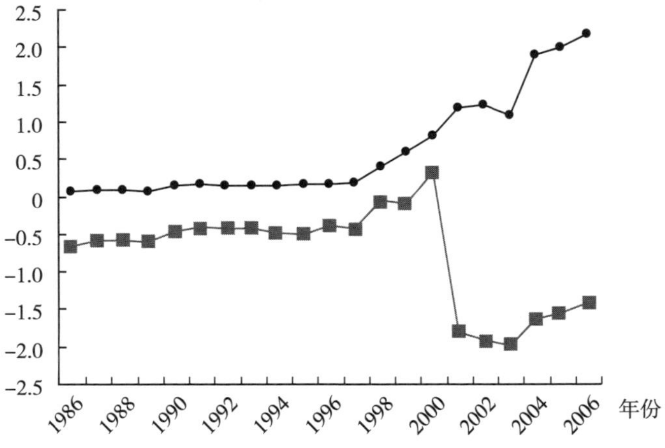

图 6-4　1986—2006 年系统总熵与游客量变化

2008 年是 2006 年后九寨沟游客量最少的一年，受地震影响，当年游客量只有 64 万人次，几乎回到了十年前的游客量数值。但由于九寨沟旅游地域系统内部环境并没有发生大的变化，因此，当年人类活动总熵成为历年的最低值，同时系统总熵也比前几年有所下降。由于系统的滞后性，2010 年系统总熵达到此后历年的最低值（图 6-5）。

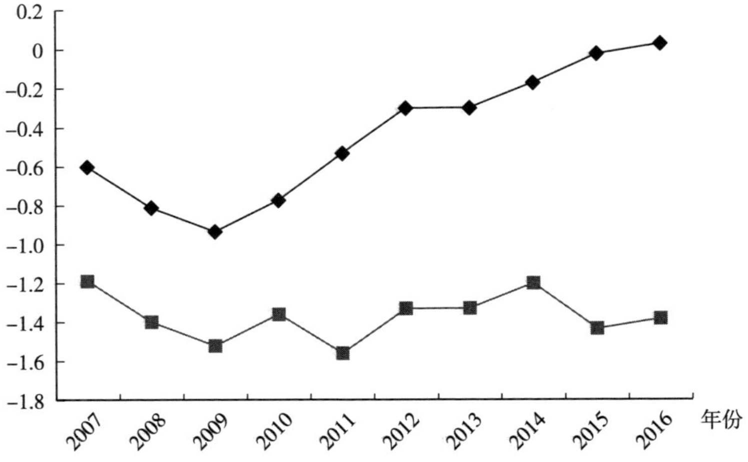

图 6-5　2007—2016 年人类活动熵与系统总熵变化

2009 年后，九寨沟的游客量稳步回升，由于之前在环境保护方面做了大量工作，因此，地域系统内的生态压力并没有增加很多；另外，由于九寨沟严格实行游客“沟内游、沟外住”的措施，将游客的主要生活消费活动限在了沟口外，使沟内的生态压力大大减轻；沟内的垃圾及时运出，使人类活动对系统内的影响尽可能控制在最小范围，因此，其系统总熵虽然随着游客量的多少会出现波动，但变化相对稳定，都在可控范围内（图 6－6）。

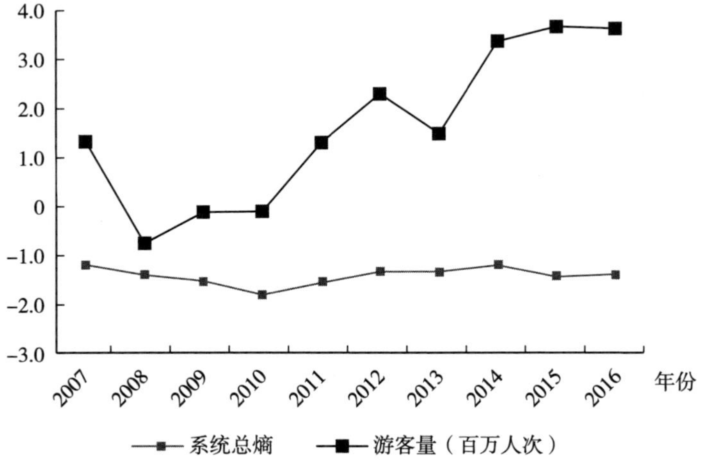

图 6－6　2007—2016 年系统总熵与游客量变化

（三）生态环境承载力熵

从生态环境承载力的情况来分析，数据显示，九寨沟景区生态环境承载力产生的负熵在 1999 年前基本稳定，1999—2002 年大幅增加，之后又逐渐趋于稳定（图 6－7）。

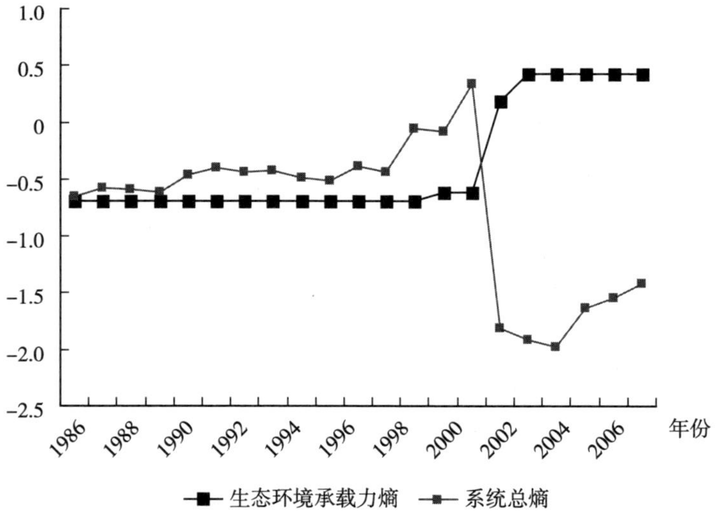

图 6－7　1986—2006 年生态环境承载力熵与系统总熵变化

分析认为，1999—2002 年生态环境承载力熵大幅增加是因为这段时间属景区对整体系统环境大力整治的时期，从系统熵的反映来看，这一时期恰好也成了系统熵的转折时段。为了使景区环境向着健康有序的方向发展，九寨沟风景名胜区管理局实施了“沟内游、沟外住”、数字化管理、环保观光车、生态厕所等各种保护环境的措施，增大了生态环境承载量，这些措施实施的结果是系统总熵在 2000 年后发生明显变化，说明景区的环境承载力改善对系统熵有非常明显的影响。但由于系统本身的滞后性，故其反映时间稍落后于环境整治时间。

2007 年后，生态环境承载力熵略有增加，其中 2010 年变化稍大，其他几年基本保持稳定（图 6－8）。

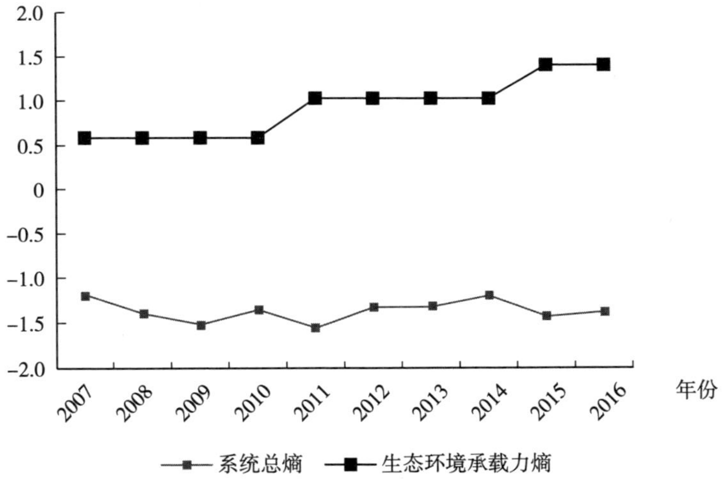

图 6－8　2007—2016 年生态环境承载力熵与系统总熵变化

究其原因，2010 年地震对该区域生态环境质量的影响最终体现在生态环境承载力熵值的变化上。值得注意的是，尽管生态环境承载力熵偶有增加，系统总熵却整体出现了下降的局面，这与九寨沟风景名胜区管理局实施和推行越来越严格的环境保护措施是分不开的（表 6－5）。

表 6－5　1999 年以来九寨沟景区对系统熵有影响的主要环保措施

年份	环保措施
1999	沟内开通了绿色环保旅游观光车，禁止一切外来车辆进入沟内行驶
2000	观光车全部达到欧Ⅲ尾气排放标准
	建成国内第一个以环境解说、环境教育为主要功能的游客中心

（续）

年份	环保措施
2001	停止景区内的客房经营，景区内的宾馆饭店一律关停 游客一律"沟内游、沟外住" 建设智能型全自动免水冲环保型生态厕所，购进车载式流动厕所 实施限量旅游措施，把每日游客量限制在 1.2 万人次以内 聘用以当地居民为主的环卫工人从事景区环卫保洁工作，垃圾日产日清 建立诺日朗旅游服务中心，餐厅实行"零排放""零污染"，污水全部罐装运出沟
2002	修建全长约 60 公里的人行木质栈道，栈道覆盖景区内所有景点
2003	拆除景区内各种经营性的水泥建筑，拆除后的房屋废墟和空地全部进行绿化 大面积实行退耕还林
2004	景区栈道完工，整治景区公路，绿化边坡，实行人车分流、游步道分离 每日游客接待量限制在 2.8 万人以内 启用"数字九寨沟"监控系统
2005	实行旅行团网上预先订票，限制游客数量
2009	实行高峰期游客时空分流导航
2010	建成智慧景区，对游客实施更科学的管理
2015	限定日最高游客量为 4.1 万人
2017	闭园，进行灾后重建

整体上，从长时段的动态演化过程来看，九寨沟旅游区域系统基本稳定、健康、有序。但 1997—2000 年，旅游地域系统人类活动熵及系统总熵迅速增加，2000 年系统总熵已变为正值，生态系统恶化。1999 年后采取限制游客量及减少废弃物排放等多种措施，系统总熵大幅下降，但 2003 年和 2010 年又分别有所上升。不可否认的是，每次景区游客量大幅度波动时，系统熵值都会随之发生变化，说明如果旅游地的其他环境条件不变，游客量会直接影响系统熵值；另外，当旅游地采用各种措施扩大了生态环境容量，或者有目的地大力改善地域系统内的环境时，熵值会相应增加。因此，为使系统持续处于有序状态、避免恶化，合理限制游客量并采取多种环保措施提高生态环境承载量，仍是今后景区最主要的努力方向。

第五节　本章小结

旅游经济与生态环境协调发展是旅游地域系统可持续发展的关键。目前，我们正处于信息化、城镇化的关键时期，城市和农村人口的流动以及经济和社会发展因素的不断重组和相互作用，使农村住区的社会和经济形式以及区域空间格局发生了重大变化。九寨沟作为典型聚落，其土地的利用方式和生产方式的变化同时也导致了生态空间和生态环境质量的变化，特别是当地的旅游人数远高于当地居民时，为了适应及服务于旅游市场，旅游地域系统的功能和结构的变化更加急剧。本章在分析九寨沟旅游地域系统的基础上，通过对地理熵变时间演化和过程的计算与分析，得出了以下结论：

第一，乡村旅游聚落是一个由人口、资源、环境与经济组成的共轭系统，同时也是一个综合的自然-社会-经济复合开放生态系统。该系统内的社会经济生态系统是居民在改造自然环境的基础上建构的人地关系地域系统结构，需要考虑旅游产业的特殊性和外来人口多的现实，要实现系统可持续发展，必须运用系统分析的思维，将其作为一个统一的系统进行管理和治理，不仅包括对当地居民的管理，还包括对游客的引导。

第二，旅游地域系统作为复杂的开放系统，其熵值受人类活动的影响，也受资源环境的制约。资源环境在一定范围内和一定条件下，有自我调节和自我恢复的能力，但旅游区内的活动强度不能超过该区域内资源环境的承载力。如果旅游活动强度太大、超载太多，旅游地域系统就会受到影响和破坏，此时人类活动的熵值大于生态环境承载力熵，系统总熵表现为正值，系统会减弱其能力，或者使其失去功能。因此，为了保持旅游地域系统功能的完善，保持其熵值处于健康的范围，应该努力保持和维护旅游资源赖以生存的自然地理环境，使资源得到可持续利用。如果生态环境承载能力受到限制，可以通过积极和有创造性的人类行为来扩展生态环境容量。最后，通过协调旅游活动强度和生态环境承载力的关系，促进两者的良性互动，实现旅游地域系统的永续发展。

第三，旅游地域系统的演化是一个时空交替的过程，不仅包括时间上的发展过程，还表现出空间关系的变化，形成一定的时间模式或空间模式的旅游区域系统。在多年的发展过程中，九寨沟旅游地域系统经过了几次复杂又艰难的变化，最终通过政策引导和管理方式的调整以及当地居民的配合，较好地解决了前期聚落功能空间失衡、人地关系失调等问题，达到了今天良好发展的局面，这是值得学习和借鉴的。

任何一个旅游地域系统都不是静止不动的，系统的变化既反映在空间格局上，也反映在时间序列上。旅游地域系统表现出的是一个变化的时间过程，反映的是系统从一种状态向另一种状态、从一种结构向另一种结构的转变，转变的结果可能为正也可能为负，这取决于系统内外物质、能量和信息的交换关系。旅游地域系统演化过程并不是孤立的，其发展和驱动受自然、社会、经济、政策等多个因子的相互作用和共同影响，我们对于具体的旅游聚落的研究，应运用系统思维，综合考虑各驱动因子之间的相互作用及其对系统演化的共同影响。

第七章　九寨沟旅游聚落时空演变的驱动机制

聚落空间格局是自然、社会、经济和历史发展的反映，是人类活动强度的空间表现，受环境、社会、经济、历史、文化习俗和突发因素的影响。通过对聚落变化格局及驱动机制的分析，可揭示人类活动与地方景观形成的关系，这也是探讨人类与自然生态过程相互关系的重要途径。

聚落演变的总体特征包括聚落形态的变化、聚落规模和层次的变化以及聚落空间集聚条件。九寨沟是青藏高原边缘的典型地区，一方面，这里具有高原山地聚落的特点，地质地貌条件复杂，人居环境约束性强，生态环境承载力相对较弱，社会经济发展滞后，城市化水平低、带动辐射能力弱；另一方面，由于九寨沟旅游区的存在，其聚落特征和演变过程有别于其他区域。该类区域基础资料少，聚落规模小且分布零散，以往的研究中很少涉及，本书借助 GIS 分析方法，对九寨沟聚落演化的空间特征及驱动机制进行探讨，以期为当地的聚落规划布局和发展决策提供有效建议。

第一节　聚落空间演变及其驱动机制

聚落的空间演变主要基于不同时期同一地区农村居民点的空间分布和土地利用格局的比较，通过对聚落演化过程的定量分析、定性描述以及演化规律的归纳，分析其内部演变机制，以探索适当的优化和调节模式[166]。关于聚落空间演变的驱动机制，有不少学者做过实证或理论研究。龙楼花等从微观尺度出发，探析了农村居民点、空心村庄和村庄土地利用的空间演变过程和内在机制[93]；郭晓东从人口增长驱动力、产业变迁驱动力、社会变迁驱动力、制度政策驱动力和自然因素控制力五个方面总结了乡村聚落空间结构演变的影响因素[167]；马恩朴等认为，城市化的外部驱动和土著村民的自我调整是半城市化地区农村住区空间格局演变的主要驱动力[168]；许家伟认为县域乡村聚落空间结构演变的影响因素主要包括地形、区位、社会经济三个方面[143]；海贝贝认为，快速城市化过程中城市空间扩展的影响因素主要包括人口增长、经济发展和行政管理因素[169]；李灿等从农村居民点用地的类型、结构和功能以及农村居民点用地的空心化入手开展研究，认为经济发展与农户生计变化、居民点用地演化关系密切，自然地形地貌因子是聚落演变的基础因子，政策和制度、经济发展水平、城市化进程、人口的增长、交通的改善、农村工业化等诸多社会因素已成为农村居住空间演变的重要推动力[170]；李红波等将影响农村空间重构的因素概括为自然环境的基础作用、经济发展的源动力、工业化和城市化的核心动力、交通发展的支持、政府监管的引导和农村媒体的传播六个方面[171]。

相关研究发现，尽管不同区域的聚落演变历程不同，但空间分布演变存在着共性特征。一是不同历史时期内各区域的聚落空间分布均比较分散，但存在一些聚集区，冷点区与热点区的空间差异明显。二是传统聚落主要分布在近水且易开发的地区，随历史发展有明显的迁移路线，如李孜沫研究了汾河流域，发现传统聚落空间分布重心由南向北迁移[166]；李天宇等研究了浙江省传统聚落空间分布演变，发现核心区由中西部向南部转移。在小区域内，传统村落空间分布主要沿水体和山体带状延伸[172]。三是传统村落空间分布具有明显的线性迁移特征，部分聚集区逐渐发展壮大，面积扩张明显。

传统聚落空间形态是自然与人文共同影响下长期演变的结果。对聚落空间形态演变的研究分为外部边界形态和内部空间形态两种，其中内部空间形态研究包括公共空间、内部组团、民居建筑等。近年来关于聚落空间形态演变的研究明显增加，席鸿等研究了韩城时庙后村公共聚落空间形态，指出街巷形态随演变逐渐变得紧密复杂，但特色有所减弱，公共空间的精神性降低，公共活动中心逐渐转移且空间功能有所转变[110]；秦士强研究了揭阳市月湄传统聚落形态演变，发现聚落结构逐渐由封闭走向开放，空间形态变得复杂，民居传统建筑形制逐渐简化，规模有所减小，如今建筑材料以新材料为主，传统的木柱土坯及特色装饰使用减少[173]。根据学者们的研究发现，传统聚落内部空间形态逐渐变得复杂，空间从封闭走向开放，向心力减弱。

在要素效应的主体和范围方面，相关学者在不同范围内研究了政府、企业和个人等不同主体对农村聚落空间演化的影响。其中，政府作为管理主体，在统筹规划、路径选择、资源配置等方面发挥着基础性作用。政府通过对各种宏观政策的调整，周期性地影响整个地区农村住区的空间形式，在短时间内造成数千个小村庄的消失或新村庄的扩张并存，使聚落空间形态发生演化[174]。企业依托一定的地域、资源条件、经济基础和政策优势，通过劳动密集型产业和资源密集型产业的发展，尤其在东部沿海发达地区的农村地区，对特定区域内的农村空间进行了明显的重构[175]。同时，作为聚落空间演化的主要驱动力，聚落居民在政府和企业的共同作用下，通过改变个体的居住观念和行为偏好，直接影响农村聚落的空间形态，促进其演化。在影响因素方面，相关研究主要探讨半城市化或大城市边缘地区农村聚落空间形态的演化机制。其中，韩非、蔡建明率先从理论研究层面总结了半城市化地区农村聚落的发展机制，认为它们受到城市自上而下和农村自下而上的共同影响[176]。在实证分析中，学者们引入了推拉理论，将影响因素分为推力和拉力两种力[177]。一般来说，大城市及其周边地区农村聚落的空间演变受城市发展的影响很大，影响因素更为复杂多样[178]。相关研究主要集中在城乡研究的角度，分析了各个影响因素的类型和作用，进一步探索城市化进程中农村聚落的空间演变，把握其演变的性质和趋势。

在机制探索中，早期，周国华等根据因素的作用程度将因素分为基础、新型与突变三大类，概括为“三轮”驱动机制[124]，涵盖了多个学科的理论观点，全面系统地分析了我国乡村聚落演变的驱动机制，具有较强的理论指导意义。此后学者在其基础上通过具体的实证研究不断验证和补充，构建了包括驱动因素、中介因素、接受者和驱动反馈过程的驱动机制[171]，或者以人地关系的研究为出发点，构建了包括自然生态承载、社会经济协调、市场资源配置、政府调控和引导的农村聚落空间演化影响机制，推动了产生、传递、发展的过程、对象和结果[179]。近年来，有学者基于系统学视角在以往三轮驱动机制研究的基础上提出聚落空间演化的“四轮”驱动机理[180,181,182]。

总体而言，对聚落空间演变影响因素的关注，经历了从自然到社会经济再到文化政策、主体行为决策等的发展过程，以及从简单到复杂、从宏观到微观的阶段。宏观层面包括自然地理环境、区位、社会经济、区域政策等，对聚落空间演变分别起着基础性、导向性和塑造性作用；微观层面，表现为当地参与者的反应行为。作为乡村聚落空间演化的直接推动力量，两者共同构成了乡村聚落空间格局的演变机理。聚落演变既是结果，也是过程，参与聚落演变的有主体，也有客体。从聚落演变的驱动主体来看，作为驱动者角色的有政府、居民和企业三个方面；从驱动的客体来看，聚落是接受者；从中介因素来看，政府规划、城镇化和工业化过程、交通改善等都是手段，靠它来实现对乡村聚落发展及其空间结构的动力传输。实施者、接受者和中介因素的三方合力影响，共同形成了聚落演变的结果。

综上分析，城乡聚落体系变化的影响因素可归纳为自然、经济、制度、社会四个主要层面。从已有研究成果来看，关于聚落空间演化的案例着眼点基本是乡村聚落，少有人关注从乡村聚落转化为旅游聚落的这类特殊聚落；从动力成因看，大多考虑了自然因素，也关注了社会经济因素的影响，但少有人从微观领域关注旅游者行为对聚落演变的影响。

第二节　九寨沟聚落演变过程及其驱动机制

聚落空间格局是一个动态的现实空间，其驱动机制和影响因素有很多。九寨沟是个特殊的民族聚落，由原来的农业民族聚落变为以旅游为主的聚落类型，其变化不仅是自然过程而且明显受到社会、经济、文化等的因素多重影响。

从发展过程看，九寨沟聚落演变的驱动机制大体可以分为：驱动因子，包括政府规划、社会发展、可进入性、游客行为四类；演进方式，包括主动和被动两类；驱动对象，即旅游聚落，最终使民族旅游聚落呈现一种与自然有关，更与社会和旅游直接关联的演进模式（图 7-1）。

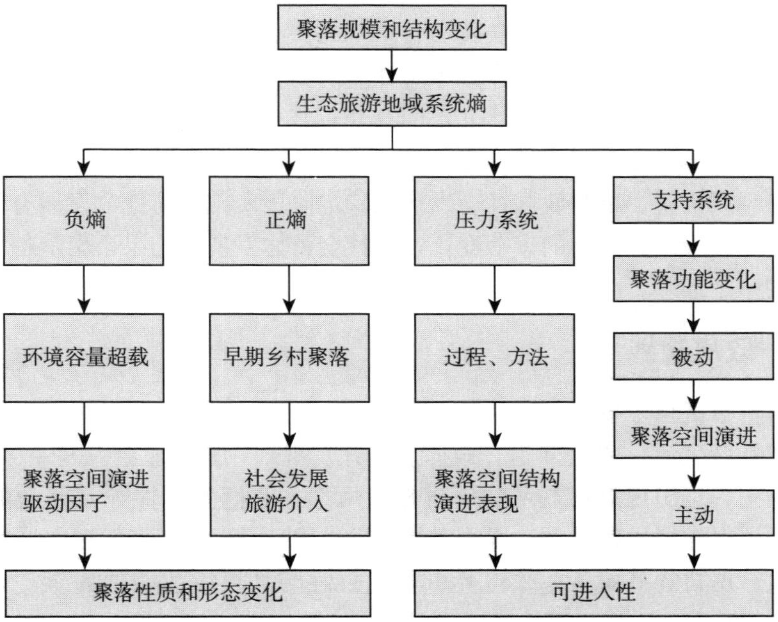

图 7-1　旅游聚落演进及其驱动机制

第三节　九寨沟旅游聚落空间演进驱动因子分析

一、自然环境因素

海拔、坡度和水源条件是九寨沟聚落分布的限制性因素。由于地处高原，九寨沟整体海拔高，地势复杂，地形起伏大，加上农业社会对水源的依赖，聚落整体表现为小规模零散分布的空间格局。随着时间演化，聚落发展呈现明显的低山缓坡、接近水源地的指向。后期演变过程中，聚落的扩展和聚集仍然受自然环境的影响，一方面是高海拔高山区聚落难以扩展；另一方面，低海拔和河谷地带的优势地形具有强大的吸引力，促使聚落集中。

二、社会发展

当前，旅游已经成为拉动内需、发展城市经济的重要途径。从发展过程看，九寨沟不仅是一个风景旅游区，更是带动区域和小城镇经济发展的重要功能区。

九寨沟片区原来是比较贫困落后的山区聚落，当地居民收入低，城镇发展缓慢。近年来，随着社会的整体发展，其在经济投入、交通改善、设施供给、教育培训等方面都有了长足的发展。尤其是西部大开发和灾后重建，为九寨沟经济社会发展奠定了坚实基础。中央第五次藏区工作座谈会和四川藏区工作座谈会后，国家加大了对藏区的资金投入和政策扶持力度，九寨沟又赶上了发展的好机会。党的十八大报告中提出了全面建成小康社会的新目标以及新型城镇化要求，在这一背景下，九寨沟漳扎镇提出将九寨沟县建设成“国际旅游名城”，引导村民发展旅游经济，推进漳扎新型城镇化建设。

这一系列措施，都是我国社会发展在特定阶段实施的对地方发展有巨大推动作用的利好政策。九寨沟的聚落变化，是社会整体发展的结果，聚落的变化是社会发展的一个缩影。

三、政府规划

九寨沟景区位于峡谷之间，20 世纪 60 年代以前，沟内居民过着半农半牧的传统农业社区生活。1984 年后，政府进行开发规划，发展旅游。在 90 年代旅游发展过程中，也出现过违规乱建等现象，后来，政府为了保护九寨沟的天然风貌，也为了保护居民的利益，大力整顿景区内外环境。1998 年沟内居民开始使用液化气，退耕还林还草；2013 年开始，拆除与环境不协调的建筑，将民族聚落进一步规范化。

为了实现保护九寨沟景观的需要，部分村寨居民搬迁到了沟外，政府支持和鼓励他们参与保护区管理、旅游设施维护、旅游服务、藏族文化特色节目表演以及纪念品商店经营等，从事与旅游相关的工作。这些工作，一部分由当地居民承担，但游客增多后，需要大量的外来人口。这一措施直接影响了景区外的聚落的变化，为了满足旅游需要，景区外的聚落有了扩张的机会和可能性，这一方面降低了景区内部自然资源的消耗和环境污染，使聚落环境规范有序，另一方面让景区外的居民从旅游开发中受益，做到了聚落内外的可持续发展，也极大地吸引了外来人口的聚集。

但景区内居民的数量变化幅度很小，与沟外庞大的游客增长量相比，其变化微乎其微，因此，如果不考虑旅游的因素，聚落的变化不会像现在这样明显。

另外，九寨沟政府实行了“沟内游、沟外住”的制度，九寨沟景区内不再允许大肆修建营业性场所，只有当地居民经过申请才能翻修自住房，因此景区内部没有宾馆酒店，只有荷叶、则渣洼和树正三个寨子里有少量居民自住房可留宿极少部分游客，因此其聚落的形态基本保持原来的状态，变化很小（图 7－2）。

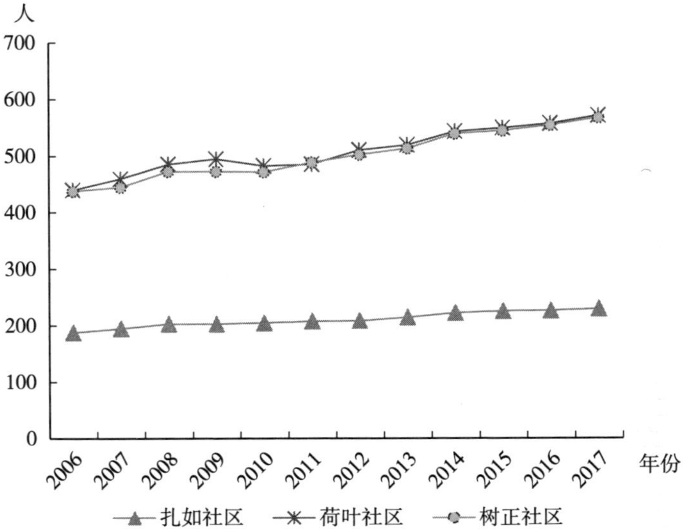

图 7-2　2006—2017 年景区内居民数量变化

四、可进入性

九寨沟位于比较偏远的四川北部，为典型的山区。游客到达九寨沟，大多是通过九环线进入。九环线以世界自然遗产九寨沟和黄龙为核心旅游目的地，1998 年全线交通条件改善，实现了成都到九寨沟“朝发夕至”；2003 年九寨黄龙机场通航，旅游通达性进一步提高，线路组织更加多样，线路建设日益完善。

九环线以成都为起点，是乘汽车从成都到九寨沟旅游的必经线路，分为东线和西线（图 7-3）。九环线呈闭合的环状，全长 900 多公里。

从图 7-3 可以看出，两条线路都能比较顺畅地到达九寨沟，且距离相差不大，但沿途经过的景点并不相同（表 7-1），这直接影响了游客进入九寨沟的方向。

表 7-1　九环线东线和西线的差异

项目	东线	西线
适合出发地点	绵阳	成都
路线	成都—绵阳—江油—平武—九寨县城—九寨沟	成都—都江堰—汶川—茂县—松潘—川主寺—九寨沟
距离	461 公里	412 公里
所需时间	约 9 小时	约 8 小时

（续）

项目	东线	西线
沿途主要景点	李白故里、佛爷洞、西羌九皇山景区、平武报恩寺、白马藏寨、白马王朗国家级自然保护区、杜鹃山、九寨沟等	都江堰景区、都江堰熊猫乐园、映秀地震遗址、中国古羌城、松坪沟、叠溪海子、牟尼沟、松潘古城、黄龙、岷江源、九寨沟等
进入方式	飞机、汽车、自驾	汽车、自驾

（一）游客出行方式选择

1. 航空

九寨沟机场（九黄机场）位于九寨沟县城以西，距九寨沟景区约88公里，有成都、重庆、西安、北京、上海、杭州、广州、郑州、武汉、南京、长沙、石家庄等地的直飞航线。从机场出来后，沿S213省道（西线）从西进入九寨沟景区。

2. 汽车

大部分游客坐汽车（包括旅行团）或自驾游从成都出发，因东线的高速公路里程稍长，所以基本走西线沿S213省道进入九寨沟景区。每天从成都发往九寨沟的班车车次很多，在成都的旅游车站新南门车站或茶店子车站，从早上7：20到下午16：00有若干次车可到达九寨沟。此外，还有很多从成都青年旅社等出发的旅游客车，也可以搭车。

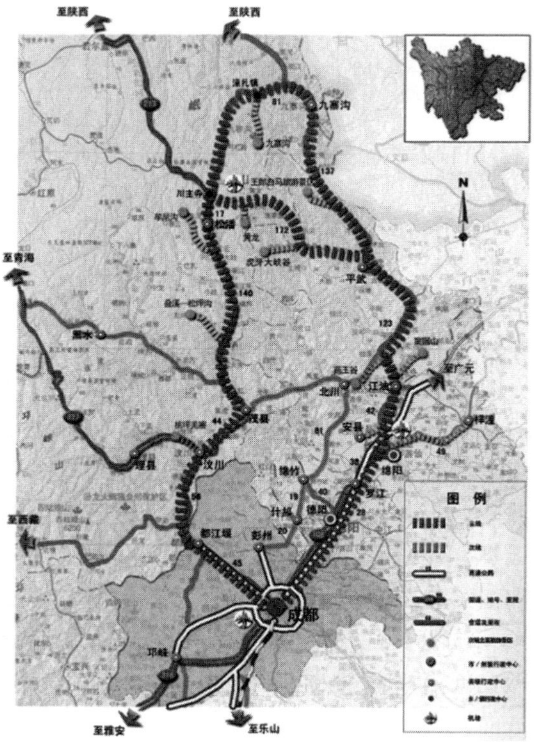

图7-3　九环线示意图

如果走东线，从绵阳出发更方便，但游客大多是先到成都，很少有游客选择由绵阳去九寨沟，除非顺路还去其他地点。

（二）游客旅游行为选择

从旅游资源来看，九环线沿途美景云集，但东线和西线分布的景点截然不同。西线经过的景点级别更高，比如同样是世界遗产的都江堰、黄龙，灾害旅游的代表区映秀，历史悠久的松潘古城等。更值得关注的是，此线上的景点资源差别大，旅游形象也有差异，与九寨沟有较好的互补性，彼此形成了良好的“形象叠加”效应，更容易被游客选择。对游客来说，在有限的时间内，西线经过了不同类型的旅游区，再加上路况比东线好，因此选择率远远高于东线。

对旅行团来说，考虑到从西线进入交通条件更好，时间稍短，且游客更喜欢，于是也自然而然地选择了这条线路。据统计，2012 年从西线进入的游客与从东线进入的游客比例约为 9∶1。

正是因为从西线进入的游客更多，故在聚落的变化过程中，清楚地显示出西线方向的延伸和扩展远大于东线，这说明游客的行为对聚落的变化起到了很大的促进作用。

五、旅游活动

（一）旅游配套设施

20 世纪 80 年代起，九寨沟进入了旅游迅速发展的阶段，从 1984 年的年游客几千人到 2016 年超过 500 万人次，从年旅游收入几万元到地震前的 8 个多亿元，年接待游客量和年旅游收入都连年翻番（图 7－4）。

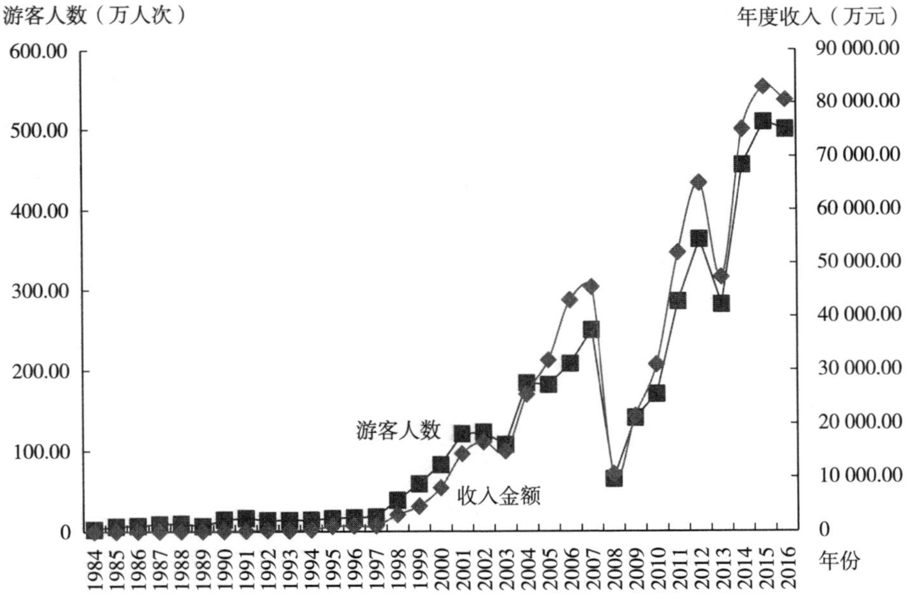

图 7－4　1984—2016 年九寨沟游客量及旅游收入变化

九寨沟以其丰富和多样的旅游资源、独特的民俗风情、优美的生态环境吸引着大量的国内外游客。在吸引游客的同时，该地区旅游业的发展也需要大量的旅游服务人员参与和相应的配套设施供给。由于九寨沟距离大城市较远，景区面积大，游客均需在此停留住宿，旅游者和从事旅游服务人员的住宿和饮食，都要在九寨沟景区附近解决，这对九寨沟聚落用地和聚落的空间格局变化都产生了影响。

从土地利用类型分析，原聚落住宅用地已发展为复合型土地利用类型，旅游业的发展也影响到定居点内外的交通和通信条件；从聚落的变化情况分析，景区内部由于规定所限，无法提供太多的配套设施，于是设施就集中于景区外的聚落区（图 7－5）。

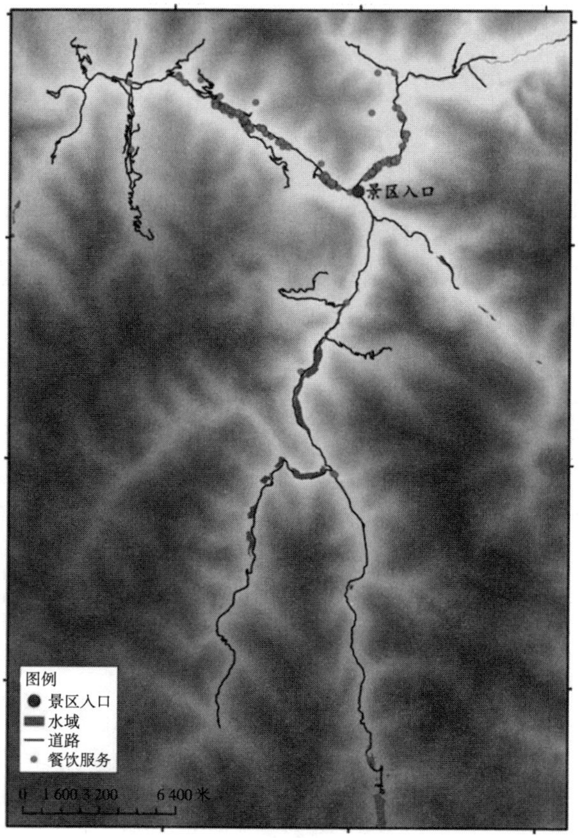

图 7－5　九寨沟餐饮企业分布

九寨沟除了拥有举世瞩目的自然美景，还有丰富的藏、羌民族文化。

20 世纪 90 年代中期，九寨沟的演艺集群开始发展，2000 年后，其演艺产业集群有了一定规模。游客在九寨沟除了观赏风景，还可以观看旅游演艺节目，其中较有名的有《神奇的九寨》《九寨情缘》《藏谜》等。2006 年九寨沟演艺集群获文化部认证命名，被评为国家文化产业示范基地；2014 年 5 月，杭州宋城演艺集团投资兴建的九寨宋城旅游区开始接待游客，并开始演出大型歌舞秀《九寨千古情》。

作为全国藏区规模最大的文化旅游演艺集群，需要固定的演艺场所。同时，九寨沟拥有数量众多的演职人员，作为吸引游客的重要一环，九寨沟演艺集群的大部分节目的演出场所都分布在离九寨沟景区较近的范围内（图 7－6），因此，其分布也同样影响了九寨沟的聚落演变过程及方式。

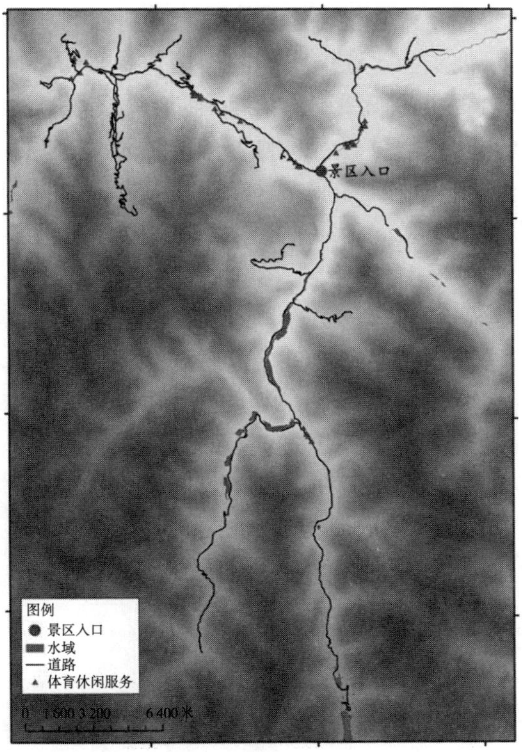

图 7－6　九寨沟休闲娱乐设施分布

（二）游客行为

1. 游客行为对聚落收入的影响

从地理位置与收入关系来看，离沟口最近的是彭丰，彭丰以东的地方是隆康，沟口以西的地方是中查。这三个行政村距离景区远近不同，直接决定了其人均收入的差距（图 7－7）。

图 7－7 显示，中查距离沟口比隆康远，但因为中查在西线，属游客活动频繁的地带，故其与隆康的人均收入差距并不明显，甚至在某些时候还略高于隆康，反映出游客行为对当地聚落居民收入的直接影响。

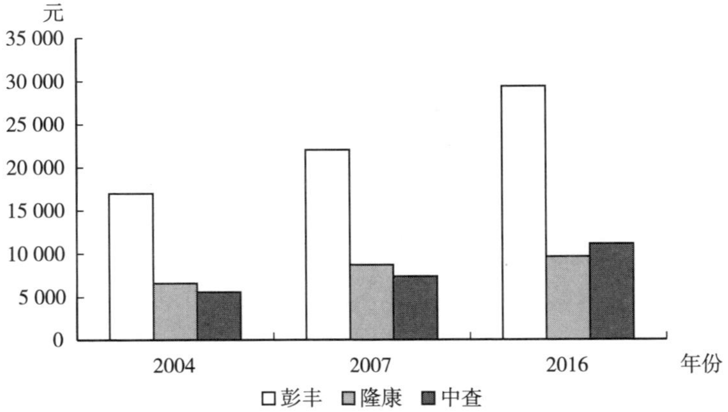

图 7－7　沟口不同距离处人均收入差距

2. 游客活动半径对聚落分布的影响

游客在九寨沟旅游时住宿是必要和必需的，其住宿选择实际上反映的是其活动半径，或者说游客习惯或喜欢的活动半径。

地震前，在携程网的酒店入住搜寻里，有 92%的游客选择入住在沟口，只有 6%的游客选择入住在距离沟口较远的甘海子附近（图 7－8），甘海子片区是九寨沟最大最著名的酒店——九寨天堂洲际酒店的所在地。

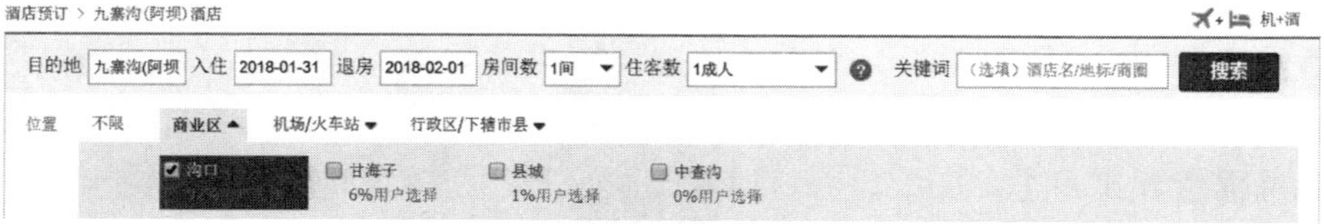

图 7－8　2018 年地震前游客入住范围选择

数据表明，对大多数游客来说，离景区近者是最理想的入住场所（图 7－9）。

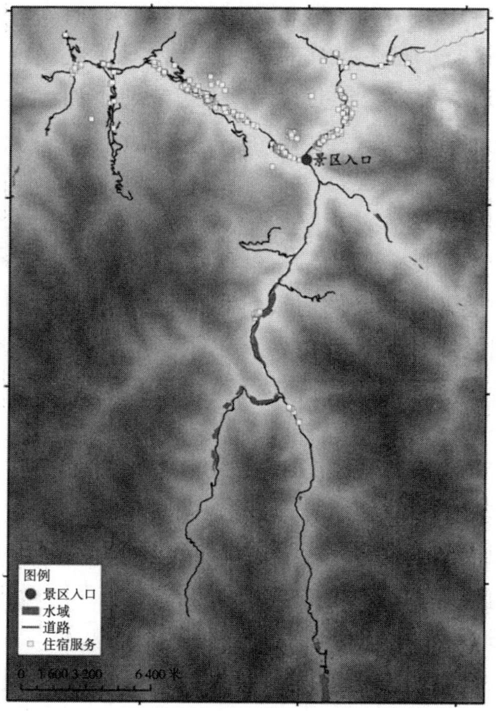

图 7－9　九寨沟住宿设施分布

正是因为游客的这种行为，聚落在景区入口附近的地区出现了很强的聚集性。但游客对九寨天堂洲际酒店的选择，也反映出另一个现象，即部分游客对于住宿设施有较高的要求，他们愿意克服距离的限制来选择住宿点。

第四节　九寨沟聚落演变驱动规律及特点

一、旅游业及相关产业的发展促进了聚落演变

与以往相比，九寨沟最大的变化是聚落功能的变化。旅游业的介入使九寨沟由乡村聚落变为旅游聚落，产业类型由农业变为服务业。旅游业在发展过程中，带动了当地文化和演艺事业的发展，与这些产业发展相适应的配套基础设施的供给和分布位置，对九寨沟聚落的变化影响极其明显，这直接驱动了九寨沟聚落空间的演变速度和过程。

随着旅游及其带来的产业的变化，九寨沟内的企业和居民不断去适应并调整自己的行为，他们想通过培育旅游服务设施来吸引旅游者，这进一步促进了聚落空间的聚焦与数量增长、规模扩大、品位提升[53]。这种主动行为又以经济效益的形式对其进行正反馈，于是更多主体参与到这一过程中来，使旅游聚落的演化以旅游业为主要动力源而进行。

二、政府的宏观调控是聚落演变的动力，也是控制阀

当地政府一般通过鼓励政策来促进旅游的发展，通过干预土地政策来影响旅游聚落的变化方式和方向。旅游业发展到一定阶段，给当地带来了巨大的经济效益，但也带来了土地的不合理利用和其他相关问题。2000 年前，九寨沟沟内住所混乱搭建，由此带来的不仅是土地利用的不合规，还有一系列矛盾，如游客和当地居民之间的矛盾、邻里之间的矛盾、政府与居民之间的矛盾等，严重影响了聚落的可持续发展。此后，当地政府实行严格管理，引导旅游业良性循环，同时也控制了聚落的无序发展。

三、旅游需求的多样化及外来投资重塑着聚落演变的空间模式

随着旅游业的发展，九寨沟吸引了大量的外来投资。这些投资一方面迎合了旅游者的多样化需求，引导了游客的消费，带动了旅游聚落的发展方向和演变模式；另一方面，这些外来投资的投入包括旅游住宿、演艺集团、大型餐饮等，带来了技术、人才、市场以及信息等，影响了旅游服务业态的空间集聚规模，也带动了相关业态的发展，这种规模化的集聚效应反映在聚落空间的演变上，表现为聚落空间延伸方面趋向于集聚在交通区位或景观区位较好的地段。

四、当地的管理制度和文化观念是聚落演变的辅助性动力

九寨沟是藏族聚居地，“关系共同体”是典型的藏族文化特征，是藏族社会自组织的典型规则。基于血缘、地理和种族关系，民族聚落具有强大的可扩展

性。通过关系网络促进当地居民交往，实现居民的空间邻接，实现住区的空间集聚[108]。随着社会发展和人口增加，九寨沟居民以文化为纽带，选择相对集中居住，促进聚落集聚发展，导致聚落斑块的规模扩张。后期旅游因子加入并迅速发展之后，考虑到景区和游客的管理，九寨沟通过综合治理手段，指导居民聚落选址或者组织搬迁，当地的管理制度和文化观念成为促进聚落演变的辅助动力。

第五节　对九寨沟旅游聚落演变的建议

聚落变化的驱动力一般分为两个主要方面，即自然驱动力和社会经济驱动。九寨沟在发展旅游之前，处于传统的农业社区发展期，其主要驱动力是自然因素；发展旅游之后，自然只是影响其聚落分布的基础，真正促进其变化与发展的，是社会经济驱动因素。但二者并非孤立存在，而是相互影响和相互制约的。

基于九寨沟旅游聚落的变化特点与驱动因子分析，本书提出以下建议。

一、优化聚落格局，拉伸和分散聚落布局形态

目前九寨沟聚落空间格局的最大特点是分布过于集中，尽管一定程度的集中对经营者和游客都有好处，但过于集中必然带来一个现实问题，即不利于分流。如 2013 年九寨沟发生游客拥堵事件，大量游客挤在狭窄的道路两侧和聚落聚集区，没有其他渠道可以分流；2017 年 8 月 8 日，地震后的热力图显示，游客和居民共同聚焦在较小的范围，加重了事件的严重程度（图 7－10）。

图 7－10　2017 年九寨沟地震后的热力图

九寨沟地处山区，大量人口与建筑集中于局部地区（沟口附近），并不安全，若遇到安全问题也不易迅速将人群疏散，而且旅游旺季常常带来拥挤问题，也在某种程度上降低了游客的旅游体验。因此。今后该聚落的建设要从优化格局方面考虑，将拉伸和分散聚落形态作为基本原则，鼓励新建聚落往外往远延伸，限制密度较大的沟口和镇中心附近的聚落规模。

二、与小城镇建设相合，将聚落向九寨沟县城方向扩展，将县城发展成旅游服务的中心城镇

目前只有旅游旺季时才有个别游客选择入住于九寨沟县城或将县城作为活动区域。九寨沟县城距离景区位置适中，且经济水平较高，有配套的基础设施，将其作为接待基地，能够实现资源的共享和优势互补，还可以带动周边乡镇和村落的发展。

九寨沟可借助国家大力发展小城镇的政策优势，利用民族地区县城的文化资源，把小城镇建设与景区的聚落分布、游客接待、旅游发展、民族文化展示等综合起来，让其聚落向纵深发展。

三、将九寨沟聚落发展与周边社区均衡发展相联系

从经济收入来看，九寨沟自然保护区沟内、外居民收入差距显著；从聚落变化情况来看，九寨沟沟口远近聚落变化的冷热点差别很大。九寨沟景区虽然是自然景观资源丰富的地区，主要依托自然景色，但要发展旅游经济，相应的硬件设施必须足够支撑旅游的发展，否则景区自身的发展也势必受到限制。可将周边冷区，如二道坝、牙扎、上四寨等距离景区并不远的社区纳入旅游发展的核心区，实行乡村聚落的聚集式发展。

四、以经济行为引导聚落分布格局

在资金和政策方向给予倾斜，吸引和引导大型酒店在冷区和相对分散的聚落社区布点，以大型酒店作为吸引点，带动游客行为；引导旅行社在线路选择和住宿安排时，选择较冷范围和较冷路线，通过经济行为的引导，使聚落向着有利于自身发展的方向改变。九寨沟以政府为主，以政府规划为主，可以合理安排农村聚落空间的建设和发展，兼顾农村文化的传承和生态环境保护，这是毋庸置疑的。但该模式也容易产生主观定位、开发效果趋同等问题，因此需要在后期注重适当以经济行为引导聚落分布，将旅游开发与农民生活生产融合，促进九寨沟旅游业高质量发展和当地社会文化全面进步。

第六节 本章小结

通过对九寨沟旅游聚落时空演变驱动机制的研究，可以得出以下结论：

第一，聚落分布形态受自然环境和社会人文共同影响及作用。九寨沟海拔高、地质地貌复杂、自然灾害频发，是藏族的主要聚居地之一，这些自然和文化环境纵横交错，塑造和改变了九寨沟聚落的范围、形态及格局。后期政府规划、游客行为、人口与市场变化等叠加在原有基础上，形成了推动聚落演化的综合动力，在自然环境和社会人文因素的共同影响和双重作用下，九寨沟聚落表现为现今的分布格局和形态特征。

第二，聚落空间演化与旅游发展相互联系、相互影响。对九寨沟这样特殊的乡村聚落来说，聚落的空间演化与旅游发展是一个相互联系相互影响的过程。其旅游发展阶段、发展过程、发展速度都与乡村聚落呈现较强的关联性和制约性，并表现出明显的规律：旅游发展初期，乡村聚落的空间利用多与生活和农业生产有关，体现出更明显的自由发展态势；随着旅游发展和游客数量的增加，聚落的空间功能发生变化，更多的聚落空间用于旅游，其空间扩展过程也开始向有利于服务的方向转变，其聚落体系在演化过程中表现出显著的旅游主导效应。

第三，资本介入影响乡村聚落空间演化的方向。九寨沟的乡村聚落原来以居民的自发建房和旅游经营者的自发经营为主，其空间受环境的影响和制约以及交通线路的影响，更多地展现出与其他山区聚落相似的特征，符合自然规律。后期资本介入旅游后，一方面受土地政策的影响，另一方面由于资本以获得最大利益为前提，再加上资本带来的先进建设技术，其大规模的空间扩张可以在某些地方突破原有的空间格局。

第四，地理环境对聚落体系的形成和空间演化仍然具有基础作用。已有的研究表明，地理环境对乡村聚落演化的影响作用在不断减弱，但由于九寨沟位于山区，其聚落演化的空间变化仍然受山区自然条件的明显制约，聚落在空间指向上以低缓坡区为主。另外，由于受制于特殊的自然本底，九寨沟在聚落规模、聚落密度和聚落扩张强度等方面均小于平原地区。

第五，政府的政策引导和推进影响乡村聚落的空间演化。政府的引导作为行政动力直接影响和推动了九寨沟的聚落空间演化。政府通过宏观规划和产业支持，有效避免了自然劣势对聚落分布和扩展带来的不利影响，调整乡村聚落从地理受限区域进行辐射状拓展，同时引导各种生产和生活要素进行合理的集聚与扩散，促进聚落不断成长与扩展，从而形成规模更大、服务辐射半径更大、吸引力更强的聚落，进而对乡村聚落的体系结构和空间演化产生实质性影响。

任何一个乡村聚落都位于特定的地理空间中。受所在地域自然生态背景和人文环境的影响与制约，每个聚落都有其产生、发展和演化的独特过程。在不同的聚落演化阶段，自然地理要素中的地形、地貌、河流以及人文要素中的政策方针、城镇化水平、技术手段等对聚落的空间形态及其变化具有基础性和约束性作用，作用方式和作用程度均有不同。长期来看，尽管聚落空间变化在现阶段仍受地理环境的约束，但随着科学技术的不断进步，自然地理要素的影响程度将不断减弱，而政府规划、经济技术和文化等力量将呈上升趋势，应有效发挥这些职能的优势和作用，引导乡村聚落向良性循环的方向扩展。

第八章　社区恢复力

第一节　恢 复 力

自加拿大生态学家霍林（C. S. Holling）于1973年首次提出恢复力理论后，该理论就被学术界迅速接受并得到了广泛的研究和应用。最初关于恢复力的研究重点是生态恢复力，着重强调生态系统的转变过程、对干扰的响应及其在多个稳定状态之间的转变。随着人与自然、人与生态的关系被关注，恢复力研究的关注点开始转向社会—生态系统，更多地聚焦社会-生态系统的相互作用、外部变化的复杂性及系统的适应性[43]。

2000年英国学者阿杰（W. Neil Adger）第一次将恢复力概念引入社会科学领域，此后，越来越多的学者围绕恢复力对影响其社会、经济、文化和政治因素进行了探索和研究。恢复力理论为思考社会和经济系统的可持续性研究提供了一种新的有价值的方法，成为研究人员、政策制定者、社区活动家等共同讨论和研究的热点[13,181]。

一、恢复力定义

恢复力是从生态学角度提出的概念，其本义是表示生态系统面对外部环境的干扰时的自身发展能力。该理论的创始人霍林最初将恢复力定义为“生态系统吸收干扰并继续保持在特定状态的能力”[43]。恢复力理论的核心观点是：生态系统的稳定状态不是单一的，会呈现多样多稳定型的结构。当系统的功能和基本结构超过生态系统所能承受的阈值时，该系统就会从初始的稳定状态转换为另一个不同的稳定状态。但是，如果生态系统跨过所能承受的阈值，就意味着难以恢复到原来的状态。植根于生态学的恢复力理论将不确定性和变化视为系统的恒定条件，强调系统适应性和多稳态共存。

鉴于恢复力的复杂性，有很多学者从不同角度对其定义进行过探索与研究，总体来说，有以下几种定义和视角（表8－1）[183]。

表 8-1 关于恢复力的定义和研究视角

研究者	定　义
恢复力联盟（Resilience）	系统容忍干扰而不崩溃到发生质变的能力
冈德森（Gunderson）、佩弗鲍姆（Pfefferbaum）等	社区社会生态系统的恢复时间，它由系统在动态环境中更新的能力、人们的学习和变革能力决定
联合国减灾计划（UNISDR）	社区成员采取有目的、有意义的集体行动以补救问题带来的负面影响的能力，包括对环境的解读、干预及继续发展的能力
巴特勒（Butler）	社区潜在暴露于危险并适应它的能力，通过抵制或改变以达到并保持可接受水平的功能和结构受到冲击后激发的适应性以及回到正常运转底线的恢复轨迹
诺里斯（Norris）	将一系列适应能力联系起来，达到正向的运行轨迹以及在干扰后适应的过程
社区与区域恢复力研究院（CARRI）	社区在面对动荡变化的情况下，通过适应、演变和发展来预测风险，控制负面影响和快速恢复或演进到新的状态的能力
怀特（White）等	社区动态调整和积极适应不利的力量或影响，并在后续阶段呈现正面的功能状态

资料来源：刘佳燕，沈毓颖．面向风险治理的社区韧性研究［J］．城市发展研究，2017，24（12）：83－91.

关于恢复力的定义，尽管学者们来自不同的学科和研究领域，关注的侧重点和内容不同，但有一个共同点是，他们都将恢复力理解为系统应对变化和干扰的能力。正是这一核心内涵，推动了早期生态领域的恢复力概念，并被引入其他更广泛的领域用于研究社会、社区和社区企业的恢复力等[3]。

二、恢复力理论的演变

恢复力理论发展大致经历了三个阶段，即工程恢复力、生态恢复力和社会—生态系统恢复力。其中，工程恢复力是恢复力的最早解释，强调系统的某个稳定状态并以恢复到同样状态所需要的时间和速度来衡量；生态恢复力是对早期的工程修复力的修订解释，先假设系统本身存在的状态是稳定且多样的，以系统在跨越这些状态时吸收的干扰量来表达恢复力，并不用时间和速度来表示。这两者都属于传统恢复力，即认为多空间的复杂系统行为将围绕吸引场进入稳定域，如果系统进入一个新的稳定域，原系统的恢复力将丢失[184]。

恢复力并不是客观赋有的，个体对灾害的感知应对行为在不同的空间尺度和时间尺度存在巨大的差异。尽管震惊、扰动和变化对人们生活和生计的影响是客观事实，但是个体和集体的反应和适应性同样受到人们主观感知的影响。理解人们对特定事件的感知是评价灾害影响的重要方面[3,4]。鲁伊斯-巴列斯特罗斯

(Ruiz-Ballesteros E.）指出，恢复力研究中一个不能忽视的关键点是人是社会生态系统的主要决定性因素，恢复力理论应该聚焦于人的行为[185]。

因此，近年越来越多的研究者将目光投向与人有关的社区的社会生态系统恢复力[186]。王群等认为，恢复力理论为思考社会和经济系统的可持续性提供了一个新的有价值的方式，为人类不断适应复杂自然系统的现象提供了一种理解方式[187]，他们认为系统具有非线性、非决定性和反馈性等特征，社会、政治、经济和生态过程在不同的空间和时间尺度上进行着动态交互。也有其他学者开始将社会生态系统恢复力研究聚焦于系统的演变过程[3,188]以及社区适应[187,188]。

研究者们认为，社会和生态系统的恢复力通常包括：系统在保持结构和功能时可忍受的变量，受干扰后系统重组的程度，系统学习和适应的程度[184,189]。“恢复力联盟”也从三个方面理解系统的恢复力：系统保持同样状态前提下能吸收的干扰总量，系统自组织的能力，系统能够建立并增加适应外界干扰的能力[184,189,190]。这个层次上的恢复力和进化论有共通之处，不再强调稳定状态、多稳态的生态平衡或社会生态平衡，而是关注复杂的社会—生态系统在应对压力和张力时的变化、适应以及至关重要的转换能力[184,191]。对均衡的摒弃、对内在不确定性和不连续性的强调以及对持续性、适应性和可变化性之间的动态相互影响的深刻认识，为理解复杂的社会和生态相关性如何运作提供了一个有效的框架。

第二节　社区恢复力

一、社区恢复力定义

“社区恢复力”概念被提出后，很多学科开始有所涉及，我国不少学者也慢慢接受并应用这一概念，并将其理论用于研究中。面对无法预知的将来，恢复力可能是加强社区生计和促进可持续发展的最佳途径。恢复力研究趋势已由早期的生态恢复力转向如今的社会和社区恢复力研究，并已成为理解和指导社区合理应对、适应环境和社会变化的重要框架。

面对无法预知的将来，恢复力可能是加强社区生计和促进可持续发展的最佳途径。现阶段，恢复力研究趋势由早期的生态恢复力转向如今的社会和社区恢复力研究，并已成为理解和指导社区合理应对环境和社会变化并努力去适应的重要框架。

尽管恢复力的概念已深入人心，但对于社区恢复力，不同的学者仍有不同的定义。阿杰将社区恢复力定义为社区应对社会、政治和环境变化带来的外部压力和干扰的能力。佩顿（Paton）和约翰斯顿（Johnston）认为，社区恢复力是指社区维持其正常运作，吸引资源，应对战争和在外部干扰下发生变化的能力[192]。卡特（Cutter）等认为，社区恢复力是人类社会系统应对灾难和从灾难中恢复的能力（包括系统对负面影响的承受和吸收的内在条件），他同时还提出了地方灾害恢复模型（地方抗灾能力“DROP”模型），并使用一系列维度（包括生态、社会、经济、防灾组织、当地基础设施和社区环境）来评估抗灾社区的能力[114]。斯凯拉特（Skerratt）提出了社区恢复力的五个特征，即社区恢复力既是结果又是过程；社区恢复力取决于社区、社区成员和社区资源的开发与管理；社区恢复力的培育可以通过重复的机制和途径获得；社区恢复力具有个人、社区和地区的多尺度效应；社区面临的变化是一种正常状态，内外部环境的不断变化以及不确定性是社区系统的典型特征[193]。

社区恢复力随着内部条件、外部因素和社区应对灾害的能力的变化而不断变化。多年来，研究者们从理论上和实践上分别对社区恢复力的影响因素进行了分析与验证，认为比较典型的影响因素有社区资本、地方感、地方依恋等。但现实中社区恢复力的影响因素并不是单因子的，它存在多维结构和多种类型，再加上社区的自然地理环境、人文地理要素、社区成员的知识和认知都处在不断变化的过程中，因此，社区力恢复力是一个动态过程[4]。马奎尔（Maguire）提出了社区恢复力的三个固有属性：抵抗力、恢复力和创造力[194]。抵抗力是指社区抵御灾害及负面影响的能力；恢复力是指社区克服困难和恢复健康的能力；创造力是指从灾难中学习应对经验和创造新的发展机会的能力，具有高恢复力的社区应具有上述三个特征。麦克林（Maclean）等人通过对不同社区的研究，总结了社区适应力的六个特征，即社区成员的知识和学习能力、社区成员的社交网络、人地关系、社区基础设施多样性、创新的社区经济以及社区的参与式管理[195]。

马吉斯（Magis）等认为，社区恢复力应被定义为“社区成员在以变化、不确定性、不可预测性和意外为特征的环境中茁壮成长的社区资源的存在、发展和参与”[196]，“社区”这个词必须与所有的利益相关者保持一致。

普洛迪内茨（Plodinec）对研究者们 1973—2009 年内关于恢复力的定义进行了综合分析和总结，发现这些定义涉及的内容很多，比如物理上的弹性、自然恢复力，在社区经济领域内，他发现有 23 个定义与社区恢复力有关[197]，通过分析，他总结出了社区恢复力的概念包含的主要属性或特征（表 8-2）[198]。

表 8-2　社区恢复力的概念核心

属性或特征	恢复力是社区的一个属性
持续性	社区的恢复力是社区内在的和动态的组成部分
适应性	社区能够适应逆境
轨迹性	相对于危机后的社区状态，特别是在它的功能方面，适应力导致社区呈现积极的结果
可比性	鉴于社区积极适应逆境的能力，允许不同社区之间进行特征比较

资料来源：王群．旅游地社会—生态系统恢复力研究［D］．合肥：安徽师范大学，2015.

佩顿等将社区恢复力定义为社区维持其正常功能、吸引资源以及应对外部干扰下的挑战和变化的能力[192]。克里斯滕森（Christensen）和克罗格曼（Krogman）认为，社区恢复力的概念侧重于社区成员如何看待社会环境的变化以及如何根据现有知识和社会学习来改变他们的行为，社区恢复力包括社区维护、更新和重组社会系统功能的能力；提出社区恢复力应该将关注点集中于社区成员如何感知社会环境的变化，以及如何基于已有知识和社会学习修正自身行为[15]。

二、社区恢复力影响因素

社区恢复力的研究开展之后，有不少学者关注了社区恢复力的影响因素，大体将其分为社会因素、管理因素、经济因素三类（表 8－3）。社会因素主要包括社会信任、社会关系网络、社会学习、社会公平和知识共享，管理因素主要包括管理的灵活性、自组织、本地自管理和权利共享，经济因素主要包括经济机会的多样性、替代生计和补偿控制经济泄漏的能力及经济增长水平。虽然学者们提出了众多社区恢复力的影响因素，但多是理论性的推理，实证研究较少。托宾（Tobin）研究美国佛罗里达州的灾害情况发现，人口结构、性别差异、教育水平、收入结构、社会资本和政治背景等因素对社区恢复力和可持续发展有重大影响[199]。马塔里塔·卡斯坎特（Matarrita-Cascante）等测试了当地资源所有权、居民组织能力和当地系统对变化的响应能力对社区恢复力的影响，发现社区恢复力在很大程度上取决于资源的公平分配、财政资源的可用性、居民和外来者之间的关系以及地方系统应对变化的能力[200]。伯克斯（Berkes）等总结了社区恢复力的主要影响因素，重点包括社会网络、社区成员之间的沟通和交流、社会支持、社会包容和归属感；领导力；人生观，包括社区成员接受改变的意愿；社区成员的学习能力[201]。

表 8－3　社区恢复力的影响因素

维度	影响因素	解释说明
社会因素	社会资本	社区成员可以从自己的社会网络中调动和利用社会资源，包括社区成员之间的信任、认同和交流、合作、支持等
	地方依恋	人与特定地方之间建立起的情感联系
	社会网络	社区成员之间的人际关系网络
	社会记忆	社区成员共同的受灾经历、应对灾害的实践经验
管理因素	集体效能	社区对集体能力及其信念的一种主观感知和判断
	领导力	社区管理机构应对灾害的能力和效率
	社区参与	社区成员参与有利于形成紧密联系的关系网络，培育社区成员之间的情感联系，从而增强社区应对自然灾害的能力
	权利共享	社区的脆弱性来源于权利和资源分布的不平衡

（续）

维度	影响因素	解释说明
经济因素	企业特征	社区企业的规模和性质影响社区企业的恢复力
	多样性	主要是指当地社区经济活动的多样性
	替代性生计	生计方式的多样性
	经济水平	社区的经济发展程度

综上所述，恢复力与社区恢复力的研究庞杂，定义多样，但很多研究者在研究恢复力时有两点共识：一是强调恢复力是一个包含有国家、城镇、社区、家庭和个体等不同尺度的系统；二是强调恢复力本身是一种能力，包括社会或个人对灾后环境的适应能力、社会系统的自组织能力，以及社会和个人及时调整决策和从历史灾害中吸取教训的能力。

第三节　灾害恢复力

一、灾害恢复力定义

灾后恢复和受灾社区复原能力之间关系密切。自 2005 年世界减灾会议通过《兵库宣言》（*Hyogo Declaration*）以来，社区恢复力培育已成为减少灾害风险方案的共同要求。尽管关于社区恢复力有许多不同的定义，但在备灾和恢复方面，“社区”通常是指“具有区域界限和共享命运的实体”，由自然和社会组成，以复杂的方式相互影响的经济环境。科尔斯（Coles）强调社区的地方性、自愿性和自组织性，认为社区由具有技能、资源和组织能力的人组成，能够向处于危险中的人提供服务，其利益不限于眼前的反应[202]。

托宾（Tobin）认为，可持续性和恢复力已成为灾害规划的指导思想，社区恢复力与造成灾害的因素之间的关系与社会、经济、政治和自然等都有关，因此非常复杂[199]。另外，他还利用减灾模型、恢复模型和结构认知模型这三个理论模型，提出了可持续性和恢复力的分析框架。

巴克尔（Buckle）和澳大利亚应急管理报告中详细阐述了个人和社区灾害脆弱性和恢复力的原则、战略及行动，并将恢复力的定义描述为“团体或组织抵御潜在损失或在损坏发生后恢复的能力”，将脆弱性定义为“群体或组织对灾害损失和损害的敏感性”[203]。佩林（Pelling）关注人类或个体的脆弱性，将自然灾害的脆弱性分为暴露、抵抗和恢复力三个部分，其中对自然灾害恢复能力定义为“行动者应对或者适应灾害压力的能力”；认为恢复力是基于潜在灾害的计划准备程度（包括救助和救济），提出不管正规的还是非正规的保险机制，都是增强社会抵御能力和恢复力的最有效政策措施[204]。卡特以美国为例，指出衡量抗灾能力的标准和指标是地方、州和联邦机构面临的挑战之一，如果社区能从灾害事件中吸取教训，并利用机会改进和做一些可以减轻灾害的准备工作，则很可能在下一个事件发生前提高社区的恢复力，指出下一步的研究工作应关注评价模型，并开发一组可操作性强的评价指标，在实际应用中通过应用程序对其进行测试[205]。

二、旅游社区恢复力研究

当前，旅游业已经成为推动社会经济发展的重要力量，同时旅游目的地的发展面临着一系列危机事件和自然灾害的影响，旅游业发展和旅游社区管理需要新的战略以应对复杂的内外部环境变化，在这一情形下，恢复力成为旅游社区应对危机和适应变化的新理念。但旅游地灾害恢复力的研究基础来源于前期很多学者对旅游地灾害脆弱性的分析。贝肯（Becken S.）和马洪（Mahon）提出了旅游地灾害脆弱性分析框架[206]，通过半结构式面对面谈话和电话访谈的方式对加勒比海、南太平洋和印度洋等多个岛屿型旅游地进行了实证分析，根据收集的相关资料，在旅游地的灾害冲击类型、脆弱性的影响因素和目的地的反应机制等方面进行了总结归纳。

由于旅游社区恢复力受到许多内在和外部因素的影响，研究者们一直在尝试找寻影响旅游社区恢复力的主要因素，探索加强和提升旅游社区恢复能力的有针对性且实用的途径。也有部分学者尝试利用定量化的方法和角度去评价旅游目的地的适应力[207]。这些研究主要基于恢复力联盟提出的建立评价指标体系的弹性原理，然后通过综合评价方法进行定量计算。卡尔加罗（Calgaro）和劳埃德（Lloyd）使用可持续性和脆弱性框架来分析影响旅游社区脆弱性和恢复力的因素，认为旅游社区的脆弱性是自然环境条件、发展模式、居民生活选择、经济资本和旅游社区管理体制等 13 个因素动态互动的结果[208]。

还有学者研究认为，旅游社区恢复力大小与居民对当地社区的地方感有关。如奥奇斯顿（Orchiston）和比格斯（Biggs）研究认为，社区居民和当地企业强烈的地方感增加了社区凝聚力，从而有利于共同抵抗自然灾害和危机事件[209,210]。其中奥奇斯顿认为，恢复力是可持续旅游的内在维度，需要在旅游规划过程中加以认可，并与社区发展结合起来。他同时还特别指出，恢复力的概念是以人为中心的，未来的研究挑战是探寻对人类有实际意义的恢复力指标，这将有助于目的地个体、旅游企业和社区对灾害的响应，并指导他们适应环境的变化。为了更加深入了解旅游社区面临风险和挑战（尤其是地震、能源安全和气候变化等）时的看法或解释，需要开展实证研究，考察旅游社区对灾害的应对情况和对多重脆弱性的反应[209]。

艾伦（Lew A. A.）等在总结其他学者恢复力研究观点的基础上，提出旅游社区恢复力框架模型 SCR[191]（图 8-1）。

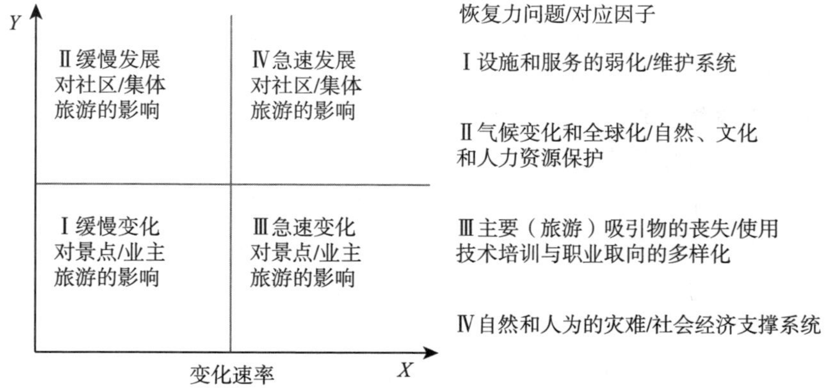

图 8-1　艾伦等提出的旅游社区恢复力框架模型 SCR

我国学者近年开始涉足旅游社区恢复力研究，并出现一些代表性成果。如郭永锐研究了社区恢复力的框架，构建了由地方依恋、社区参与、职业认同、社区增权、社会资本五个关键影响因素组成的旅游目的地社区恢复力形成机制，分析了各因素对旅游目的地社区恢复力发挥作用的路径及影响程度；王群借鉴前人的研究成果，从社会、经济、生态和治理四个方面入手建立社区恢复力认知测度模型[190]（图 8-2），定量测度了千岛湖社区认知恢复力，识别了脆弱性及应对能力认知对社区恢复力的复杂影响，该研究有理论也有案例，是关于旅游目的地社区恢复力的比较具体且深入的优秀成果。

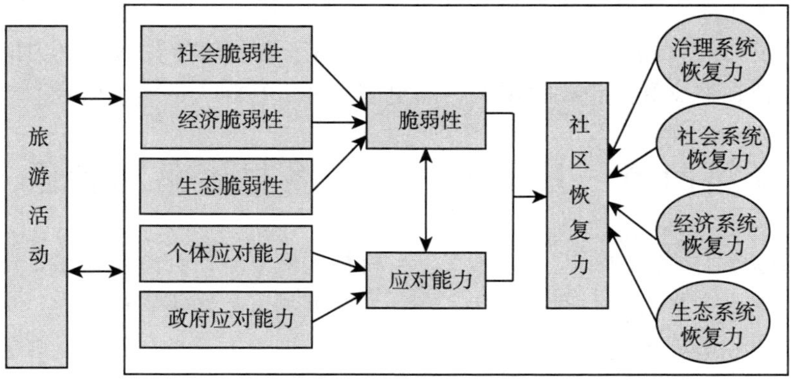

图 8-2　旅游社区恢复力认知模型

三、旅游地灾害恢复力研究对象

根据研究对象的不同，恢复力研究可以分为两大类：一类是类似于保护区、国家公园等不同类型的旅游目的地的社会生态系统研究；另一类是面向其他旅游目的地社会生态系统的关键要素和干扰要素的研究，如社区、利益相关者、突发事件等，它们大多集中在自然保护区和国家公园内。自然保护区和国家公园既是重要的旅游目的地，又在环境脆弱性和敏感性上有较大的相似性，因此是旅游目的地社会生态系统比较理想的研究对象。

随着旅游社区恢复力研究的不断深入，学者们也在不断探索旅游社区恢复力的影响因素，寻求培育和增强旅游社区恢复力的实践路径。近年来，关于社区恢复力的研究取得了越来越多的成就。而与旅游相关的恢复力研究取得了越来越多的成果和进度，但多注重于具体个案的研究，且案例基本集中于国外实例地，常见的研究聚焦于自然灾难和社区危机的应急和恢复，包括 2003 年中国“非典”疫情、2004 年印度洋海啸事件等。另外，除了突发灾害对旅游地的影响，各地自然和社会经济等因素的缓慢变化对旅游地产生的影响也逐渐受到旅游学者的关注，但整体上，目前学界针对突发灾害影响下的旅游社区恢复力相关研究仍需加强。

综上，恢复力研究在国外开展得较早，国外相关研究成果较丰富、案例也较多，且取得了不少理论和实践意义较高的成果，但由于国外和我国实际国情、文化背景以及政府的灾后扶持力度不同，这些成果只能部分被借鉴。从国内研究趋势来看，国内对恢复力的研究从早期的灾害领域发展到目前的社会、生态、经济等领域，已全方位展开；从灾害与旅游相结合的具体内容来看，研究成果多集中于恢复力概念及理论的梳理，对具体实例的研究不多，只有少量学者有案例研究，比较有代表性的如王群等从脆弱性和应对能力两方面分别建立了旅游地社会、经济和生态子系统的恢复力指标体系，对浙江省淳安县 1987—2012 年的各子系统恢复力进行测度和比较分析[186]。但总体来看，旅游社区恢复力的研究仍更多地停留在概念和理论探讨层面，需更多学者进行深入的实证研究。

第四节　社区恢复力与乡村聚落和社区

随着恢复力研究的深入，近年来，乡村社区恢复力研究逐步增多，学者们从多元角度提出乡村恢复力理论、社区恢复力模型测度社区灾害恢复力，为理解社区如何响应和适应环境及社会变迁提供了重要的理论框架。具体议题多围绕社区恢复力的发展路径及其评估指标选择，强调由物质环境向社会和人的作用转移，构建的指标体系包括社会恢复力、经济恢复力、制度恢复力和基础设施恢复力四个方面[2]。

在研究视角上，部分学者将演进恢复力的思维融入乡村聚落恢复力的研究中，认为培育乡村聚落恢复力要在多尺度上追求可持续发展的能力，而非某个尺度下某一固定的稳定状态[211]。但由于乡村受到的外部扰动因素和扰动程度差异，所呈现的恢复力强度也有差异。因此，乡村聚落恢复力可视为乡村社区经济、社会和环境需求的平衡，体现在对来自乡村系统内外部不同变化与扰动的响应。恢复力强的乡村聚落能够有效应对外部干扰和内部组成要素的变化，将扰动因素带来的危机转化为乡村系统进一步发展和完善的机会，为乡村振兴发展提供新思路。对乡村聚落恢复力的讨论，应从单一生态恢复力视角转向综合社会恢复力视角，并且要将乡村聚落恢复力嵌入乡村聚落多功能转型的时间演进过程与空间多尺度的关联机制中，探讨乡村聚落的适应、转型和可持续发展的能力，为乡村振兴研究提供新的依据。

第五节　本章小结

以上研究丰富了旅游社区恢复力研究，作为深入和补充，今后的研究趋势应侧重于解决以下问题：一是已有的研究将旅游企业与社区居民隔离开来进行分析，没有把社区居民、旅游企业、政府以及游客作为一个整体来研究；二是从地方理论出发，测度地方感对社区恢复力影响的成果有限；三是虽然学者们在理论上提出了关于旅游社区恢复力的各种影响因素，但缺乏定量的方法和机制难以判断不同因素对旅游社区恢复力的影响；四是国内关于社区恢复力的研究缺乏实证，且已有成果着眼于灾害发生前居民或游客对灾害的认知，很少关注灾后社区居民个体、企业和游客的行为及决策本身，更未探究灾后恢复过程中的社区居民风险感知、避灾意愿、重建能力等关键问题。

第九章　灾后社区居民旅游影响感知与社区恢复力

第一节　灾后社区恢复力与旅游业

灾害是当地社区直接经历的复杂事件和过程，当地社区处于受灾前线，必须处理灾难带来的悲剧和多维性后果。灾害对自然、社会和建筑环境产生了巨大的影响，迫使当地社区面临生存和发展的巨大挑战。了解如何从过去吸取教训，对于社区将悲剧转变为机会，增强自身积极应对的能力，并降低未来对危险的脆弱性至关重要。在关于灾后农村社区重建过程中的公众参与问题上，蒋斌等认为，灾区"公参与"与"私参与"不平衡，大家多重"私参与"而轻"公参与"；公众参与的形式也很简单，效率较低[212]。蒂默曼（Timmerman）认为社区居民通过社会系统从灾害影响中恢复或抵抗外部影响的能力与社区居民本身的抵挡能力有关[213]；米莱蒂（Mileti）认同社区在灾难发生后预防损失和恢复当地发展能力的过程是恢复力的核心[214]；卢塔尔（Luthar）、西切蒂（Cicchetti）和贝克尔（Becker）等学者提出恢复力是一个动态过程，其中经历了严重的灾难或困境，但发生了积极的适应，即适应力不仅是个体或社区的一个属性，而且是个体和社区积极的适应过程[215]。由此可以看出，研究者们多认为，与政府的"输血"相比，"造血"应该是灾后社区的第一选择，灾区可以通过恢复自身的"造血"功能而得到长远和长久的发展。2004 年，联合国国际减灾战略认为恢复能力取决于社会系统中自组织能力、学习能力和适应能力（包括从灾难中恢复的能力）的水平。当面临气候灾害等潜在威胁时，恢复力是自然和人类系统的重要特征，增强社区恢复力有助于减少脆弱性和发展可持续性[216]。

关于灾后社区恢复力，学者们的共同认识是，社区居民通过其生活的社会系统从灾害影响中恢复或抵抗外部影响的能力，它是一个过程。与高恢复力相关的适应性能力意味着居民和地方组织可以从社会、经济和文化角度引入并实施有利于社区恢复力的政策，以减少灾害的影响。灾后社区重建，不等于原有社区复制，其实质是一种社区恢复与发展行为。在城镇化、工业化、城乡一体化、社会主义新农村建设等背景下，农村社区的重建与发展，必然带来新的生机，同时也会遭遇社区权力结构和社区生活秩序的矛盾与紊乱[217]。

与大多数其他行业相比，旅游业高度依赖自然环境和天气，因此社区恢复能力对旅游业的发展有直接的影响，特别是那些易受自然灾害影响的资源依赖型旅游目的地。地震、海啸、台风等自然灾害造成的极大破坏会影响甚至摧毁目的地社区的旅游业务。灾害事件除了影响当地居民和游客的安全外，还会使旅游目的地形成负面的旅游形象。许多灾害已经造成旅游目的地形象暂时甚至永久性变化，特别是在高度依赖资源的旅游地区。例如，斯泰格（Steiger）和斯托特（Stötter）研究了蒂罗尔的滑雪旅游，发现气候变化对高度依赖雪的滑雪旅游企业构成了严重威胁，气候变暖迫使企业关闭或不得不增加对昂贵的新造雪技术和设备的投资[218]。莱托（Lehto）研究发现，1999 年 9 月 21 日，台湾地区发生地震后，外国游客认为台湾地区受到严重影响，并质疑其安全性，因此在灾后时期，游客选择台湾地区作为目的地的意图受到影响[219]。

研究者普遍认为，如果没有适当的预防措施，旅游目的地将受到负面影响，如形象受损、潜在游客缺乏信心或收入急剧下降，最终反映在旅游市场接待量方面。如 2005 年卡特里娜飓风、2004 年南亚海啸等灾害事件，都对当地旅游业产生了巨大的影响。

据报道，由于全球变暖和气候变化引发的事件，极端天气可能导致 2030 年 18 亿国际游客遭受重大灾害（UNTWO，2013）。这一预测性报道，使部分旅游目的地受到重大的负面影响，旅游地发展可能会遭受缓慢恢复甚至永久性的衰退。面对这种情况，普里多（Prideaux）等确定了三种需要旅游业关注的灾害：一是所有类型的自然灾害（如地震、台风、洪水和干旱）；二是需要长期观察的气候变化；三是由新型流感或其他未知疾病引起的全球流行病，指出这些事件会导致旅游目的地最频繁和最严重的损失[220]。

越来越多的学者认识到，为了减少损失，在灾害敏感型旅游目的地，人们首先应学习如何应对突发事件，以便在发生灾害时尽量减少对旅游经济的损害；其次，面对已经发生灾害的地区，想办法让社区尽快从灾害中恢复，让旅游目的地社区重新焕发生机是当务之急的任务。因此，社区恢复力研究在灾害规划和管理中发挥着至关重要的作用[199]。艾伦（Lew A. A.）认为，恢复力规划是可持续发展模式的替代方案，它为迅速变化的世界的社区发展、社会和生态调整提供了新的视角[221]。

第二节　社区居民灾后旅游影响感知

从政府政策的角度来看，大多数关于抗灾能力的研究都侧重于减灾和社区抗灾能力。但安德里克（Andereck）等认为，旅游业的发展对目的地社区产生了重大而复杂的积极和消极影响，并改变了社区居民的生活，因为它导致了经济、社会、文化和环境的变化。在旅游发展过程中，当地社区居民是最重要的利益群体，他们是主要旅游目的地的服务者，也是旅游活动的参加者；是旅游影响的直接感受者，也是旅游影响的施加者。他们的利益与当地旅游发展直接相关，因此，居民对当地旅游发展的看法和态度是旅游发展和灾后旅游重要规划与政策应考虑的因素[222]。

旅游目的地的当地社区居民最能直接和直观地感受到旅游的影响。通过当地居民的感知过程和感知结果，不仅可以知道当地旅游的发展现状，还能了解旅游给当地居民带来的社会生活及环境方面的变化。而且，社区居民对旅游影响的看法及其对旅游业发展的支持是相关的。一般而言，受旅游影响的居民（个人或集体）比不受旅游影响的居民认为旅游更重要，而当地居民对旅游影响的看法是由他们社区的特殊性和地方依恋的影响所调节的[223]。

艾伦（Allen K.）认为，社区中的社会和环境发展以及变化程度与灾害脆弱性之间存在相关性。家庭和社区资源（如社会援助网络、生产要素、教育和技能培训）以及财务状况（如收入、劳动力供求、信贷条件和市场交易）也是影响恢复力的重要因素[224]。

布鲁诺（Bruneau）等研究了地震背景下的恢复力，建议定量测量灾害恢复力，并且可以通过技术、组织、社会和经济四个因素的指标来衡量[225]。托宾（Tobin G.）提出，社区灾害恢复力建立在三个理论模型上，即缓解模型、恢复模型和结构—认知模型，这些模型在可持续发展、社会、经济、政治和自然中的条件中进行了讨论[199]。

鲁伊斯-巴列斯特罗斯（Ruiz-Ballesteros）将恢复力概念应用于厄瓜多尔社区的旅游开发，以协助规划其旅游战略，建议在面对旅游影响时，居民应学会适应环境变化和不确定性，拥抱自助，分享他们的知识和经验，创造进行跨学科合作的机会[185]。

蔡忠宏（Chung-Hung Tsai）等以台湾地区经常受台风和洪水灾害影响的三个社区为例，研究了旅游影响与社区恢复力之间的关系，并提出了旅游影响研究模型（图 9－1），认为旅游社区的恢复力取决于社会系统的自组织能力、学习能力和适应能力，特别强调了社区利益主体的参与协调，其中两大关键性要素：一是社区减灾备灾的态度，二是从依赖援助到实现社区自我管理的灾后重建行动[226]。

福里诺（Forino）等以意大利的拉奎拉地震为例，研究了社区恢复力的实践问题。研究发现：首先，在共同面对灾害时，我们是彼此的守护者，集体反思和共享解决方案能够帮助人类自助与互助；其次，社区恢复力有利于震后经济和社会的复苏，团结、合作、互助、关爱和分享行动创建了一个良好的气氛，这有助于增强人们的社区意识、社会凝聚力和社会资本；最后，发展和赋权社区恢复力的行政干预，将促进当地重新构建灾后的公共伦理，改善公共服务，重塑、重设和重振基于社区主导的可持续发展之行动逻辑[227]。

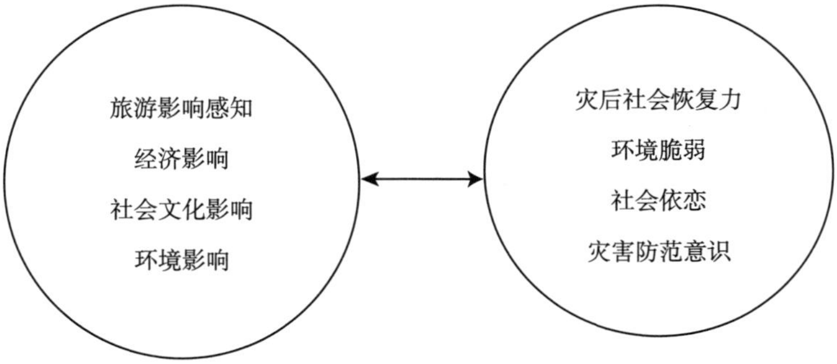

图 9－1　旅游影响研究模型

郭永锐认为，旅游社区恢复力研究首先应确定影响旅游社区发展的危机和灾害，以及社区成员对风险的认知；然后制定旅游社区适应力评估工具，揭示旅游社区适应能力的程度，测试其发展方向[3]。

旅游发展给社区居民带来的影响多样而复杂，从已有的研究结果和居民的具体影响感受来看，旅游感知主要集中于经济、社会和生态环境三个方面。考虑到九寨沟的实际情况，借鉴众多的研究成果，本研究也主要从以上三个方面展开分析。

第三节　九寨沟旅游影响与社区恢复力研究

一、研究方法和指标设计

九寨沟是世界自然遗产，以自然为基础的旅游依赖并集中在相对自然的环境中，与大多数其他类型的旅游资源相比，它具有更高的灾害风险[208]。地震后，当地社区对抗灾害并从灾害中恢复的能力可理解为当地的社区恢复力。

为具体了解和评价当地居民的旅游影响感知和社区恢复力，本书采用了问卷调查的方法。

问卷内容主要分为三个部分：一是居民旅游影响感知。结合国内外研究案例和已有的研究成果以及当地情况，问卷内容从经济影响、社会文化影响和环境影响三个维度展开，共有 17 个题目。二是恢复力。借鉴艾伦（Allen K.）布鲁诺和蔡忠宏等人的评价指标，旅游社区恢复力选择四个维度的量表，分别是环境脆弱性、社区归属感、防灾意识和居民的适应性反应，并根据九寨沟的具体情况做了适当调整，对部分指标进行了改动和精减，共有 20 个选项。三是被调查者个人社会信息。由 10 个项目组成，包括性别、年龄、教育程度、职业、月收入、婚姻状况、居住年限等。三项调查共包含 38 个题目。

调查地点分为两个大的区域，一个是九寨沟景区内部的寨子；另一个是九寨沟景区外部范围，属于漳扎镇部分，包括彭丰村等。选择调查点和调查对象时，考虑了几种不同的情况，第一，是否从事旅游活动；第二，是否完全依赖旅游活动；第三，是否属于当地居民；第四，距离景区远近；第五，从事的行业。基于以上原则，在选择调查点和调查对象时，有意识地进行了区分，力求调查结果更有代表性和普遍性。

调查人员在景区内外进行调查的时间分为三个阶段，分别是 2017 年 12 月、2018 年 5 月、2018 年 12 月。这三个时间段属于九寨沟灾后重建的不同阶段，因此，居民的感知也略有差异；另外，由于在 2018 年 8 月九寨沟曾经开放过，接待过一个月的旅行团的游客，对旅游社区感知方面也产生了部分影响。

调查组分三次发放问卷 210 份，收回 205 份，样本有效率为 97.6%。

在调查过程中，考虑到有些被调查者受教育程度较低或者汉语交流不太顺畅，由调查者中懂当地语言的同学辅助翻译或者帮助填写。调查问卷时，还结合了半结构式访谈法，力求调查更深入和详细。

二、调查样本情况

在有效调查问卷中，被调查对象男女比例约为 7∶3，原因主要是男性配合调查的积极性高于女性；村民的文化程度相对较低，大学以上学历占比 10%左右，高中以下文化程度者占绝大多数；年龄层中，中年和青年占比较高，原因是调查时当地有些老年人汉语交流不顺畅，受教育程度相对较低，在调查时配合率较低（表 9－1）。

表 9－1　被调查居民的人口学特征

项　　目		数量（人）	比例（%）
性别	男	141	79.51
	女	64	20.49
年龄	20 岁以下	12	5.85
	21～35 岁	61	29.76
	36～50 岁	92	44.88
	51～65 岁	32	15.61
	66 岁以上	8	3.90
学历	初中及以下	63	30.73
	高中	121	59.02
	大学	17	8.30
	研究生及以上	4	1.95

（续）

项　　目		数量（人）	比例（%）
职业	农民	78	38.05
	事业单位人员	12	5.85
	个体经营者	35	17.07
	企业	22	10.73
	旅游从业人员	45	21.95
	其他	13	6.35
月收入	2 000 元以下	22	10.73
	2 000～5 000 元	138	67.32
	5 000 元以上	45	21.95
家庭主要收入来源	农业	35	17.07
	牧业	17	8.29
	旅游业	89	43.41
	个体经营	49	23.90
	工资收入	13	6.35
	其他	2	0.98
居住地	沟内	68	33.17
	沟外	137	66.83
居住年限	5 年以内	12	5.85
	5～10 年	74	36.10
	10 年以上	119	58.05

三、测量方法

旅游业的影响和社区恢复力的认知用李克特量表来衡量，从 1 到 5，表示态度从强烈不同意到强烈同意。38 个问卷题目中，旅游影响感知 17 项、社区恢复力项目 21 项。

分析之前，先对调查内容进行可靠性检验。数据显示，前 17 项问题的旅游影响项目的克朗巴哈系数（Cronbach A）为 0.749，大于 0.7，满足可接受的可靠性水平，可进行分析（表 9－2）。

表 9－2　可靠性统计量

Cronbach A 系数	基于标准化项的 Cronbach A 系数	项数
0.749	0.756	17

关于旅游影响的调查项目如表 9-3 所示。

表 9-3　灾害对社区旅游的影响量表

灾害影响	
经济影响（A）	收入和居民的生活水平提高
	当地工作机会增加
	投资、发展和公共建设增加
	当地物价上涨
	生活费用增加
	对居民的福利分配不均衡
社会文化影响（B）	加强当地居民的文化认同
	推广当地形象，提高其受欢迎程度
	地方政府将更加关注社区发展
	居民与游客之间的冲突将会增加
	增加破坏社区文化资产的可能性
生态环境影响（C）	提升居民的环保意识
	交通连接将得到改善
	当地自然资源将受到保护
	会增加对公共设施的破坏
	会破坏自然环境和风景
	会增加环境污染

后 21 项问题的灾后恢复项目的 Cronbach A 系数为 0.739，在 0.7 以上，也满足可接受的可靠性水平（表 9-4）。

表 9-4　灾后恢复项目可靠性统计量

Cronbach A 系数	基于标准化项的 Cronbach A 系数	项数
0.739	0.730	21

关于社区恢复力的 21 项分析指标如表 9-5 所示。

表 9-5　社区恢复力测度指标

社区恢复力	
环境脆弱	旅游业的发展导致社区土地使用率上升
	社区位于特殊地形区域
	社区位于容易发生灾害的地区
	社区中有大量弱势群体（6 岁以下，65 岁以上）

（续）

社区恢复力	
社区依恋	社区对您非常重要
	生活在这样的社区比其他地方更令人满意
	社区在防灾方面表现积极
	我将参加社区举办的所有活动
	如果有社区防灾演习，我会合作
	如果发生灾难，我将参与应对活动
防灾意识	在灾害发生之前采取的资源或预防措施可以减少损失或损害
	定期观察社区的室外环境变化有助于防灾
	社区应该有紧急通知、灾难应对准备和医疗计划
	社区自助系统可以减少灾害损失
	居民应接受定期的灾害应急响应培训
适应性反应	当灾难来临时，可以清楚地掌握相关信息
	当灾难来临时，灾害救援物资的位置和疏散的避难所是众所周知的
	当灾难来临时，我们可以独立采取应对措施，而不是需要他人或政府的协助
	当灾难来临时，我们会寻求他人的帮助
	灾难发生后，社区亲戚和朋友的支持比其他地方更容易接受
	灾难发生后，其他单位更需要当地团体（如宗教团体）的支持
	灾难发生后，政府行为对当地恢复正常生活至关重要

第四节　灾后社区恢复力结果分析

一、旅游影响评价

对数据进行KMO和Bartlett球形检验，KMO值为0.636，Bartlett球体检验的显著性概率为0，表明可接受（表9-6）。

表9-6　旅游影响评价调查结果的KMO-Bartlett样本适度检验

取样足够度的Kaiser-Meyer-Olkin度量		0.636
Bartlett球体检验	近似卡方	1 275.097
	Sig.	0.000

（一）均值图

从均值图来看，大部分社区居民对灾后旅游影响的感知比较均衡，尽管居民所居住的区域位置不同，对旅游业的依赖程度不同，但灾后旅游业的停滞对九寨沟社区不同领域的居民都带来了明显的影响。有些指标对旅游社区居民来说，反应很敏感，称为敏感因子如灾害对当地旅游经济和社会形象的影响；还有一些指标，相对反应没那么敏感，称为普通因子，如福利和环境等。不同因子的均值得分折射出旅游社区感知的因子重要程度（图 9－2）。

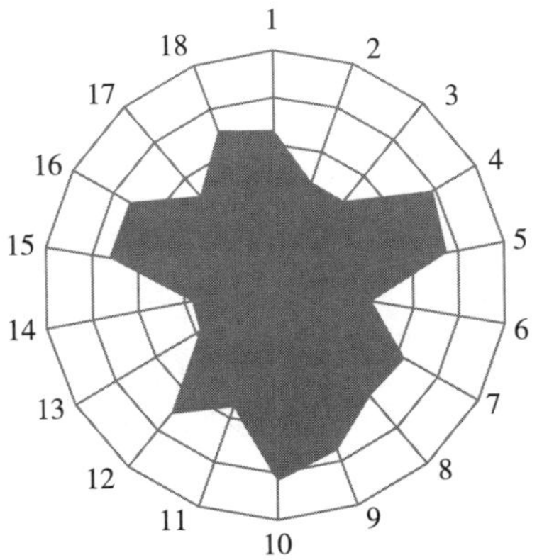

图 9－2　旅游影响感知均值的雷达图

（二）分析

1. 社区居民灾后旅游业影响感知明显

灾后居民的生计或多或少受到了负面影响，因此，居民普遍认为，灾害对旅游社区带来的最大影响是经济方面的影响（图 9－3）。

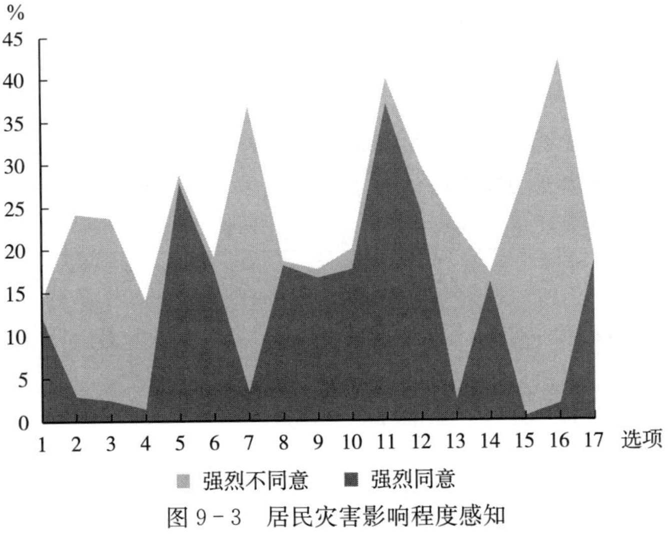

图 9－3　居民灾害影响程度感知

地震后，这里的旅游业完全停滞，对该社区带来了灾难性的影响。对当地居民来说，地震对当地旅游业的影响是他们都失去了与旅游相关的工作。灾后景区无法正常营业，他们的收入和生活水平直接下降，因此有些人被迫外出打工，但有些人仍然坚守。

居民 A 说："我们这里也没啥游客，主要是租衣摄影，也不让游客住。地震影响很大，我们的工资收入都在减少，不光对九寨沟旅游影响大，对四川旅游影响也很大。"

居民B说："地震期间，没有游客，赚不到钱，有些年轻人就出去打工，还有些就是给自己家里打工，养羊，种核桃、车厘子这些，做点小生意。但是有些特别依靠旅游业的店铺就彻底停业了。"

某位超市老板说："主要是现在经营超市压力太大。没有货就没人买，有货又没有人来买，今年货都不敢上，就进了一万多块的货。超市本来就只有7%～8%的利润，卖高了没人要，卖低了也不划算。"

居住在沟外的居民部分有农田，在当地旅游业发展后，许多农产品的销售量显著增加，他们的收入和就业机会也因此而增加。灾后，这项收入不再持续，他们的生活受到很大影响。

荷叶寨受采访的村民说："地震对我们的影响太大了，经济来源太少，现在都没有活儿干了，九寨沟企业、矿产啥的什么都没有，全靠旅游业，现在像宾馆、门面都开不了了。对经济打击挺大的。"

旅游业在过去几十年一直是当地的支柱产业，社区居民中还有相当多的人投资修建或经营家庭住宿和餐馆，他们的就业机会也因此增加。灾后，游客无法进入，旅游活动无法正常进行，居民生计方式受限。再加上九寨沟地处山区，当地可提供的工作岗位非常有限，因此，经济影响是居民感知中特别敏感的因子。

2. 居民对灾后旅游业的社会和文化影响持积极态度

当地居民认为，灾后重建的过程中，地方政府和管理局对文化非常重视，地震前，他们的文化保护与传承已经做得比较好。近年来，地方政府投入了大量资金保护和支持地方文化资产，同时促进了居民对传统文化的关注；另外，为了巩固当地旅游业发展的基础，政府在文化保护和宣传方面也投入了很多资金，包括保存当地的传统文化活动、民间艺术和手工艺品，因此，居民认为在震后的重建过程中，政府肯定会更加重视文化，不会让文化流失。

另外，很多演艺场所都跟当地文化有关，因此部分居民认为，尽管地震后这段时间无法产生影响，但重建后，这里的文化宣传会更好。因此，受访者认为社会文化影响是积极的，而且没有经济和环境那么强烈。

从与游客的关系来看，九寨沟居民认为，在旅游业发展初期，双方之间偶有矛盾，但后来关系基本和谐，并且认为不管有没有灾害，都不会对他们和游客的关系产生影响，这点反映积极。

居民更关注负面的社会文化影响中的当地形象问题。多数居民认为，外地游客因为地震觉得这里不安全，可能会有负面评价，这会影响客源量，他们希望能尽快消除这些影响。

3. 居民生态和环境的影响感知不明显

居民觉得尽管地震对旅游资源产生了一些影响，但影响并不大，选择均值为2.3，他们不认为地震对当地的旅游自然环境产生了严重的影响；而且有些人觉得哪怕有影响，也是短暂的，不会一直持续下去，“毕竟，我们这儿千百年来环境都很好”。超过一半的居民不认为“它会增加环境污染和损害”，访谈中，居民认为地震只是影响了部分资源，说明当地人对资源、对灾后重建比较有信心。

此外，社区居民认为政府和当地管理局越来越重视环境保护，也认识到当地旅游的发展依赖于良好的环境，因此自觉自愿地保护环境。可见灾后居民仍然对环境保护持乐观态度。

4. 居民灾后恢复态度乐观

灾后交通在短时间内受到了较大影响，但很快得以恢复，而且在灾后重建的过程中，许多地方有新的道路开始施工，因此，居民对此的反映比较乐观。当地居民普遍认为，在发展旅游业之后，道路条件变得更好了，灾后交通也会变得越来越好，哪怕现在有些地方出行不便，也只是暂时的。

调查过程中发现居民对福利分配比较敏感，特别是住在沟内寨子里的居民。由于九寨沟沟内外居民的收入差距较大，所以沟内居民对这个问题非常敏感，他们一直希望政府能够给予更多更具体的支持。

二、社区恢复力分析

对数据进行 KMO-Bartlett 样本适度检验，KMO 值为 0.639，表明可接受（表 9－7）。

表 9－7　社区恢复力调查结果的 KMO-Bartlett 样本适度检验

取样足够度的 Kaiser-Meyer-Olkin 度量		0.639
	近似卡方	1 356.537
Bartlett 球形体检验	*df*	210
	Sig.	0.000

（一）均值图

从灾后居民旅游影响感知均值图来看，九寨沟居民普遍对社区灾后恢复认知客观（图 9－4）。他们对自己所生活区域的环境条件及可能面临的灾后重建困难有相对清楚的了解，在灾后恢复时，居民对社区互助、政府救助都有比较高的肯定，充分体现了对地方的依赖，说明以上因素均对社区灾后恢复有积极的影响。

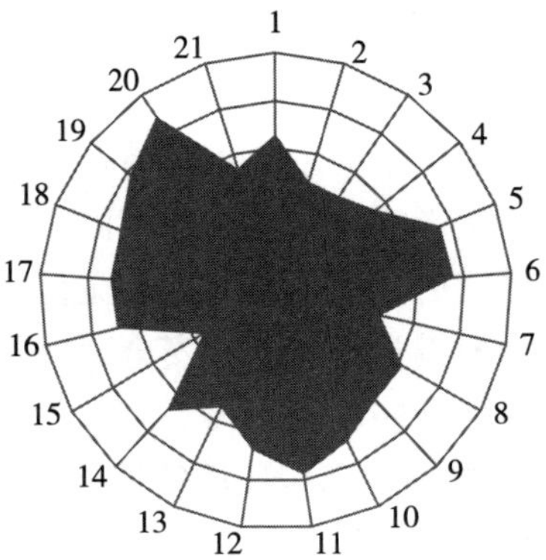

图 9－4　灾后居民旅游影响感知均值

（二）分析

对九寨沟社区恢复能力在环境脆弱

性、社区参与、防灾意识和适应性反应四个方面的研究表明，当地社区居民应高度重视灾害发生前采取的预防措施，如定期的灾害应对培训、紧急通知系统、医疗计划等。

第一，总体来说，社区居民认为灾害对当地的旅游业影响非常明显，他们的生计或多或少受到了负面影响，因此，居民普遍认为，灾害对旅游社区带来的最大影响是经济方面的影响。

第二，认为“社区处于易发生灾害的地区”的居民数量较少，占比仅为20.98%；大多数居民认为，地震只是偶然现象，他们整体上是安全的，况且四川很多地方都发生过地震，不见得他们这里就容易发生。这点从侧面反映出灾区居民的危机意识比较弱。

第三，与社区依恋相关的项目获得了较高的认同度，有56%的居民认为，社区对其来说非常重要。如果发生灾难，他将积极参与到灾害的救助活动中。尤其是同住在一个寨子里的居民，他们有共同的文化纽带，有共同的民俗习惯和信仰，认为他们就是属于这个地区的人，也会一直在这儿住下去。当灾害发生时，他们积极主动地去帮助别人，帮助游客，同时也展开互助。有村民说：“地震之后我们大家一些抗灾救灾，都是自愿的。”“地震后我们都自发地免费去景区接送游客，一些超市、个体经营户，都把吃的喝的免费拿出来给游客吃。”

第四，他们没有明确的灾害规划和管理意识，但普遍认为，如果灾难发生时有紧急通知，或者之前有应对办法，对社区安全来说，还是比较重要的，所以希望有灾害安全培训等具体的应对措施。

第五，遇到灾难时的响应，居民的选择答案是“他们愿意向他人寻求帮助”，也会“独立采取应对措施”，但更需要他人或政府的帮助（这一比例为40.6%）。确切地说，他们认为政府救灾更有力，他们需要政府的帮助，这充分体现了居民对政府的依赖。村民说：“地震后的路啊什么的都是政府在修，他们找的专门的建筑工程队。”“靠个人肯定不行，个人没有这么大力量，还是得靠政府。”“地震之后对政府采取的措施还是满意的。没有政府的话，哪里有百姓。”

第五节　关于九寨沟旅游社区恢复力的讨论

一、从灾害影响感知来看，当地居民普遍认识客观

调查结果显示，九寨沟居民对灾害产生的旅游影响有较客观的认识，尤其是对与自己生活生产相关的灾害影响方面认识较深刻，如经济、道路、交通等，因为他们在很大程度上依赖于此，且在短时间内感受到的影响反应敏感且准确，表明当地居民对这一现象的认知能力较强。尤其是经济的影响，这是他们最直接的

感受，对于住在沟内的居民来说，他们的生活几乎完全依赖于旅游业，地震对经济的影响最直接最严重，而且周围的社区居民生活都受到了影响，社会交往也无意中强化了他们的认识。相反，对于一些和他们的生活联系不紧密、短时间内没有明显特征的现象，他们的反映就没那么敏感，认知也比较模糊。如关于环境的问题，多数居民并不觉得地震会对整体环境产生影响。

二、居民对灾害风险评价存在侥幸心理

九寨沟社区居民大多能够在受到灾害影响时对生产生活作出一定的调整，但在风险评价上却存在侥幸心理，低估了灾害事件发生的概率。

布鲁诺（Bruneau）等研究发现，居民几乎对所有负面旅游影响的重视程度都很低，可能是缘于研究区域因自然灾害产生的高度不稳定和不安全。他们强烈希望在灾难发生后恢复原来的生计，因此多年来适应反复发生的重大危机的心理调适可能会使他们对旅游业发展影响相对较小的负面影响不太敏感[225]。

重大灾害对居民及其生活环境造成的严重破坏往往超出他们的应对能力，需要外部投入处理灾害带来的各种问题，尤其是支持弱势群体（如老年人和儿童）。尽管旅游活动有助于加快恢复的速度，但灾害扰乱了旅游业以及其他社区资源和生计。灾害发生的脆弱环境往往对游客具有吸引力，但我们不仅要注意旅游业对环境的影响，还要注意环境扰动对旅游业及其所在社区的影响。因此，有必要将有关灾害发生的风险管理引入旅游规划和管理，这对于经常遭遇自然灾害的风景旅游区的社区尤其重要。

三、灾害影响引起居民对脆弱环境的关注

灾害发生后，旅游业的环境影响与环境不稳定之间的关系，引起了九寨沟居民对脆弱环境的关注，使他们减少了对旅游业可能产生的负面影响的认识，并强调积极因素（如改善的交通系统和改善的环境）和意识觉醒。已有研究表明，高风险风景旅游区在努力增强社区恢复力时，不能只集中于个别旅游影响维度（环境、社会文化和经济），将旅游作为社区整体发展的一部分也很重要。

调查发现，灾害发生后，九寨沟居民普遍意识到环境问题的重要性，尽管他们觉得灾害发生是正常现象，但还是在灾害后开始关注环境，认为积极投入到环境保护中，保护当地的脆弱环境应该是被提倡和值得鼓励的行为，并且还意识到保护环境应该从自身做起。

四、恢复过程中,居民普遍更相信和依赖政府

从灾害发生后抗灾减灾方式的选择来看，居民更多地把希望寄托在政府身上，他们普遍认为政府救灾更有力，相比个体的能力，政府救灾更有效，这与当

地居民的意识、平时的生活习惯、受教育程度都有很大的关系。调查结果显示，被调查者都认为政府对恢复力的影响最大，他们也更愿意依靠政府，但他们同样认识到社区之间自助和互助对社区灾后恢复很重要。

对于社区来说，自救能力对于在灾难发生后的第一时间减少损失和破坏至关重要。莫罗（Morrow）等认为，社区完全恢复通常需要外部援助，且需要很长时间。当与外部援助协调时，自助能力可以成为有助于有效恢复的稳定力量。因此，培养独立的救济能力符合社区的长远利益[228]。这意味着，提高防灾意识是建设长期社区复原能力的关键因素，使他们有足够的知识面对灾难采取适当行动，这也是加强抗灾减灾战略的首要内容。

五、社区居民自发行为影响社区恢复速度

灾后社区居民适应能力是他们应对灾害影响的关键环节，他们的适应手段、适应态度及对灾害的防范是恢复力大小的重要指标。结果表明，大多数九寨沟居民能够比较正确地认识和把握灾害带来的一些不利影响，并能选择主动性的行为应对，如有些外出打工，有些自发做些宣传，有些转型做其他工作。这表明当地社区居民能够主动和自发地抵御灾害，这种自发行为会加强社区的恢复力。

灾害首先是当地社区直接经历的复杂事件和过程，当地社区处于灾害前线，必须处理灾难带来的悲剧和多维性后果。因此，尽管灾害对自然、社会和建筑环境产生了巨大的影响，但也迫使当地社区因其未来的生存和发展面临巨大的挑战，不得不去了解如何从过去中吸取教训，对于社区来说，这是将悲剧转变为能力的一个机会，这对增强他们积极应对灾害的能力，降低未来的危险脆弱性至关重要。

六、社区恢复中，文化纽带的作用应当被重视和利用

社区恢复力是当地社区付诸实施的地方发生的社会生存过程，以解决他们在危机期间认为是常见问题的负面的社会和经济影响。社区恢复力常通过居民之间的同情和团结、社会责任感、公共责任感以及他们自己了解的本地知识和个体能力进行分享并付诸行动，最终在地方上通过居民之间的合作来实现社区恢复的目标。

访谈得知，灾后社区居民通过分享救灾方法和过程，以及民族情感的联络，增强了其社会责任感和公共责任感，同时，在强烈的地方感影响下，他们在地方恢复的过程中参与度明显提高，更愿意有团结的行为，并展开合作、互助、关怀和分享，这有助于增强人们的社区意识、社会凝聚力和社会资本。

民族地区的居民们，通过参与增强了社区的社会凝聚力。居民有广泛的意愿

参与，分享了他们抗灾救灾的想法和做法，并共同提出了集体解决方案。在这种环境中，参与和包容受到重视，并成为灾害应急管理和灾后生存的重要组成部分。观察九寨沟灾后社区行动中的恢复力，有助于理解社区恢复力是什么以及如何发生，也有助于思考采取什么样的社会关系和过程、恢复能力，以及居民需要发展什么样的能力和技能，以便更好地应对灾难发生时他们面临的挑战。这是人们在变化的气候条件下趋利避害的自然结果，也是今后当地政府制定灾后重建应对措施的基础。

七、强烈的地方感会增强社区恢复力

对于局外人来说，九寨沟的环境看起来很不稳定，但大多数居民认同其家园和其中涉及的文化，并希望留下来。在这种情况下，加强自助和增强当地适应能力成为今后灾害预防和应对战略的重要组成部分。虽然少数受访者发现了旅游业负面影响，但在环境属性（旅游景点的关键方面）可能压倒旅游业影响的情况下，这些影响可被最小化。此外，旅游业被视为一种可以加速复苏的活动，因为一旦运输和通信系统恢复，旅游业就能迅速反弹。

这里的居民在这个社区生活了十多年，对自然环境和文化资产有着强烈的依恋和高度的认同。然而，从长期发展的角度来看，居民希望寻求独立的救济方案，包括为年轻人提供稳定的工作机会和申请政府补贴的援助，这需要外部援助来补充自助，可以通过支持社区文化实践、环境可持续管理、倡导防灾实践和其他活动来实现。

灾害发生后，居民们无私地分享其物质资料和其他资源，建立了自发的团结网络。在现实中，由于居民发现每个人的生存（包括他们自己的生存）都依赖于这种分享，所有居民都意识到社区的可持续发展与个人息息相关，这些社会活动和互动促进了积极的变化，增进了每个人的集体意识和互助意识。这些社区恢复行动的例子并不局限于现有的群体，而是农村社区的自然反应方式。居民将他们的资源和利益放在一起，并自行组织自己的社区生活。在这个过程中，他们增强了自己的地方感、社区感、公共责任感和社会责任感，并增强了对自己面临的社会风险和脆弱性的重新认识。

调研发现，当地社区都具有一定的能力，能够积极有效地应对灾害。他们充分利用了广泛的物质、社会、政治、文化和心理资源，以帮助自己应对灾后的逆境和困境。因此，在灾后重建时，与其仅仅考虑社区居民的需要和脆弱性，还不如强调和利用当地居民的知识和自我抗灾能力，并引导减少灾害风险的工作从“易受灾社区”转变为“抗灾社区”[229]。前期很少有研究和学者关注当地地方感的增加和形象的提升对社区恢复的影响，但研究发现这些都应该是易灾区高度重视的问题，充分说明当地居民和社区的集体能力，可以加速恢复。

第六节　结论与建议

一、提高对潜在社区恢复力的认识

在灾后管理和农村发展规划中，应提高对潜在社区恢复力的认识，并更多地关注对地震后社区恢复力的认识和评估。加强当地社区的能力，以应对危机期间他们所经历的负面的社会和经济影响。同时，应该加强引导，提高当地居民的灾害认知能力。当地社区居民对灾害影响的正确认知是采取合理适应行为的前提，研究发现，九寨沟居民对与其农牧业生产和生活有密切关系的经济影响感知明显；从适应行为和态度来看，有些人可以积极思考和寻求相应的适应措施，但由于灾害的普遍性和突发性影响，农村居民并不能完全正确地认知灾害带来的一系列影响，再加上历史、受教育程度、生活习惯等方面的影响，九寨沟居民对灾害影响的认知和适应仍然存在不少问题。因此，政府和社区应通过教育、宣传、培训等手段，加大对社区居民灾害和风险的教育及风险科普认知，使其了解灾害的类型、特点、相关预防知识、灾后应对方式，加强对社区居民灾害影响认知能力的引导，增加对社区居民适应行为的咨询和指导，以规避不利影响。

二、建立区域防御机制

九寨沟多数社区居民的地震灾害风险意识弱，防范能力差，没有积极应对灾害及风险的态度和措施。政府努力满足社区居民对安全生活环境的需求，同时也应鼓励社区居民帮助他人，共同面对灾难和风险；引导社区建立有效的区域联合防御机制（社区到社区或社区到地方政府），提高灾害发生时的自救能力；加强宣传与教育，提高社区居民的灾害应对风险意识，让居民通过自防措施来减少灾害带来的损失。

三、实施有效的灾害管理

许多重要的恢复措施需要地方或中央政府的投资。利用这些投资，地方政府应制定动员灾害管理的计划，通过加强防灾项目（如建设疏散和应急道路），以保持外部联系。调查发现，九寨沟社区居民对政府的依赖、信赖感都非常强，无论是对灾害的认知还是对灾害的防御，都愿意依靠和信任政府的指导，与此相对应的是该区域居民文化素质普通较低，其适应能力的提高更多地依靠政府的建设和指导，很多社区居民在面对灾害引起的经济收入减少、农业生产措施受限的情况下仍不愿长时间外出打工，仍然选择在原地等待救援。针对这一特点，政府应积极组织当地居民，对其进行灾后生产方式调整应对措施的培训、灾害相关知识的普及与教育，指导居民积极调整生产结构。同时，在行动中观察当地社区恢复力，了解社区的实际恢复能力及其恢复方式，考虑通过什么样的社会关系和流程将恢复力付诸实践，以及居民需要开发哪些能力和技能，以便更好地应对灾难发生时面临的挑战。

四、发挥社会网络的作用

已有的研究和调查均表明，在一个有恢复力的社区中，居民往往愿意共享资源，并建立自己的知识和能力，共同应对灾害带来的变化。在灾后恢复过程中，除了政府和社区的帮助，关键是要依靠社区居民自己，共同努力，团结一致，这样重建后居民更容易继续生活在一起。社会经济地位、民族、旅游依赖程度、地方依恋等社区因素都会影响社区恢复力。以往对于社区的恢复，多考虑自然环境和组织原则，但九寨沟的调查表明，社会关系在增强恢复力方面有很大的作用可能长期被我们忽视了。实际上，社区内存在巨大的潜在能力和社会资源，当这些潜在资产被激活时，社区恢复能力就开始发挥作用，这点应该在今后抗灾救灾过程中加以重视。

第十章　旅游者灾后影响感知与灾后恢复力

第一节　九寨沟地震及影响

一、九寨沟地震

2017 年 8 月 8 日 21 时 19 分，四川省阿坝藏族羌族自治州九寨沟县（北纬 33.2°，东经 103.8°）发生 7.0 级地震，震源深度 20 千米，最大烈度 9 度。地震对九寨沟风景区的景观资源造成一定的影响，包括火花海钙化堤溃决、诺日朗瀑布堆积体局部垮塌、多处崩滑体进入熊猫海。由于地震，当地居民赖以生存的旅游业完全停滞，基础设施和服务设施受损严重；另外，地震给风景区带来的次生地质灾害的影响较大，存在诸多安全隐患，直接影响到旅游者的旅游安全和沟内村民的生活安全。

"8・8"地震造成九寨沟村寨人员伤亡和财产损失，许多村寨房屋倒塌，九寨沟景区关闭，当地旅游停滞，亟待重建改建。地震后，国家和政府要求在三年之内完成九寨沟的恢复重建，将它打造成生态文明建设的模范点；还要求全面恢复当地居民的生活和经济社会发展。为完成这个任务，九寨沟在重建基础设施的同时，也要重建游客的信心，但灾后的九寨沟是否如游客所想，其资源和景观受损情况如何，游客对来该区域旅游的风险感知是什么水平等，是九寨沟灾后重建过程中需要重视的问题。

二、地震前九寨沟旅游业发展情况

2016 年，九寨沟县共接待游客 720.173 万人次，同比增长 12.5%，其中九寨沟世界遗产景区接待游客 500 万人次，其他旅游者 220.17 万人次（探亲访友、参加会议、一日游等），九寨沟景区接待的游客量占整个九寨沟县游客量的 70%（表 10－1）。同年，阿坝州各大景区共接待海内外游客 2 060 万人次，实现门票收入 13.21 亿元，其中，九寨沟景区接待的游客量占整个阿坝州游客接待量的 25%。因此，九寨沟不仅是九寨沟县的旅游支撑体，也影响和带动着周边其他旅游景区同步发展。

表 10-1　2016 年九寨沟景区和阿坝州主要景区旅游接待人数

月份	九寨沟景区接待游客数（万人）	阿坝州主要景区接待游客数（万人）	九寨沟景区接待游客数占阿坝州的比例（%）
1 月	8.32	38.52	21.60
2 月	15.99	75.90	21.07
3 月	45.86	107.09	42.82
4 月	35.09	144.68	24.25
5 月	36.24	232.63	15.58
6 月	40.72	283.24	14.38
7 月	67.79	287.94	23.54
8 月	84.48	312.21	27.06
9 月	59.26	223.73	26.49
10 月	77.35	259.44	29.81
11 月	21.58	71.50	30.18
12 月	7.33	27.02	27.13

三、地震对九寨沟旅游业产生的影响

旅游业是四川省的支柱产业之一，是阿坝州和九寨沟县的支柱产业，地震对该区域造成了严重影响，主要表现为：

一是核心资源损毁严重。震中位于九寨沟世界遗产地、四川旅游第一品牌景区、九环世界遗产经典旅游线路的终端目的地、四川建设旅游经济强省和世界重要旅游目的地的战略核心区。九寨沟景区 32 处核心景观资源有 30 处不同程度受损，其中诺日朗瀑布、火花海、熊猫海等景点受损严重。

二是产业经济破坏空前。漳扎镇 100 余家宾馆饭店和藏家乐等旅游企业全面歇业，临时增加失业人口超过 1.3 万；以旅游为支柱产业的阿坝州旅游收入和经济社会发展大幅下降。

九寨沟旅游旺季为夏季，每年 7—8 月都是接待游客的高峰期（图 10-1）。“8·8”地震后，九寨沟停止接待游客，到 2019 年 3 月，景区仍然没有恢复接待游客。接近两年的时间，九寨沟旅游处于完全停顿状态（2018 年 6 月曾短暂接待游客，每天限量 2 000 人）。这对当地的旅游业带来了沉重的打击，产业经济遭到了空前的破坏。

三是旅游市场打击巨大。九寨沟旅游市场停摆，阿坝州旅游市场全面下滑，国内和入境旅游市场遭受重创。

地震后的第一年（即 2017 年），阿坝州全年接待游客量只有 2 909 万人次，

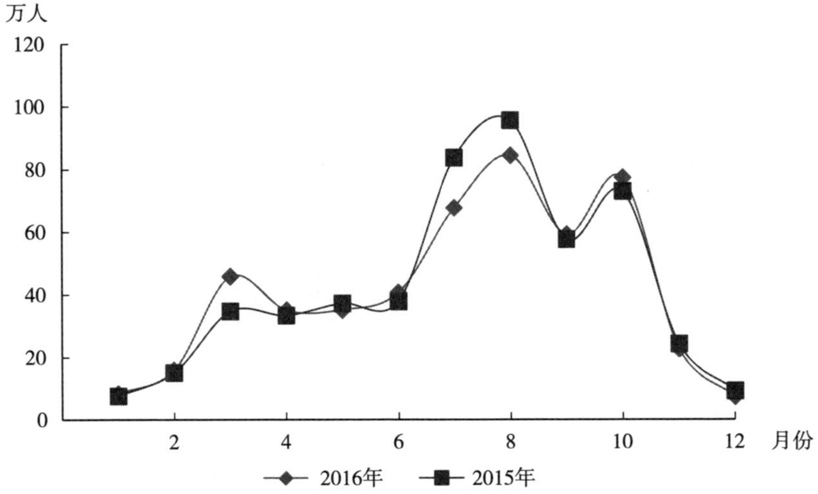

图 10-1　地震前 2015 年、2016 年不同月份九寨沟景区接待的游客量

旅游总收入为 235 亿元，分别比 2016 年下降 22.6%和 26%。九黄机场的进出港航班受影响显著，共起降 4 942 架次，旅客吞吐量 52 万人次，比 2016 年分别下降了 51.3%和 62.8%。

地震后的第二年（即 2018 年），阿坝州全州 A 级景区共接待游客 1 025 万人次，实现门票收入 23 717 万元，同比下降 17.47%和 64.19%。其中，九寨沟景区只接待游客 6 万多人次，门票收入仅为 500 多万元，比 2017 年同期分别下降了 84.35%和 91.90%。此外，很多外地游客之前来九寨沟旅游时会同时选择去黄龙景区，2016 年黄龙景区接待游客量为 234.96 万人次，实现门票收入 39 593.36 万元；2018 年黄龙景区只接待游客 32 万人，实现门票收入 4 249 万元，较 2017 年同期分别下降 71.28%和 75.79%。数据显示，九寨沟的地震不仅影响了九寨沟景区，也影响了周边旅游市场，众多游客在不选择出游九寨沟的同时，也放弃了九寨沟周边众多的 A 级景区，甚至世界遗产，因此，加快九寨沟旅游业的恢复与重建迫在眉睫。

在此次九寨沟地震过程中，景区的旅游资源受到破坏，部分游客在地震时短时间被困，无论从旅游市场的唤醒还是游客旅游信心方面，在一段时间内，游客出于各方面的顾虑，将减少到阿坝的旅游，甚至可能影响居民到四川的出行。从游客感知角度来分析，游客心里的顾虑仅仅是来自对旅游安全的担心还是对旅游资源价值变化的担心？专家预计，旅游业的灾后重建至少需要半年到一年的时间，游客到四川旅游的信心恢复也需要较长的时间，不少学者预计在灾后一段不短的时间内，该区域旅游会经历阶段性低迷。因此，当地旅游部门采用各种营销措施，希望能以此吸引中外游客；还有些景区打心理情感战，希望以此来支持旅游业的发展。

在灾区的交通、通信、基础设施已经完全能够满足游客需要，且游客人身安全可以得到保证的情况下，有多大比例的潜在游客会变成旅游者，而不愿去九寨沟旅游的游客其心里最大的顾虑和障碍来自哪个方面；游客对九寨沟灾后旅游资源破坏情况的了解和实际有多大差距；灾后旅游重建工作中哪些是游客特别在意的内容或项目，游客希望在九寨沟灾后旅游时看到什么样的景点；在全面恢复九寨沟的旅游行业时，哪些措施是游客认为比较有效和容易接受的。对这些问题的判断和相关措施的实施，都取决于相关部门对游客心理的了解和掌握程度，因此，游客对九寨沟旅游资源、旅游市场和旅游安全的全面感知是九寨沟旅游业恢复的必要条件，要使九寨沟旅游业在灾后能够快速地恢复和发展，需要立足于游客感知，以基于旅游者感知的灾后重建为命题，对这一问题进行探索性的研究。

第二节　灾后游客感知

灾害的发生会给旅游系统带来长期而混乱的变化。旅游系统由旅游客源、旅游目的地和旅游通道组成，旅游目的地对客源的吸引力与目的地本身和客源的风险感知有关。近年来，研究者们开始关注灾害事件对目的地的影响，其中灾害中风险感知是研究的重点和热点之一。灾害风险感知关注的是人们如何接受灾害知识和信息，并以此作为采取逃避或接受、防范灾害的态度或行动的判断过程。随着研究的深入，风险认知的研究维度变得更加全面，从最初单纯的环境和自然风险，转向包括社会网络影响、文化冲击和适应性等多重维度[230]。福克斯（Fuchs）和雷赫尔（Reichel）提出，即使感知风险在现实中不存在，也会影响旅游消费者[231]；格雷夫（Graefe）等用具体案例证明游客的风险感知对其旅游决策行为有重大影响[232]，对于灾害地来说，旅游者对安全风险认知的强度与到访率成反比，这点突出表现在休闲旅游者身上。

自然灾害的发生，一方面，给旅游目的地的旅游资源、旅游接待设施、旅游服务等方面带来破坏和影响；另一方面，也对旅游者的旅游体验、旅游心理安全认知、旅游满意度、旅游时间等产生相应的不利影响，其中关于安全的感知是直接影响旅游者行为的重要原因，也是研究旅游者心理的重要内容。从旅游业的运行和旅游活动的特点来看，旅游活动是一个复杂的系统，具有空间异质性、时间临时性和综合运行过程的特点，故旅游活动会受到当地的自然环境和社会环境因素的影响，当地任何一个环节的问题都会导致旅游安全问题。但不同灾害引起的风险情境不同，旅游者安全感知的角度不同，感知的结果差异也较大，因此，目前关于旅游者安全风险感知的测量，很多学者都借鉴了心理学、行为学，灾害学、经济学等学科的测量工作和方法，有的以风险类型作为测量指标，有的根据对旅游者危害程度的不同形成了不同的衡量标准。如灾害影响感知中，有学者以汶川大地震对四川的旅游影响为例，从环境脆弱、旅游资源对可进入性的影响、交通设施不便、休闲景观被毁坏等方面进行了分析与研究；还有些选择的题项为从心理感受来评价，如“旅程变危险”“旅游乐趣减少”等，整体上，对灾害的影响感知分为主体和客体两方面。在研究旅游者灾后对目的地的认知方面，王书霞以暴雨灾害为例，通过评价，了解到游客在感知暴雨灾害方面的不足以及不同游客在风险感知上的差异，从而为游客的旅游决策、旅游行为选择和旅游认知提供信息帮助，提升旅游安全管理；同时关注到游客对旅游灾害中的不确定性、担心恐惧和焦虑均与风险认知有密切关系[233]。许晖等从旅游消费风险维度的心理、服务、设施等角度对游客旅游安全感知的识别及差异进行了分析[234]。邹永广、郑向敏等对旅游目的地游客安全感形成机理进行了实证研究，认为旅游安全感与目的地状况有关，也与旅游者认知有关[235]。从旅游者方面考虑，游客的背景（包括其来自区域的客源地文化）、游客的感知因素、旅游动机等均会影响旅游的安全感；另一方面，与旅游地的旅游环境，地域文化等都有关系，基于旅游地状况和旅游者的个体特征，研究提出了安全感的形成机理等。

总体来看，关于灾后旅游者感知方面，目前已有的研究广泛且深入，对旅游风险、旅游安全、旅游消费等均有涉及。但由于不同区域的具体情况不同，仍然需要大量的实证研究对相关内容进行补充和完善。

第三节　旅游者九寨沟灾后影响感知

九寨沟特殊的自然地理环境决定了其灾害的频繁性和严重性。由于该区域的发展完全依赖旅游业，而旅游业本身的脆弱性、联动性决定了要考虑灾后恢复，全面了解游客对九寨沟的服务、产品、宣传等全方位的认知，尤为必要。

一、九寨沟灾害形成的环境特点

长期以来，九寨沟地区泥石流、滑坡、崩塌、地震等自然灾害频繁发生。以地震为例，1960—2018 年，九寨沟及周边地区发生的六级以上地震就有 15 起之多（表 10 - 2）。

表 10 - 2　1960—2018 年九寨沟及周边六级以上地震

发生时间	震中	震级
1960 年 11 月 9 日	松潘漳腊附近	6.7
1967 年 8 月 30 日	川西侏倭地区	6.8

（续）

发生时间	震中	震级
1970年3月28日	四川大邑	6.25
1973年2月6日	四川炉霍县	7.9
1973年8月11日	四川松潘、南坪交界处	6.5
1973年10月15日	九寨沟源头以北三道片	6.2
1975年1月15日	康定县六巴乡境内	6.2
1976年8月16日	四川松潘、平武	7.2
1981年1月04日	四川道孚	6.9
1982年6月12日	四川甘孜	6.0
1989年9月22日	阿坝州小金县	6.6
2001年2月23日	雅江县与康定县之间	6.0
2008年5月12日	四川汶川	8.0
2013年4月20日	四川雅安芦山	7.0
2017年8月8日	四川九寨沟	7.0

由于九寨沟的主要地貌为喀斯特地貌，流水中有大量碳酸盐沉积，这一方面造就了九寨沟壮丽的美景，同时也使得地貌更加破碎，常有不同类型的自然灾害在此发生（表10-3）[236]。再加上断裂带发育，形成了九寨沟复杂多样的地质地貌条件，灾害频繁发生，并且波及范围很广。

表10-3　九寨沟世界遗产地自然灾害主要类型及成因

主要类型		成　因
地质灾害	地震	特殊的地质地貌构造造成活动断裂发育
	滑坡	地质褶皱表现强烈；
	崩塌	景区内山大沟深坡陡，由于历史原因，该区域曾经属于砍伐区，植被受破坏；
	泥石流	雨季集中，降水强度大；
	水土流失	乱砍滥伐等人为因素影响
气象灾害	洪涝	九寨沟风景区降水年分配不均，年变化率也很大，其中85%以上的降水集中于5—9月；尽管雨量少，但因为降雨集中，所以经常出现区域性的暴雨和冰雹，并带来其他气象灾害
生物灾害	病虫害 森林火灾	自然因素和人为因素综合作用

资料来源：辜寄蓉，等．九寨沟地质灾害预测的空间分析模型［J］．中国地质，2002，29（1）：109-112.

二、旅游业特征对九寨沟灾后旅游的影响

（一）综合性

旅游业以游客的旅游活动为核心。旅游者的食、住、行、游、购、娱是一次旅游活动的各环节，因此，旅游活动是一项综合性活动。旅游活动作为旅游主体与客体之间的桥梁，为旅游者提供旅游六要素的综合服务，以满足游客多样化的旅游需求，这决定了旅游产品是许多企业的产品。这些不同类型的企业，如果按照传统的行业分类标准，分属于相对独立的行业；由于共同为游客提供产品和服务需求，它们联系在一起，形成了旅游业内企业之间的综合关系。就具体旅游目的地而言，构成旅游业的独立产业具有不同的生产工艺和特点，但它们都是该地区整体旅游产品的一部分。它们相互依存和互补，也需要相互协调和密切配合。另外，旅游业具有很强的相关性和推动作用，旅游业发展将直接引导和影响为游客服务的各行业的发展，包括直接的旅游服务企业，也包括间接为游客服务的相关产业，因此旅游业是“牵一发而动全身”，属综合性极强的产业，故九寨沟地震影响了方方面面。

（二）脆弱性

旅游业的发展受到资源、市场、政策、灾害等许多内外因素的共同影响和制约，如产业组成部分与相关部门和行业之间的比例协调，各种自然、政治、经济和社会因素变化对旅游需求的影响等，不管是客源地还是旅游目的地的各种变化，都会对旅游业的发展产生直接影响，从而使旅游经营具有很大的脆弱性、不确定性及不稳定性。其中一些因素也可能对旅游业造成致命影响，如恶劣天气、疾病流行、洪水、地震、全球经济危机、国际关系恶化、政府政策变化、政治不稳定、社会动荡、恐怖事件、战争等，这些将导致旅游业的停滞和萧条。例如，西方尤其是美国的旅游业在 2001 年 9 月 11 日之后遭到严重破坏；自伊朗和伊拉克八年战争以来，该地区旅游业一直处于低迷状态；汶川“5・12”大地震后，我国四川的旅游业受到很大的影响；同样，九寨沟地震对九寨沟及阿坝州的旅游业都造成了非常大的损失，游客如何看待这些影响，是后期学者们需要了解和研究的问题。

（三）联带性

旅游业涉及许多相关产业，以满足旅游者在旅游活动过程中的多方面和多层次的需求，这决定了旅游业的联带性。特别是关联度高、产业链较长的现代旅游业，极大地突破了传统旅游的范畴，广泛涉及并跨越许多相关行业，如工业、农业、教育、医疗、科技、生态、环境、建筑、海洋等领域，形成泛旅游产业集团。旅游业在这个产业集群中，促进了其他产业的发展，并扩展了一些新的产业发展形式。根据世界旅游组织的统计，旅游业每收入 1 元，可以使相关产业的收

入增加 4.3 元。根据联合国统计局的测算，有 110 个相关产业会受到旅游业的影响和刺激。旅游业对各行业的贡献率可以量化，如其对住宿业的贡献率超过 90%，对民航和客运的贡献率占 80%以上，对文化娱乐业的贡献率占 50%，对餐饮业和零售业的贡献率占 40%以上。旅游业的联带性特点说明旅游业中任何一个相关环节脱节，都会导致旅游业经营活动难以正常运转，因此，一旦某地区发生灾害，与其相关的产业会一损俱损。

第四节　九寨沟旅游者灾害风险感知

一、旅游者感知安全感知网络调查分析

基于 2017 年 8 月 30 日至 9 月 3 日开展的“九寨沟地震灾后旅游发展调研”网络问卷调查，共收回 518 份问卷，问卷有效率为 100%。

（一）样本社会特征分析

1. 受访者所属的地理区域

29.92%的受访者户口在四川，其次是山东和内蒙古，占比分别为 12.55% 和 10.04%（图 10-2）。

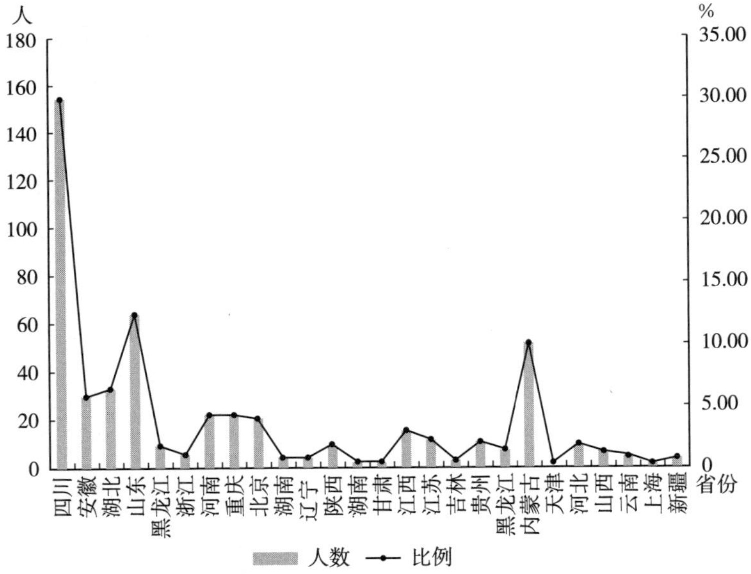

图 10-2　受访者户口所在省份

考虑到受访者因地方感和在某地生活时间的长短不同，对旅游目的地感受也不同，以及目前人口的流动性影响，本次调查还区分了受访者的户籍地与长期居

住地。统计显示，受访者长期居住的省份也主要集中于四川省（图 10－3）。

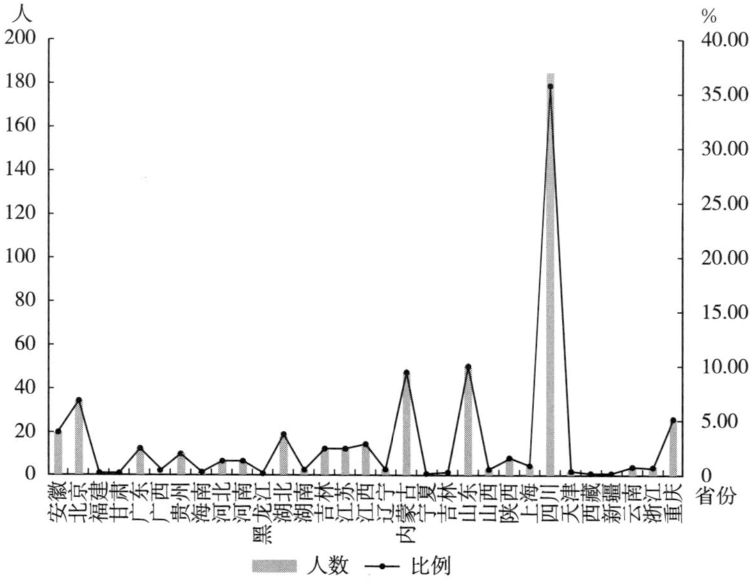

图 10－3　受访者长期居住的省份

2. 受访者年龄分布

受访者的年龄集中于 25～30 岁，占受访总人数的 46.33%；其次是 18～24 岁，占 27.22%；大于 40 岁者占比不到 5%（表 10－4）。数据表明，去九寨沟旅游的人偏年轻化。

表 10－4　受访者年龄分布

年龄（岁）	人数（人）	比例（%）
18～24	141	27.22
25～30	240	46.33
31～34	66	12.74
35～40	48	9.27
41～44	2	0.39
45～50	10	1.93
＞50	11	2.12

3. 受访者学历分布

受访者中有 48.84%的人是研究生及以上文化水平，46.53%是本科水平，仅有 4.63%的受访者是高中及以下文化水平。数据结果显示，受访者的文化水平普遍较高，一方面是因为目前我国人口的平均受教育程度大幅度提高，另一方面，也可能跟线上调查时，愿意配合并能熟练完成在线调查的被调查者的受教育程度相对较高有关。

4. 受访者旅游经历

考虑到旅游者的目的地认知因素对其旅游风险感知的影响，研究小组设置了是否有过到九寨沟旅游的经历题项。数据表明，受访者中仅有 20.08％的人曾去过九寨沟，79.92％的人还没去过，但这些人仍然乐意配合完成这项调查，并给出了作为潜在旅游者的感知，侧面反映了九寨沟在普通大众心目中的影响力和吸引力。

（二）九寨沟地震后景观的影响感知

1. 旅游者灾害景观的影响感知

根据旅游者对目的地的感知影响因素分析，旅游者对目的地的第一感知来于旅游景观，其次是旅游设施和旅游服务。如果旅游者认为旅游景观被破坏得比较严重，就会直接影响其旅游决策。调查发现，有 52.51％的受访者认为地震对九寨沟的影响比较大，尤其是旅游景观方面；20.46％的受访者认为影响非常大；17.76％的受访者认为影响一般，属于可接受范围；6.76％的受访者认为影响不大，不会影响旅游体验；仅有 2.51％的受访者认为基本没有影响。

无论从地震本身对人们产生的影响还是地震对旅游资源的影响来分析，这种知觉结果都是真实现象，需要客观看待。

2. 游客安全感知

游客对灾后旅游目的地的担心和疑虑是必然的，其旅游信心的恢复需要时间。站在游客角度，旅游安全是其考虑的第一要素，因此，当灾害发生后的相当长的一段时间内，考虑到安全隐患，他们一般对旅游目的地不太有信心。

从调查结果来看，约有一半的游客对九寨沟旅游的信心的恢复是五年。关于如果去九寨沟旅游，会选择何时去的问题，27.99％的受访者选择了五年之后，26.64％的受访者选择五年内，22.78％的受访者选择了两年内，22.59％的受访者选择了三年内。

整体而言，地震给打算来九寨沟的游客产生了非常明显的影响，但已有的各种研究和调查表明，这种影响会随着当地旅游市场的恢复和时间的推移而自然减弱。

3. 区域旅游景区感知

九寨沟地震与汶川地震的不同之处在于，其波及范围没有那么广，除了九寨沟所在的阿坝州受到直接影响，四川省内的其他景区仍然是不少游客的旅游目的地。调查时，研究小组设置了“假设现在来四川，第一个想去的目的地是哪里”的问题，试图从侧面验证潜在旅游者对九寨沟灾后的影响感知。结果表明，九寨沟尽管遭受了重大的自然灾害，但因其优美的自然环境和高品质的旅游资源仍显示出对游客的强大吸引力。数据显示，有36.1%的人第一选择是九寨沟景区，这与地震前的研究情况大致相仿，受访者认为九寨沟是四川省内非常值得旅游的景区，如果条件允许，他们仍然愿意选择这里。有21.24%的人选择了川西北地区的新都桥、稻城等地，20.08%的人选择了峨眉山—乐山景区，15.44%的人选择了青城山—都江堰，7.14%的人选择了其他选项。

从受访者选择数据结果来看，多数受访者对九寨沟及四川省内的其他景区的灾后旅游感知和评价相当正面，尽管他们意识到地震会对这里的景观产生影响，但仍然对景观价值和资源品质给予了极大的肯定，也一致认为这里是很值得选择的一个旅游目的地，说明九寨沟灾后旅游恢复情况比较乐观。

4. 出行方式选择

游客旅游出行方式的选择，考验的是游客对该地旅游设施及旅游安全的认知水平。一般来说，游客考虑到经济成本、时间成本以及安全性，多选择跟团出游；如果对交通、设施以及安全的考虑不作为重点，则选择自由行的概率高一些。从调查数据来看，来九寨沟旅游者会采取的出游方式，有72.39%的人选择了自由行，这说明众多受访者对该区域的基础设施认知较正面和乐观。尽管发生了地震，但他们认为震后基础设施的恢复比较快，完全能够支撑他们的自由行活动；有26.25%的人选择了跟团。从年龄结构来看，跟团的旅游者大多年龄偏高，一方面是他们多出于经济成本的考虑，跟团出行更经济实惠；另一方面，也有安全方面的考量。抽查到的部分受访者明确表示，面临安全问题时，如果是跟团出行，旅行社会全方位评判旅游地的安全后才会组织大家活动，不会随便将大家带到不安全的地方，因此，可以事先保障安全；如果出现安全事件，会有集体或组织出面处理和解决，比个人出行更可靠。还有1.35%的人会选择其他方式。总体来看，出游方式的选择反映出大多数游客对九寨沟灾后旅游恢复情况比较看好。

5. 旅游交通方式感知

旅游交通方式选择和出游方式一样，都可从侧面反映游客对该区域旅游的信心和灾后重建结果的心理评价。调查中关于“如果到九寨沟旅游的交通方式”选项，有39%的人选择旅游专线或者旅游客车，他们认为这会更便捷和安全；31.08%的人选择自驾的方式到达九寨沟，这是因为自驾游比较普遍，也反映出游客潜意识里已经认为通往该区域的基础设施是安全和稳定的，还有一个重要原因是川西地区的自然美景对很多游客有强烈的吸引力，他们希望在去九寨沟的途中可以观赏不同的风景；另有29.92%的人会选择飞机。整体而言，从对交通方式的选择结果来看，川西的自然风景、环境质量、交通设施得到了大多数游客的肯定和青睐。

6. 九寨沟旅游的负面影响感知

地震对旅游目的地造成的影响，有些是客观方面的，比如对旅游资源或旅游设施或旅游接待物造成的实际影响；有些是主观方面的，如游客因为不了解情况或因为对灾害本身的恐惧而产生的不良心理；还有些可能和灾害无关，但与灾害叠加在一起，形成游客旅游的心理障碍等。因此，了解旅游者对灾后九寨沟旅游的负面感知因素，是该区域灾后旅游重建的重要参考依据。

调查发现，26.45%的受访者认为灾害已经破坏了原有的美丽景观，会直接影响他们的旅游体验，这是直接的灾害影响；有53.47%的受访者担心地震引发的次生灾害，如余震、泥石流、滑坡等；有40.73%的受访者认为人多拥挤，此因素本来与灾害无关，但部分受访者表示，地震恢复后，更多的游客挤到景区，受地震影响的个别区域却不能进入，游客会更加集中，因此，“可能会非常拥挤”；有28.19%的人觉得门票太贵，希望地震后能够降低门票价格；11%的人觉得还有其他原因。

这项调查数据反映出地震对九寨沟旅游产生的负面影响，首先是旅游安全方面，其次是旅游景观方面，说明真正对旅游市场恢复有影响的是心理安全因素，而灾害对景观本身带来的影响并不占主导地位。

二、现场游客调查分析

本书还根据九寨沟灾后的实际情况，在四川的部分旅游景区进行了实地调查，试图通过实地调查与网络调查的双重分析，来了解和验证真正的游客和潜在的旅游者在九寨沟旅游安全认知方面是否有差异。

（一）调查方法及过程

针对九寨沟灾后旅游恢复的情况，本书设计了针对旅游者对九寨沟旅游风险感知的调查问卷。该调查于2017年9月—2018年10月分三次进行。问卷由两部分组成：第一部分是受调查旅游者的人口及社会属性特征，第二部分是旅游风险感知选项。调查过程也分为两部分，一部分在四川省内的旅游景区展开，景点有峨眉山、青城山、都江堰、成都武侯祠和杜甫草堂；另一部分在四川的部分旅行社，依靠导游分发问卷向来四川的游客进行调查。

项目调查在四川景区获得调查问卷249份，其中峨眉山45份、青城山37份、都江堰31份、武侯祠70、杜甫草堂66份；旅行社共分发152份。总体样本量为401份，有效回收率84.4%，效果较理想。另外，现场调查时项目小组还与部分旅游者进行互动访谈，获得对问卷的补充内容。

（二）调查数据分析

1. 游客的人口统计特征

通过原始数据的整理，发现了被调查游客的人口统计特征（表10-5）。总体上来看，来到四川省内各景区的游客，呈现出高学历和年轻化的主体特征。从现场调查来看，还有一个现象是年轻游客更乐意配合调查，这点在景区的调查和九寨沟本地的调查，都有类似的情况出现。

表 10－5　全部被调查者的人口统计特征

性别	比例（%）	年龄（岁）	比例（%）	文化程度	比例（%）	职业	比例（%）
男	53.8	<18	4.4	小学	4.8	农民	4.8
女	46.2	19～35	56.9	初中	2.8	教师	7.1
		36～50	29.4	高中	15.8	学生	15.6
		51～65	6.3	中专、大专	30.4	公司或企业员工	45.6
		>65	3.0	本科及以上	46.2	科技人员	5.6
						公务员	14.0
						军人	4.3
						其他	3.0

在以自然和人文旅游资源并重的四川旅游景区，游客的年轻化与高学历化特征更为明显（表 10－6）。这说明，在九寨沟灾后旅游重建工作中，发展年轻人及高学历层次的潜在游客为现实游客是旅游目标市场的定位依据；他们也应该是灾后重建过程中宣传时重点争取的客户群体，这一群体对网络非常敏感，故在后期的宣传方式上，也要有针对性地加强网络宣传，利用新媒体提升宣传的有效性。

表 10－6　四川游客景区被调查者的人口统计学特征

性别	比例（%）	年龄（岁）	比例（%）	文化程度	比例（%）	职业	比例（%）
男	56.31	<18	6.82	小学	4.04	农民	4.80
女	43.69	19～35	55.30	初中	5.30	教师	5.30
		36～50	28.54	高中	10.35	学生	14.14
		51～65	7.32	中专、大专	32.32	公司或企业员工	42.42
		>65	2.02	本科及以上	47.98	科技人员	5.81
						公务员	20.20
						军人	4.55
						其他	2.78

2. 游客旅游安全感知

(1) 游客对九寨沟旅游安全的认识整体分析

调查数据显示，有 50%以上的旅游者或潜在旅游者认为目前到九寨沟旅游比较安全（图 10-4），24%的受访者认为到九寨沟旅游不安全，只有 4.93%的游客认为到九寨沟旅游非常不安全。从这个意义上来说，九寨沟灾后旅游恢复的前景非常乐观。

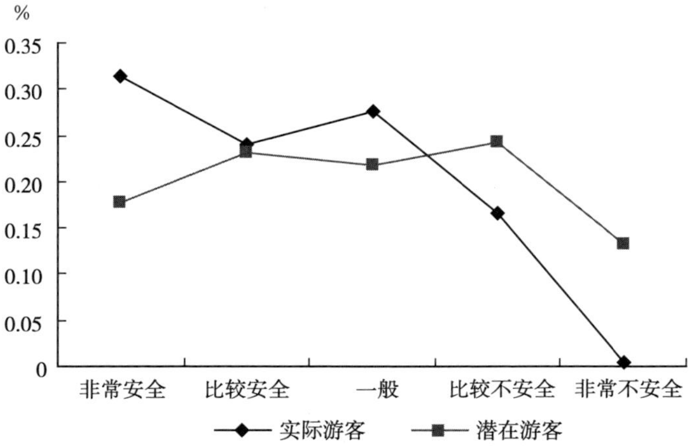

图 10-4 实地调查的游客与潜在游客对九寨沟旅游安全的感知

为了细化旅游者对九寨沟旅游安全的感知程度，在设计问卷时，采用李克特五点式量表法进行；调查后，将调查结果与访谈结果相结合，对九寨沟的旅游安全程度进行量化和比较研究，目的是了解和掌握游客对九寨沟的旅游安全程度和旅游感知形象的看法，为九寨沟灾后重建提供有益的参考。

本书采用李克特量表对旅游安全的感知程度进行细分量化，其中 5 分表示非常安全，4 分表示比较安全，3 分表示一般安全，2 分表示比较不安全，1 分表示非常不安全。为直观地描述和分析游客对九寨沟的旅游安全评价结果，建立旅游安全的单要素评价模型：

$$M = \sum_{i=1}^{5} \frac{n_i}{N} \times m_i \qquad (10-1)$$

式中，M 表示九寨沟旅游安全程度游客感知的评分；m_i 表示该项安全程度在李克特量表下的评分，为 1～5 分；n_i 表示选择该安全程度项 m_i 的人数；N 表示填写有效问卷的总人数。其中 n_i/N 表示选择该项安全程度的人数在全部有效被调查旅游者中所占的比例。

根据调研结果的分析，应用该模型分析九寨沟旅游目的地的安全值。结果显示，认为九寨沟旅游非常安全（5 分）、比较安全（4 分）、安全程度一般

(3 分)、比较不安全（2 分)、非常不安全（1 分）的人数比例分别为 26.69%、26.69%、26.69%人、19.19%、4.93%。利用该模型，则 $M=2.15$。2.15 的分值大致属于中等水平，这表明在普通游客心目中，九寨沟旅游目的地的安全指数相对较高。

（2）实地旅游者和潜在旅游者安全指数的差别

比较来到四川旅游景区的实际游客和网上尚未来旅游的外地潜在游客，发现二者之间对九寨沟旅游风险认知的差别比较明显（图 10-4)。

从旅游安全指数来看，来过四川的旅游者看到的情况是四川相当安全，因此，他们认为九寨沟灾后如果恢复旅游，也同样相当安全。调查并计算这部分游客感知的旅游安全指数是 $M=3.69$。相反，没有到过四川景区的外地潜在游客主观认为地震对于九寨沟的旅游安全影响很大，这种感觉导致他们对九寨沟旅游的安全认识与前者存在一定偏差，调查结果显示，在这类潜在旅游者的感知中，四川旅游安全指数较低，$M=3.08$。因此，在旅游重建工作中，消除外地潜在游客对九寨沟旅游安全程度的认识误差，是相当重要的一个环节。

3. 旅游重建的障碍因素感知

大部分游客认为，震后如果九寨沟开始接待游客，来此旅游就相对安全，但仍有部分潜在游客对九寨沟旅游的旅游安全存在心理障碍。了解并分析这些障碍因素，可以指导九寨沟的灾后重建，也能有针对性地引导潜在的游客。

（1）旅游重建游客障碍因素感知

调查问卷请被调查人员选择到九寨沟旅游感知的不安全因素，其中有 21%的人选择余震，51.96%的人选择因地震产生的次生灾害的影响。从这点来看，真正担心余震的人数并不多，主要是对地震产生的次生灾害对景区及游客自己出行是否有影响并不完全了解，因此，在重建工作中，对广大普通群众宣传景区的安全性是决定游客出行的至关重要的环节。另有 23.9%的人选择不确定，只是心理恐惧，从心理学上来说这非常正常，因为对于景区安全程度的不了解及对能否安全出行的不确定导致游客小心谨慎的选择，客观上来说，是游客自身安全的需要，从对旅游行业的影响来说，游客量明显减少。这种对环境本身的不安全的感知，在短期内无法完全消除，但可以通过政府及旅游管理部门的大力宣传来尽可能降低这种影响的持续时间。

（2）旅游安全感知

通过数据分析可知，被调查者对九寨沟旅游的不安全感知在某种程度上来说有很大的主观性。实地的游客因为到了四川，可能有些已经到过九寨沟周边区域，看到了景区的真实情况，因此选择较为客观的评价；而没来景区看到真实情况的潜在游客，主要靠网络等媒体获得关于九寨沟的情况，没有太多具体的信息，大多感知仍然停留在之前关于九寨沟地震的模糊报道印象中，因此，评价难免有些推测的成分，这在某种程度上加深了他们对九寨沟旅游的不安全感知度（图 10－5）。

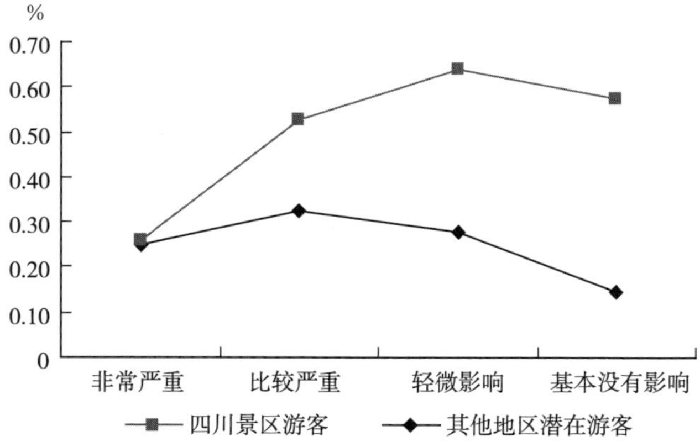

图 10－5　地震对九寨沟破坏程度的旅游安全的感知

（3）对九寨沟景观重建的感知

调查问卷中提出了这样一个问题："重建后，你希望看到九寨沟什么景点？是希望看到原来的景点还是希望有一些新景点，包括一些地震形成的遗迹？"数据显示，有近 50％的人选择地震遗迹，约 30％的人选择因地震形成的新的堰塞湖等风景，约 20％的人选择只想看原有的风景（图 10－6）。

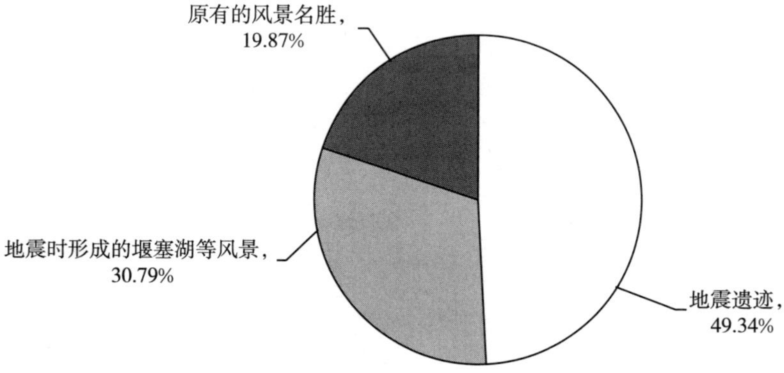

图 10－6　对旅游景点建设的感知

值得注意的是，有约 30％的人愿意看到新的地震后风景。众所周知，九寨沟地震后，部分景观受到了影响，到底是完全恢复，还是保留部分景观，专家们进行过深入的讨论。问卷调查发现，对于游客来说，只要九寨沟本身存在，其他的景观都可以接受，不管是原有景观，还是新产生的遗迹，对他们都有吸引力，这点不仅对九寨沟灾后重建有意义，对其他类似地区的灾后旅游重建也有参考意义。

另外，从数据结果来看，大部分人对因地震形成的新景观有兴趣，但问及是否会去看沿途的其他地震形成的遗迹时，只有少数人选择“会专门前往”的肯定答案；大部分选择是“除非顺路”，或者看“是否收费”或“收费高低”等具体情况再决定（图 10－7）。

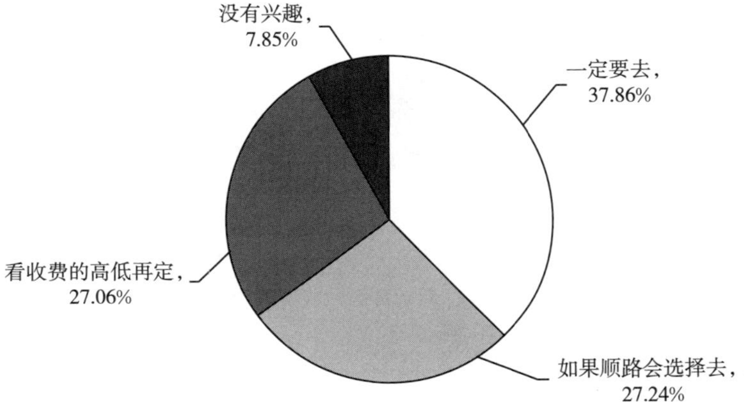

图 10－7　对旅游景点的选择

这一看似矛盾的选择，反映的恰恰是游客的正常心理状态，一方面说明对于地震遗迹这一类灾害性景观，游客的接受能力及接受心理不同于一般景点，地震类的遗迹受众面相对狭小，不如一般的自然风景区或人文景观受欢迎，很多人对地震类遗迹可能只是一时好奇；如果收费，或者不顺路以及并不与著名的景点在一起，大部分人还是宁愿选择原有的风景名胜。这也从另一方面说明，价格高低、时间因素、是否顺路等外在因素是影响游客是否将地震遗迹作为旅游目的地的重要因素。基于此调查，对比分析已经开发成地震遗迹的汶川映秀、绵阳北川等地的旅游发展现状，今后在开发地震遗迹类景观时，应重点考虑其受众面的分析等要素。

（4）灾后旅游重建任务感知

问及四川旅游行业及政府在今后旅游市场恢复重建中需要重点做的工作排序时，有 65％的人选择应将重点放在基础设施建设上，44％的人选择旅游安全建设是重点，38％的人选择加强宣传促销（图 10－8）。进一步访谈，约有 30％的游客认为地震后到四川旅游最关心的是如果再次发生大的余震或因地震引起的其他次生灾害时，四川的旅游基础设施能否让游客完全安全地撤离或受到非常安全的保护，因此，他们选择的旅游基础设施建设其实是对旅游安全的考虑。进一步分析得知，诸多被调查者除了考虑对基础设施安全的担心外，还对旅游行业的工作人员的素质提出了更高要求，希望在有类似的灾难发生时，旅游行业的工作人

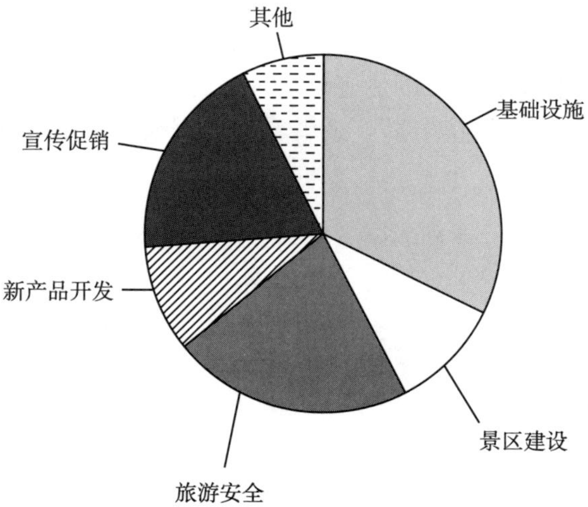

图 10-8　对旅游重建工作和任务的感知

员能够为游客提供一些基本的安全常识，能有效地为游客解决一些实际遇到的安全问题。

4. 灾后九寨沟旅游宣传措施感知

信息时代，旅游地的宣传促销在吸引游客方面起的作用越来越明显。灾后九寨沟旅游的重建工作中，大力的宣传促销同样也是必要和必需的。在景区调查对九寨沟地震旅游恢复的关注程度时，有 34%的被调查者选择“很关注”的选项，有 42 %的被调查者选择“一般关注”，这说明，九寨沟的旅游恢复得到了很多游客的关注与关心。

关于被调查者对九寨沟旅游灾后重建的信息来源，有 77%的被调查者选择了网络，这与调查的人口统计学特征相符，即中青年人居多，这部分人群的信息来源以网络为主，因此，在今后的宣传促销活动中，通过网络宣传应是最有效的宣传手段。

关于宣传方式和宣传效果的有效性，有 50%的被调查者认为可以考虑打情感牌，通过动之以情晓之以理的方式鼓励和引导游客到九寨沟旅游。有 32%的被调查者选择媒体应大力正面宣传九寨沟旅游业的正常、安全、健康发展状态。部分被调查者表示，没有在当地的网络上看到有关九寨沟灾后旅游发展的现状，不知道在什么情况下去旅游比较安全，因此，在灾后进行旅游市场营销时，有必要加强媒体的正面支持与宣传。还有 18%的被调查者选择以优惠价格吸引游客。从目前我国旅游市场的基本情况来看，相对于一般工薪阶层的收入，旅游景区的门票价格普遍偏高，所以门票始终是普通消费者关注的中心之一（图 10-9）。

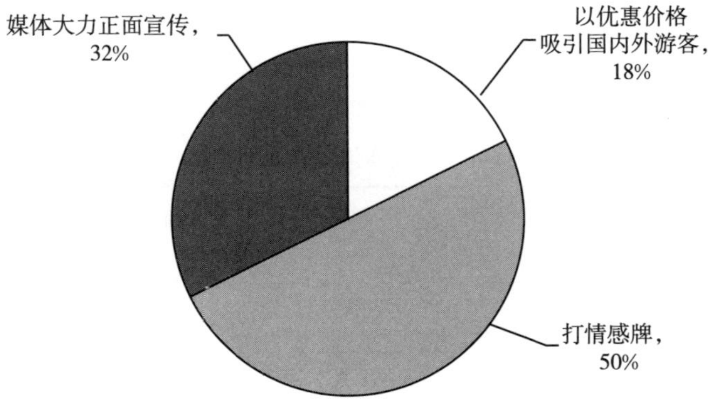

图 10－9　灾后旅游促销措施感知

第五节　基于灾后游客感知的恢复力建设策略

一、克服游憩障碍，激发游憩者动机

在休闲学中，影响人们进行旅游活动的原因被称为“旅游障碍”。对于旅游障碍的分类，不同学者有不同的见解，如托尔基尔森（Torkildsen）将其分为个人因素、周边环境因素和机会因素（表 10－7）[237,238]。

表 10－7　影响旅游活动参与的相关因素分类

个人因素	周边环境因素	机会因素
年龄	职业	可获得的资源
生命周期阶段	收入	设施的类型与质量
性别	可支配收入	常识
婚姻状况	物质财富	对机遇的洞察力
赡养条件	汽车拥有及其灵活性	游憩服务
生活的愿望与目标	可以获得的时间	设施分配
个人职责	责任与义务	选址与可达性
资源丰富，足智多谋	家庭与社会环境	活动选择
对闲暇的理解	朋友与伙伴群	交通
态度与动机	社会角色与对外联系	活动之前及过程中的花费
兴趣与爱好	环境因素	管理、政策与支持
身体、社会、智力方面的技巧与能力	大众闲暇方式	计划安排
个性与自信心	教育与成就	组织与领导
文化传统	人口因素	社会认同
生活与教育背景	文化因素	政策措施

资料来源：王珏．人居环境视野中的游憩理论与发展战略研究［M］．北京：中国建筑工业出版社，2009.

还有学者从心理障碍、人际交往障碍、结构性障碍等方面进行分类和分析。但综合看来，构成旅游活动障碍的因素不外乎两个：主观意识和客观条件。根据调查，影响九寨沟旅游者的障碍如表 10－8 所示。

表 10－8　九寨沟旅游障碍因素

因素	比例（%）
时间	23.22
费用	19.04
交通	15.88
安全因素	24.46
其他	17.40

第一，安全因素是影响游客选择九寨沟的最主要因素。地震对九寨沟的影响是深远的。尽管大部分旅游者认为九寨沟的景观质量无可替代，但与安全相比，仍会放弃将它作为第一目的地。对于外地的旅游者来说，安全是其考虑的首要因素，在其风险感知中，安全也被排在第一位。这再次验证了灾害对旅游目的地的影响程度。因此，在灾后重建的旅游恢复过程中，无论是本地政府的规划设计，还是交通的改善，宣传的重点，都要以安全为核心。

第二，时间和费用是影响旅游者选择的重要因素。不管是哪种类型的旅游地，旅游者选择的最重要的障碍均为没有时间。事实上，大多数居民的游憩活动主要是在平时较短的闲暇时间内进行，集中于周末和节假日，但在这些闲暇时间内，并不是所有人都有时间从事游憩活动，居民进行游憩活动的时间十分有限。但休闲时间的制约，不是目的地能够自己解决的难题，故这一障碍实际上也是多数旅游景区共同面临的问题。随着居民收入水平的提高，旅游花费已经较低，但仍然存在。相对于时间障碍来说，费用成本阻碍作用较小，表现不明显。一般来说，选择远离城市的区域进行娱乐活动意味着较高的成本，这使得多数居民倾向于选择靠近城市的区域进行旅游活动。在前期的调查中，有不少游客明确表示，九寨沟离主要的交通集散地太远，且门票较高，这些都是客观存在的障碍。故在后期的恢复中，上述两个问题都要考虑在内。

第三，交通条件是与安全和时间相联的必然因素。由于经济发展和其他复杂的原因，交通仍然是目前游憩者考虑较多的因素，而交通的不通畅常和时间成本、费用要素联结在一起共同形成更大的障碍力量，导致旅游者更愿意选择区位优势比较明显的地区。根据消费者行为理论，高的期望既可以成为游憩者前往目的地的驱动力，也可能成为目的地无法兑现“承诺”的绊脚石，从而影响游憩者的满意度。因此，游憩地应注重与游憩者的交流和沟通，加强游憩者期望管理，发挥期望的积极作用。

二、旅游恢复初期要保证质量，稳定客源市场

与一般的旅游地相比，九寨沟旅游资源价值高，对游客的吸引力强，客源市场受政治局势、市场经济变化等不可知因素的影响相对较小，市场相对稳定，这是九寨沟能够持续稳定发展的巨大动力。因此，在灾后重建过程中，其形象建设和口碑非常重要，要稳定客源，保持良好的形象是必须的。尽管旅游者为满足猎奇、求知等心理需要，不断希望寻找新的目的地而不愿重游已去过的旅游区，然而，满意而归的游客可能带来新的更大的旅游市场[153]。因此，管理者应不断提高游憩环境、服务质量及整体形象，以开拓新的旅游市场和稳定原有客源。

三、了解和掌握旅游者感知态度，提供多元的旅游活动

九寨沟的景观质量是其最大的吸引力，而来九寨沟放松身心和体验大自然是旅游者最重要的两项动机，也是旅游者出游的直接动机。从形成因素来说，现代社会的高速发展带来的身心压力与城市化造成的自然环境恶化使九寨沟旅游的飞速发展有其必然性，这种必然性对游憩地环境质量提出了要求，即游憩者将身心的放松希望寄托于良好的环境质量，而环境质量好也成为游憩者满意度和重游率的重要因素，九寨沟恰恰具有这一天然优势。

对于九寨沟来说，了解旅游者的感知态度和目标，有针对性地提供多元化的产品是必须和必要的。充分的游憩活动不一定是游憩者满意的指标，却可能是不满意的主要因素[153]。

美国管理心理学家弗雷德里克·赫茨伯格于20世纪50年代提出了“双因素理论”，来解释旅游者的心理，这一理论是研究满足人们需要的目标或诱因对人的动机作用的影响。赫茨伯格发现，造成人们不满意的原因主要是外部环境或关系方面的内容，当外部条件不具备或低于可接受水平时，会激起不满情绪，然而即使具备了这些条件，也不一定会使人感到满意，这些外界环境因素被称为“保健因素”；能使人们产生满意情绪的往往是更容易让人有成就感或与个人发展相关的因素，这些被称为“激励因素”[153,238]。

在九寨沟旅游地重建和旅游恢复的过程中，如果缺乏游憩活动，即意味着“保健因素”缺乏，容易导致游憩者的不满意；具备游憩活动，不一定会让游憩者满意，却可以避免其产生不满意情绪；具备游憩活动，但没有其他的激励因素，游憩者不一定满意；只有同时具备了对游憩者有吸引力的激励因素和外部环境的保健因素，才能使游憩者感到满意（图10-10）。

因此，了解和掌握九寨沟旅游者的风险感知态度，有助于管理机构和服务部门制定合理的旅游重建规划，并针对旅游者的感知结果，创造或规划对旅游者有

吸引力的要素，从而为九寨沟旅游的长期稳定发展提供参考和建议。

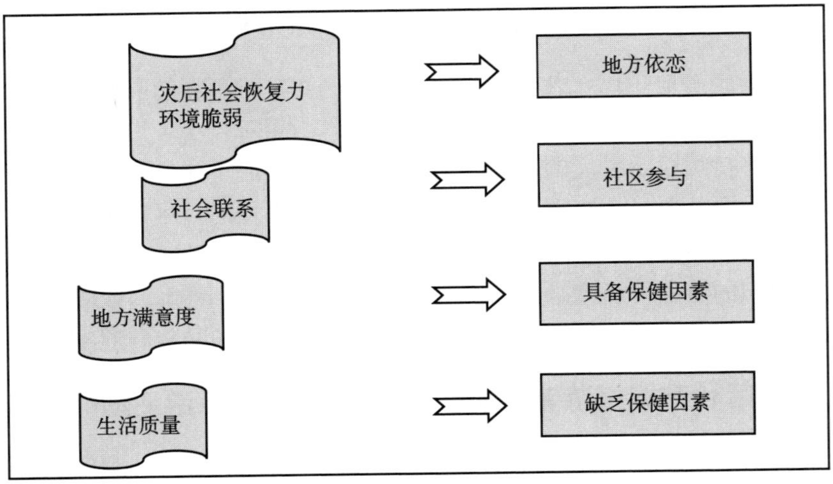

图 10-10 旅游活动的“双因素理论”

第六节 本章小结

通过对调查结果的定量分析，发现被调查者对九寨沟灾后旅游感知有以下几个特点：首先，被访问者整体对九寨沟的旅游安全感知处于中上水平，说明被调查者对九寨沟旅游灾后重建的正面感知较强，负面感知相对较弱。旅游者总体上支持九寨沟灾后旅游的发展，并认为九寨沟灾后旅游前景比较乐观。其次，对九寨沟灾后旅游的发展，来过四川旅游的游客和没有来过四川旅游的潜在旅游者感知有很大的差别，针对这一现象，大力的宣传促销是相当必要的。最后，旅游安全感知与旅游重建态度感知表现为比较显著的个体差异性。文化程度越高者，越表示充分的支持，越表示关注。但性别不同的被调查者对于九寨沟灾后旅游感知的差异不明显。

从实际情况来看，网络调查和实地调查的结果差别并不大，两种调查的结果相互印证、相互补充，其研究结论对灾后九寨沟恢复过程中掌握游客心理和实施相关恢复方案提供了理论支撑和数据支持。

从游客角度来看，旅游安全问题仍然是他们关注的重点。旅行过程中，事关安全的任何一个因素都会影响游客对目的地安全程度的认知，游客对于灾难后目的地的社会和经济复苏、降低未来风险和增强恢复力至关重要。在九寨沟发生严重的自然灾害事件后，了解游客对地方安全的认知，并根据他们的理解和考虑提出有针对性的干预措施，可以提高游客对自然灾害的理解，从而支持和支援九寨沟灾后尽快恢复，并最大限度地减少未来的损失。

从灾后恢复过程来看，政府的引导和当地社区的支持及参与是重要的力量之一。通常，由于旅游能带来较明显的经济效益，所以旅游规划往往由旅游局和旅游开发公司完成，一般强调“以市场为导向”，虽然也有经济、社会和环境可持续发展的指导方针，但主要关注的还是外来游客、旅游区和景点本身，往往缺乏与城市整体空间、城市生态等方面关联的思考。九寨沟景区的管理问题、服务与组织问题、政策制度问题、技术问题、资金问题均依靠政府的正确引导与支持。在灾后重建过程中，政府引导、当地社区参与和支持能够影响旅游者的风险感知，从而使九寨沟旅游健康稳定地恢复。经营者或政府财政投入越高，相应投入到产品维护和环境改善中的费用就越高，产品的质量也会越高，旅游地的形象和口碑越好，游客量增加，财政收入也增加，从而形成开发与保护的良性循环；另外，产品的好口碑也会强化游客正反馈，从而增加潜在游客的数量。

第十一章　游客、居民地方感与社区恢复

第一节　地方感与旅游

一、地方感

随着旅游的快速发展，居民、旅游者与旅游地之间的关系也变得越来越复杂。地方感研究作为研究“人”“地”关系的重要组成部分，逐渐被运用到旅游地涉及旅游主体对地方感知的各项研究中。地方感是在“人”对“地”产生感知的基础上形成的认知、态度和价值观等的综合，是“人”与“地”相互作用的结果。在许多不同的研究领域中，地方意义已被广泛研究[239]。地方感概念自提出以来，一直是游憩地理学的重要研究内容，它从人的感官和体验等多个角度探究人与环境之间的关系。

自 20 世纪 70 年代段义孚提出“地方”概念以来，地方感理论及其应用体系逐渐丰富。按照艾尔斯（Eyles）的定义，地方感以人类地方体验的主观性为基础，其内涵包括地方本身的特征与个性，以及人对于地方依附的情感与认同[240]。与地方感有关的概念还有“地方依恋”“地方认同”和“地方依赖”等，这些概念存在着交叉和区别。常见的几种地方感维度划分如下：段义孚认为地方感包括两个含义，即地方固有特性（地方性）和人们对地方的依附感（地方依恋），其中，地方性体现在客观物质、功能和地方意义三重属性上[241]；凯尔（Kyle）和奇克（Chick）认为，地方感比地方依恋、地方认同和地方依赖更具包容性，包含的内容也更广泛，是一个多维概念[243]；乔根森（Jorgensen）和斯特曼（Stedman）认为，地方是个多维概念，地方感由地方依恋、地方认同和地方依赖三个维度构成，其中地方依恋又包括情感、认知和行为三个维度[36]；唐文跃认为，地方感是关于人们对特定场所的信仰、情感和行为忠诚的多维概念，主要包括地方依恋、地方认同、地方意象和机构忠实等[37]。还有学者将地方感与态度理论相结合，将地方感的地方认同、地方依恋和地方依赖三个维度，分别对应态度理论中的认知、情感和意动[244]。与此同时，地方感的应用范围也大大扩展，研究内容涵盖旅游者地方依恋的形成机制、地方依恋的旅游学认知架构与形象建构、居民对居住环境的感知及保护态度等。近年来，关于地方感的研究越来

越广泛和深入，其中研究重点集中于地方依恋、地方认同、地方依赖等维度。

二、地方感与旅游

（一）地方依恋

地方依恋的概念已经存在了数千年。古代，人们通常用名字和他们所处的特定地方来识别自己。近代，地理学家和环境心理学家对人与环境之间的联系进行了广泛的研究。1976 年地理学者段义孚（Tuan. Y. F.）提出了地方感的概念，即人类与环境之间存在的广泛的情感依恋，依恋的动力包括地形特征的自然美，也包括爱国主义或家园和故乡的观念[242]。

在许多研究领域中，地方依恋已被广泛研究，研究者一致认为，地方依恋本身是一个有许多不同含义的术语，涉及许多交织在一起的概念，无法简单地定义和解释。其中一个相对广泛认同的定义中，地方依恋被视为一个人与某个特定地点或特定情况下以及特定时间情感或情感联系的程度。这种联系的程度和强度取决于多种因素，包括地点的物理特征，所涉个人的社会关系和经历，以及个人的信仰、价值观和偏好。这也是一个动态的概念，个人的情感关系可以并且经常随着时间而改变，地方依恋在形成中有几个起作用的关键变量，这些变量包括地点，时间（个人与地点的关联时间），个人与地点相关的居住地点，在该地所做的活动或仪式，以及在该地的社会关系和相互作用的物理联系[245]。

关于地方依恋的更具体的研究，学者们也从不同维度进行了分析。斯特曼（Stedman）将地方依恋分为地方依赖、地点身份和情感成分[246]；沃克（Walker）、查普曼（Chapman）和威廉姆斯（Williams）等认为，地方依恋是一种二维结构，只包括地方身份和地方依赖[247,248]；凯尔（Kyle）等认为，地点依恋的测量包括地方身份、地方依赖和地方社会联系[249]；哈尔彭尼（Halpenny）将地方依恋概念化为地方依赖和地方认同，并在此基础上，将场所依恋定义为场所依赖、场所身份和场所影响，并调查他们与环境的关系及环保行为[250,251]。

（二）地方依恋与游客行为

1. 地方依恋与游憩依赖

威施雷尔（Schreyer）认为，重复探访和接触可能导致的习惯和熟悉可以增加依恋的感觉[252]。另外，随着对特定地点的依恋强度的增加，导致对特定地方的更大的依赖程度，对访问者的地方依赖以及资源规划产生显著的影响，形成该地区的不可替代性，这非常重要。假设这些旅游者的旅游方式严重依赖于某个地方参与他们选择的活动，那么在特定的经历中，对旅游地地方依恋比较高的旅游者就不愿意放弃他们认同的旅游地。

2. 地方依恋与环保行为

全球环境问题（其中许多被视为人类活动的后果）引起了人们对地点依恋和

亲环境行为研究的兴趣。这些研究基于人类行为是许多环境问题的根源的论断，并且有可能利用个体对某个地方的依恋来影响其行为。现有研究的发现表明，较高水平的地方依恋通常与更负责任的环境行为相关联，对影响更敏感的人在地方依恋的测量上得分更高。因此，在评估公众对特定地点的环境影响的态度时，纳入地方依恋评估可以帮助土地管理者更好地评估和理解公众对管理目标和目标的反应。故斯马尔登（Smaldone）等认为，应将地方依恋作为一种潜在的自然资源管理工具来使用，据此，他们通过调查美国大提顿国家公园游客的地方依恋与公园的主要管理问题，来研究二者之间的关系[253]。他们总结认为，对于地方依恋和地方感的研究大多从一维角度来进行，因此，在研究大提顿国家公园时采用了一个多维的、有代表性的和包容性的定义，其中地方依恋被视为一个人在特定的环境或特定的时间内与特定的物理场所或设置有情感或情感联系的程度。这种联系的程度和强度取决于多种因素，包括地方的物理特征、所涉及的个人的社会关系和经验，以及个人的信仰、价值观和偏好。这也是一个动态的概念，其中个人的情感纽带经常随着时间的推移而改变。

普利（Pooley）研究发现，情感联系促进了游客的心理幸福感，地方的影响也与游客环保行为意向之间具有正相关关系，该类研究表明，地方依恋在引导游客认识保护自然资源、树立环境保护态度和实践环境保护行为是有潜在价值的[254]。由于认识到越来越多的游客对旅游景区和目的地带来的影响，很多人呼吁在旅游地推行环境可持续的行为。

3. 地方依赖与游客行为

地方依赖是另一种关于地方与人的关系模型，涉及两个组成部分：第一部分指特定地点的质量，取决于其满足个人需求或目标的程度；第二部分涉及游客对地点独特性的认识。瓦斯科（Vaske）和科布林（Kobrin）的研究表明，地方依赖对环境负责行为有间接影响[255]；凯利（Kelly）的研究结果显示，地方依赖型旅游者更愿意关注资源开发和保护[256]。关于地方依赖对游客环保行为的直接影响，特别是在诸如国家公园和自然保护区等自然环境中，理论上是理想的地点依赖于理想环境。因此，公园也可以很好地利用游客的环保行为，以此作为可持续旅游管理的工具。

4. 地方认同与环境行为

地方认同是个人对特定空间设置的认知、信念、感知或想法，与自然环境相处的经验可培养个体的地方认同。普罗尚斯基（Proshansky）将地方认同定义为个人对世界的认识和感知，以“关于具体身体环境和环境类型的记忆、概念、解释、观点和相关感受”为代表；他还指出，通过分享一个特定的物理环境好坏的态度，对人在形成个人的地方认同方面起着至关重要的作用[257]。在自然环境中，地方认同对一个人的环保行为意图的影响最近才被认识到。许多研究表明，地方认同和环境行为之间存在正相关关系，人暴露在自然环境中会产生一种对这个地方的认同感，也许反过来又会导致积极的环境意图和行为。

（三）地方依恋与居民行为和社区管理

环境对一个人来说，不仅仅是一个物理属性的集合，它意味着过去经历的历史、情感和意义的积累。威廉姆斯（Williams）和帕特森（Patterson）认为，生态系统管理的新范式必须包含人类的维度和价值观[258]。地方不应该仅仅被视为空间单元，它们的意义必须得到充分的阐释，以使人掌握土地使用决策中涉及的突出问题。同时，了解人们对自然资源和土地的情感，以及自然资源和土地的文化、象征意义后，土地使用规划者可以对这些意义进行整理，管理人员可以将这些与地方有关的意义用于评估更高层次的决策。较新的工具，例如地理信息系统（GIS），可以潜在地用于这些类型的地方依恋地图，甚至可用于基于各种维度（包括地方意义）的规划。

地方意义作为生态系统管理的一个重要的人类维度，随着与地方有关的政策及其影响越来越受到公众的关注，也显得越来越重要。近十年来的各种实证研究发现，应在评估不同类型的环境影响时纳入地方意义和地方依恋。威廉姆斯和帕特森在一项关于格鲁吉亚荒野用户的研究中发现，具有较高地方依恋水平的游客更容易对各种影响（生态、视觉和音频）表现出更高的敏感度[258]。其他研究还发现，地方依恋的措施和地方感可以帮助预测游客对环境影响的反应和对特定环境变化的态度。作为生态系统管理的一个重要的人类层面，地理意义越来越重要，因为与地点相关的政策及其影响日益受到公众监督，经常引起激烈的争论。例如，关于在黄石公园和大提顿国家公园使用雪地汽车的决定，以及对这些管理决定的反对判决，表明对管理者来说，了解社会、情感和象征因素对于资源管理决策与经济和生物因素同等重要，了解更深层的无形价值、地方意义以及在自然资源管理规划中考虑人们的需求越来越重要。因此，在评估公众对特定地点环境影响的态度和潜在反应时，管理者使用地方依恋措施是非常重要的。

同时，各种理论和实证表明，地方依恋是多维的，很难界定，并且包含体现设定变量和个人变量的广泛构成。这个概念在过去没有得到公共土地管理者的充分认可和使用，但今天更全面的规划涉及评估与“特殊地点”相关的多种价值。威廉姆斯和帕特森不仅提倡这种社会概念，还认为可以将其用于管理生态系统层面的土地。他描绘了一些要融入土地管理者规划框架的关键思想，其中两个重要观点是“生态系统是社会创造的地方”“生态系统管理包括映射人类赋予地方的全部意义”[258]。

三、地方感与旅游社区恢复力

（一）居民地方感与社区恢复力

地方感可以通过加强人与环境之间的联系来增强社区恢复力。强烈的地方依恋可能支持对变化的适应，不少学者已开始将地方感作为一个重要基础判断社区恢复力的变化[199]。研究表明，当生活因某种变化有威胁时，如农业生存能力下降、人口数量减少，或者发生其他灾害时，强烈的地方感可能会加强或鼓励当地居民适应变化，通过适应这些变化，可以保留社区结构和地方特征，这可能促进社会恢复[259]。因此，马歇尔（Marshall）等建议通过加强地方依恋来增强社区适应变化的能力，并建议社会资本、地方知识和互惠网络促进适应社会生态变化[260]。伊金（Eakin）等的研究表明，对于美国亚利桑那州的农民来说，与地方依恋相关的对社区的承诺有助于适应性学习，可保持农民的生存能力[261]。恢复力思维提高了对适应的理解，即通过改变以保持现状的能力，但为了更好地理解情感和感知如何适应变化，需要更好地关注人们对什么关注，以及具体的变化如何影响个人和群体的地方感。

（二）游客地方感与社区恢复力

旅游活动的开展离不开旅游主体与旅游客体的双方互动，一方面，旅游者从旅游地的自然环境和社会文化环境中获得旅游体验；另一方面，旅游者通过这种体验获得对旅游地的情感和行为的联系，这种联系使得旅游者在游览每个旅游地时获得不同的地方情感，这是旅游地特殊地方性的体现，也是旅游地吸引游客的关键所在。在旅游业发展日趋成熟的今天，旅游者对于旅游活动的追求已经发生了本质的改变，从最初追求旅游活动的游览到现在注重旅游满意度，旅游者的需求从单纯的游览行为走向了更深层次的旅游体验。地方感是一个综合的概念，不仅包含客观地方的特质，也包含主体的主观认知。旅游是人们形成地方感的重要途径之一。在旅游过程中，旅游者发现和挖掘旅游地的地方特质，获得对旅游地的感知，在感知中获得自身的游览价值体验。因此，地方感逐渐成为旅游地发展中不可或缺的一部分。

第二节　九寨沟灾后旅游者地方感

旅游者地方感是旅游者在旅游地的游览过程中与自然环境和社会环境相互作用的产物，是旅游者对旅游地综合感知评价的重要组成部分。在旅游景区的规划管理中，旅游者地方感研究是了解旅游者对旅游资源的感知与评价，以及旅游者在游览过程中赋予旅游地在情感上、体验上的独特价值的重要方式。因此，对九寨沟旅游者进行地方感研究，获取旅游者对九寨沟景区灾后恢复情况的直观感受和旅游体验，从而为景区的后续灾后重建工作提出建议，推动九寨沟景区的灾后规划管理服务。

一、旅游者地方感调查问卷设计

（一）问卷调查及数据分析处理

本部分游客地方感与恢复力基础数据来源以问卷调查为主，问卷采用现场发放方式。调查点在九寨沟景区内。灾后旅游者地方感问卷设计主要分为三个部分：第一部分是旅游者人口学特征统计，包括旅游者的年龄、性别、文化程度、职业、年平均收入等基本特征。第二部分为旅游者出游特征统计，主要包括游览九寨沟的次数、游览目的以及对九寨沟的熟悉程度。第三部分是旅游者对灾后九寨沟的地方感量表统计，从自然风景、社会人文、旅游功能、情感依恋、地方认同、环境责任、地方恢复、安全感知八个维度对旅游者地方感进行调查。

本调查于 2019 年 5—7 月在九寨沟景区内展开，总共回收问卷 112 份，除去无效问卷 7 份，最终获得有效问卷 105 份，有效回收率 93.75%，所得数据采用 SPSS22.0 进行分析（表 11－1）。

表 11－1　游客社会学特征分析

社会学特征	统计内容	比例（%）	社会学特征	统计内容	比例（%）
性别	男	55.2	职业	个体经营者	18.1
	女	44.8		事业单位员工	28.6
年龄	18 岁以下	1.9		企业员工	36.2
	18～35 岁	57.1		私营企业主	1.9
	36～60 岁	35.2		自由职业者	1.9
	61 岁及以上	5.8		学生	8.6
文化程度	初中及以下	15.2	年均收入	1 万元以下	8.6
	高中	35.2		1 万～3 万元	3.8
	大专及本科	42.9		3 万～5 万元	7.7
	硕士及以上	6.7		5 万元以上	80.0
职业	农牧民	4.8			

（二）旅游者社会学特征分析

从数据来看，性别上，本次调查男女性别比例大致平衡，男性占比 55.2%，女性占比 44.8%；从年龄结构分析，超过半数的被调查者为 18～35 岁的中青年游客，占比达 57.1%；次之的年龄段分布在 36～60 岁，占比为 35.2%；18 岁以下的青少年和61岁及以上的老年人口占比较小。其原因，一方面是调查时间并非黄金周或寒暑假，故青少年人数少；另一方面，老年人口比例偏低可能跟地震后沿途交通条件发生变化、路途所用时间偏长有关。

从文化程度来看，来访游客主要集中在大专及本科和高中学历，占比78.1%，反映出旅游者的学历较高。从职业分类看，以企业员工和事业单位人员为主，总共占比64.8%；个体经营者占比18.1%，其余如农牧民、个体经营者、私营企业主、自由职业者以及学生的样本数量较少。从年平均收入水平看，年收入超过5万元的被调查者较多，占比80%；低于5万元的被调查者占整个样本总量的20%，这一定程度上反映了旅游跟收入之间的正相关关系（表11-1）。

（三）旅游者出游特征分析

从游览九寨沟的次数来看，大部分旅游者是第一次来，占比83.8%；小部分旅游者是第二次或者第三次到访，占比16.2%。重游次数达到4次及以上的游客在本次调查中还未出现。在游览目的方面，所有旅游者都秉持着欣赏优美自然风光的目的，大部分旅游者还将增长见识和放松心情视为出游目的，分别占比62.9%和58.1%。被调查者的游览内容中也包括体验独特的藏族风情文化，但占比不高，仅有20%。对景区的熟悉程度方面，半数被调查者认为对景区比较熟悉，接近半数的被调查者认为对景区不太熟悉，认为对景区非常熟悉和根本不熟悉的游客很少（表11-2）。

表11-2 旅游者出游特征分析

出游特征	统计内容	比例（%）
游览次数	1次	83.8
	2～3次	16.2
	4次及以上	0.00
游览目的	欣赏优美的自然风光	100.00
	体验独特的藏族风情文化	20.00
	增长见识，开阔眼界	62.90
	结识新朋友	11.40
	放松心情	58.10
熟悉程度	非常熟悉	4.76
	比较熟悉	52.38
	不太熟悉	40.95
	根本不熟悉	1.90

二、灾后旅游地旅游者地方感特征分析

本书中旅游者地方感的量表包括自然风景、社会人文、旅游功能、情感依恋、地方认同、环境责任、地方恢复和安全感知八个维度，通过 SPSS20.0 和 Excel 软件对各个维度的描述性语句进行分析，得到灾后九寨沟旅游者地方感的总体特征描述和旅游者在不同人口学特征及出游特征上的地方感差异。分析发现，地方感量表的总体均值为 3.92，说明灾后游览九寨沟的旅游者地方感较强。以下从各个维度对旅游者地方感进行分析。

（一）自然风景维度

在自然风景维度中，旅游者地方感感知均值为 4.33，对九寨沟自然风景的认同度较高。旅游者对“九寨沟自然景色独特”认同度最高，均值达 4.35；对“九寨沟风景令人愉快”认同度较高，均值达 4.34，二者均高于总体均值，说明九寨沟的自然风景在旅游者的地方感认知中承担着重要的角色。在自然风景保护方面，旅游者的地方感认知达 4.33，说明景区的自然环境保护状态较好。即使是在地震之后重新开放，旅游者对九寨沟的自然风景依然认同度较高，一方面，说明景区在灾后恢复重建中对自然风景的恢复效果较好；另一方面，体现了景区得天独厚的自然环境优势。对旅游者的出游目的进行分析得出，以欣赏九寨沟景区优美自然风光为目的的被调查者比例达到百分之百，这也说明旅游者对景区自然风景的认同度较高，景区能够满足旅游者欣赏自然风光的旅游需求。在“感觉与大自然融为一体”这一项中，旅游者认同度较低，这可能与旅游者当时所处的旅游环境有关，游客人数较多，致使游览景点处较为拥挤等，这些都会影响旅游者的游览体验（表 11－3）。

表 11－3 自然风景维度

维度与指标	百分比（%）					均值
	非常同意	同意	一般	不同意	非常不同意	
自然风景维度	37.14	59.30	3.33	0.24	0.00	4.33
感觉与大自然融为一体	39.05	52.38	8.57	0.00	0.00	4.30
九寨沟风景令人愉快	37.14	60.95	0.95	0.95	0.00	4.34
九寨沟自然景色独特	36.19	62.86	0.95	0.00	0.00	4.35
九寨沟自然风景保护良好	36.19	60.95	2.86	0.00	0.00	4.33

（二）社会人文维度

在社会人文维度中，旅游者地方感感知均值为 3.28，略低于量表的总体均值。在各项描述语句中，旅游者认为“九寨沟有地方文化特色”得分最高，均值

为3.38，高于此维度均值，说明旅游者对景区地方文化的营造与彰显认可度较高，景区文化有地方特色且较为突出；旅游者对“九寨沟有独特的民族风情”和“九寨沟有典型的藏族风情”地方感均值分别为3.36和3.31，二者均低于量表的总体均值，可见旅游者的认同度较低。在对旅游者出游特征进行分析时，以“体验独特的藏族风情文化”为出游目的的旅游者占比约20%，相较于以欣赏自然风景为出游目的的旅游者，其整体游客数量较少。旅游者对九寨沟民族风情的感知度较低，一方面反映出景区内对少数民族风情的营造程度不够；另一方面也反映出景区过分强调自然风景的独特性，忽视了景区内藏族文化的人文美，没有对二者进行很好的结合。旅游者对“九寨沟有吸引人的建筑”和“九寨沟居民的生活方式独特”的地方认同度偏低，感知均值分别为3.14和3.17，均低于此维度均值。这表明景区内的建筑和居民的生活方式是拉低旅游者对社会人文环境地方感感知的重要因素（表11-4）。

表11-4 社会人文维度描述统计

维度与指标	百分比（%）					均值
	非常同意	同意	一般	不同意	非常不同意	
社会人文维度	5.17	20.19	71.55	3.10	0.00	3.28
九寨沟有独特的民族风情	4.76	26.67	68.57	0.00	0.00	3.36
九寨沟有吸引人的建筑	3.00	9.50	86.30	1.20	0.00	3.14
九寨沟有典型的藏族风情	5.71	21.90	70.48	1.90	0.00	3.31
九寨沟有地方文化特色	6.67	26.67	64.76	1.90	0.00	3.38
九寨沟居民的生活方式独特	5.71	16.19	67.62	10.48	0.00	3.17

（三）旅游功能维度

在旅游功能维度中，旅游者地方感感知均值为3.71，低于量表的总体均值。旅游者对“这里旅游氛围友好”的认同度最高，地方感知均值达到3.83，说明旅游者对灾后重建的景区的整体旅游环境认可度较高；对“游览活动让我增长了见识”这项的认可度也高于此维度的均值，达到3.72。在对旅游者出游特征进行分析时，以“增长见识，开阔眼界”为游览目的的旅游者人数占比达到62.9%，但对游览活动增长见识这一描述认同度较低，并且低于整体的地方感均值。旅游者对“旅游活动满足了我的探索欲望”和“这里旅游服务良好”地方感均值分别为3.68和3.67，均低于此维度均值。由此可得出，在实际游览的过程中，旅游者缺乏对景区自然景观、人文景观的深入了解，景区在自身的景点标志和解说系统方面未达到旅游者期望的信息传播效果，导致旅游者对景区的获取体验感较差，从而造成其对景区的功能维度认同度较低。在功能维度的指标中，旅游者对“游览活动秩序井然”的认同度最低，感知均值仅为3.63（表11－5）。部分旅游者表示，不管是未进入景区前，还是在景区内，观光车等候区总是出现拥挤插队的现象，旅游交通的体验感很差。在各个景点游览时，游客过多造成拥挤，旅游者体验不佳，满意度大大降低。景区在进行线路规划时，应充分考虑游客分流问题，避免某一旅游点的客流量过大，并且根据客流量对景区内观光巴士数量进行调整，努力提高旅游者的满意度（表11－5）。

表11－5　旅游功能维度

维度与指标	百分比（%）					均值
	非常同意	同意	一般	不同意	非常不同意	
旅游功能维度	11.62	54.99	25.90	5.69	9.00	3.71
游览活动秩序井然	11.43	50.90	29.52	5.51	2.64	3.63
游览活动让我增长了见识	11.56	59.27	20.00	8.65	0.00	3.72
游览活动满足了我的探索欲望	12.38	45.71	39.05	2.86	0.00	3.68
这里旅游服务良好	11.43	56.19	21.90	8.58	1.90	3.67
这里旅游氛围友好	13.33	62.86	19.05	2.86	1.90	3.83

（四）情感依恋维度

在情感依恋维度中，旅游者地方感感知均值为3.85，低于量表的总体均值。旅游者对“这里是令人难忘的”认同度最高，均值达4.09，高于量表的总体均值，这表明九寨沟的游览经历对旅游者产生了深刻的印象。旅游者对“这里风景独一无二”的认同度也较高，均值达4.05，高于量表的总体均值，这与自然风景维度旅游者地方感均值较高相符合。对“这里是令人激动的”“这里是神圣的”认同均值分别为3.89和3.87，略高于维度均值。旅游者对“这里是古老的”和“这里是神秘的”地方感均值较低，低于维度均值，这是拉低情感依恋的主要指标（表11－6）。分析得出，旅游者对灾后九寨沟的情感依恋偏低，但对自然风景独一无二的认可展示出九寨沟独特的自然资源优势。景区对自然旅游资源的开

表11－6　情感依恋维度

维度与指标	百分比（%）					均值
	非常同意	同意	一般	不同意	非常不同意	
情感依恋维度	19.68	50.79	23.97	5.24	0.32	3.85
这里风景独一无二	24.76	58.09	14.29	2.86	0.00	4.05
这里是神秘的	12.38	34.30	41.90	9.52	1.90	3.46

（续）

维度与指标	百分比（%）					均值
	非常同意	同意	一般	不同意	非常不同意	
这里是古老的	14.29	47.62	33.33	4.76	0.00	3.71
这里是令人难忘的	28.57	54.28	14.29	2.86	0.00	4.09
这里是令人激动的	20.95	53.33	19.05	6.67	0.00	3.89
这里是神圣的	17.14	57.14	20.95	4.76	0.00	3.87

发利用现状和为旅游者提供的服务设施等可能是影响其情感依恋的重要因素。因此，景区需要充分利用恢复重建的休整期对景区进行必要的升级改造，提高旅游者的情感依恋度。

（五）地方认同维度

在地方认同维度，旅游者地方感感知均值为 3.89，低于量表整体均值。旅游者对“这里山清水秀，其他地方比不了”的认同度最高，感知均值为 4.08，对其自然环境的优越性表示了极大的赞同。对“这里环境好，气候好”的感知均值为 4.01，认同度也较高。与此相比，“这里人好”的感知均值仅为 3.57，是拉低旅游者地方认同的主要原因（表 11－7）。旅游者在游览的过程中与景区管理人员、服务人员、当地居民交流的机会少甚至没有交流，少有的交流机会仅限于衣服租赁、拍照等旅游交易，因此旅游者对“这里人好”的感知偏低。景区除了为旅游者提供良好的旅游环境外，与旅游者之间进行必要的情感交流也尤为重要，利于提高其地方认同度。

表 11－7　地方认同维度

维度与指标	百分比（%）					均值
	非常同意	同意	一般	不同意	非常不同意	
地方认同维度	18.10	55.56	23.17	3.17	0.00	3.89
这里山清水秀，其他地方比不了	20.00	71.43	4.76	3.81	0.00	4.08
这里环境好，气候好	20.00	65.72	9.52	4.76	0.00	4.01
这里人好	14.29	29.52	55.24	0.95	0.00	3.57

（六）环境责任维度

在环境责任维度，旅游者地方感知均值偏高，各个指标均高于量表整体均值。旅游者保护九寨沟景区环境的意愿强烈，并且对“我愿意宣传这里，让大家都来保护它”这一指标认可度较高，表明旅游者在注重自身环境保护行为的同时，也重视公众的环保意识，对九寨沟环境的责任感较高（表 11－8）。

表 11-8 环境责任维度

维度与指标	百分比（%）					均值
	非常同意	同意	一般	不同意	非常不同意	
环境责任维度	33.01	66.35	0.32	0.32	0.00	4.32
我愿意保护这里的环境	33.33	66.67	0.00	0.00	0.00	4.33
我愿意宣传这里，让大家都来保护它	32.38	67.62	0.00	0.00	0.00	4.32
看到这里有垃圾时，我会捡起来	33.33	64.76	0.95	0.95	0.00	4.30

（七）安全感知维度

在安全感知维度，旅游者地方感知均值为 3.85，低于量表整体均值，表明旅游者对灾后九寨沟的安全系数认同感偏低。对“来这里旅游是安全的”这一指标，旅游者的感知均值为 3.97，表明游客对景区灾后重新开放的安全性认可度较高。对“这里的交通和环境及旅程正常”这一指标，旅游者感知值也高于量表整体均值，表明景区的灾后重建成果是可观的，对自然生态环境、社会环境的恢复重建达到了预期效果，旅游者感知良好。在这一维度中，旅游者认同度较低的是“这里的景物没怎么受到破坏”这一指标，感知均值为 3.68，远低于量表均值（表 11-9）。造成这一结果的原因，一方面是地震对九寨沟自然景观的破坏较大；另一方面是灾后重建工作在继续进行，景区内仍有尚未修复的景观，这对旅游者的安全感知体验产生了较大影响。

表 11-9 安全感知维度描述统计

维度与指标	百分比（%）					均值
	非常同意	同意	一般	不同意	非常不同意	
安全感知维度	10.79	66.67	19.68	2.54	0.32	3.85
来这里旅游是安全的	13.33	71.43	14.29	0.95	0.00	3.97
这里的景物没怎么受到破坏	7.62	58.10	29.52	3.81	0.95	3.68
这里的交通和环境及旅程正常	11.43	70.48	15.24	2.86	0.00	3.90

（八）地方恢复维度

在地方恢复维度，旅游者地方感知均值较高，均高于量表总体均值。对“我希望人们多到这里来旅游，带动当地快速恢复”和“愿意为这里做一些事情，帮助当地恢复”的认同均值分别为 4.19 和 4.16，表明旅游者对帮助景区灾后重建恢复的意愿较强，希望九寨沟尽快恢复到地震之前的状况。旅游者的重游感知值高于量表总体均值，但低于维度均值，说明此指标对地方恢复感知有削弱的影响（表 11-10）。提高旅游者的旅游满意度，增加重游率，对景区旅游市场的恢复具有重要作用。

表 11-10　地方恢复维度

维度与指标	百分比（%）					均值
	非常同意	同意	一般	不同意	非常不同意	
地方恢复维度	20.95	68.89	9.52	0.32	0.32	4.10
我希望人们多到这里来旅游，带动当地快速恢复	23.81	71.43	4.76	0.00	0.00	4.19
我有重游的愿望	16.19	64.76	17.14	0.95	0.95	3.94
愿意为这里做一些事情，帮助当地恢复	22.86	70.48	6.67	0.00	0.00	4.16

量表分析得出，自然风景维度、社会人文维度、旅游功能维度、情感依恋维度、地方认同维度、环境责任维度、地方恢复维度、安全感知维度的地方感均值分别为 4.33、3.28、3.71、3.85、3.89、4.32、4.10、3.85。总体来说，旅游者地方感知均值较高，旅游者对九寨沟的自然风景感知值最高，对环境责任、地方恢复、地方认同、情感依恋、安全感知、旅游功能的感知值依次降低，对社会人文的感知值最低。其中，自然风景维度均值最高，表明灾后的自然风景依旧充满吸引力，是九寨沟景区独特的旅游资源优势；社会人文维度均值最低，表明景区对文化形象的塑造力度不够，未向旅游者传达鲜明的文化定位。

三、灾后旅游地旅游者地方感问题分析

（一）文化旅游资源开发利用程度低，地方文化体验感缺乏

九寨沟的自然风景是对旅游者产生吸引力的主要因素，也是旅游者地方感的主要感知对象。相较于旅游者感知值较高的自然风景，旅游者对九寨沟的社会人文环境感知值较低。实地调研中发现，九寨沟沟内文化资源的开发利用程度不够，景区内的地方特色文化营造度低。沟内的藏族风情和地方文化主要体现在藏族居民的服饰、房屋建筑、经幡等元素上，大部分文化与自然风光的融合度低，仅停留在旅游者的观赏阶段，旅游者的文化体验感较低。另外，九寨沟实行“沟内游、沟外住”的景区管理模式，游客与沟内居民的交流机会少，仅限于与经营衣物租赁和拍照摄影的商家的口头询问，对居民的生活方式以及民居建筑的特色探究机会少，了解程度低，这些都会影响旅游者对九寨沟的社会人文环境的地方感知。因此，旅游者对景区内的“民族风情”“藏族风情”“吸引人的建筑”等感知度较低，甚至有旅游者表示“没怎么关注到这里的建筑，没觉得有多大特色”。九寨沟文化旅游资源的开发利用程度是影响旅游者文化体验深度的重要因素，开发利用程度低，必会影响旅游者的地方感知。

（二）功能服务设施有待健全，旅游功能感知度低

现代旅游业中，旅游服务是提高游客满意度的重要衡量指标。旅游者对灾后九寨沟的旅游功能维度感知均值较低，具体表现在游览行为本身价值未达到预期值和游览过程体验未达到满意度两个方面。在自身游览行为价值方面，旅游者对游览活动增长见识、满足探索欲望的认同度较低，认为在旅游过程中景观观赏体验感较好，但是游览行为中获得的精神体验较差。在实际游览过程中，游客缺乏对景区自然景观、人文景观的深入了解，景区在景点标志和解说系统方面未达到旅游者期望的信息传播效果，导致旅游者对景区的获取体验感较差，对游览行为价值的认可度低，从而造成游客对景区的功能维度认同度较低。在自身的游览体验方面，旅游者对景区内游览活动的秩序、旅游服务质量和旅游氛围的认同度较低。九寨沟景区经历灾后重建后实行部分区域开放，由于限制区域游览，对旅游者的游览畅通度体验产生了影响。在餐饮服务方面，沟内目前只有诺日朗餐厅营业，旅游者反映食物价格较高且味道一般，因此选择自带食物进入景区内食用，这对游客的用餐体验也产生了较大的影响。景区内的从业人员多数为当地居民，服务水平不高，其服务态度对旅游者的游览体验有直观影响。加强景区功能服务的完善，有助于提高旅游者地方感。

（三）形象塑造与内容呈现方式需完善，依恋感知度低

优越的自然风景是支撑旅游者情感依恋度的重要因素。在这一维度中，旅游者对九寨沟风景独特性的感知值较高，但是在游览体验上个人体验值较低。在关键字“神圣”“古老”“神秘”上，旅游者的感知体验值较低，这是情感依恋度偏低的主要原因。旅游者对景区游览环境的认知与评价是影响游览体验的直接因素，景区对自然旅游资源和人文旅游资源的开发利用方式与程度是旅游者产生认知与评价的基础。“神圣”“古老”“神秘”是旅游者感知的缩影，也是景区塑造的形象的代名词。九寨沟景区目前的规划在这方面的体现度不够，自然环境与人文环境的景观展示与呈现方式需突出历史价值和文化价值，使旅游者对九寨沟不仅仅是感官上的体验，更在精神层面获得深层次的感知。从旅游者自身来看，对景区的熟悉程度越高，情感依恋度就越高，这意味着对景区的了解程度会影响其对景区的情感依恋度。如何对景区的内容信息进行输出以及如何刺激旅游者对内容进行输入，是景区在接下来的灾后重建恢复工作中需要思考的。

（四）游客与当地居民及工作人员互动度缺乏，地方认同度偏低

旅游者与当地居民的交流体现在对话、眼神、动作等各个环节，其中，语言交流是旅游者与当地居民拉近距离、加深交流度的主要方式。对旅游者的地方认同维度进行分析，发现旅游者对认同维度中“这里人好”一项感知值差异较大。在九寨沟景区内，旅游者与当地居民以及景区内服务人员的交流程度较低，笔者

在景区内调研时发现，由于景区并未实现全部区域对游客开放，很多原本由沟内居民经营的商店、摊位未营业，营业的只是在个别景观处的租赁衣服、拍照等摊位。这些摊位的经营者主要是沟内的藏族居民，并且数量较少，与旅游者语言交流虽然没有沟通障碍，但是由于方言的限制，交流顺畅度降低。这就导致旅游者与当地居民的交流空间和交流机会大大减少，对当地居民“好”的认同感知偏低。由于景区较大，旅游者乘坐观光车游览，在旅行途中与沟内工作人员的交流较少，并且极可能由于一些小问题与工作人员产生冲突。从旅游者自身来看，文化程度和对景区的游览次数、熟悉程度会对地方认同感产生影响，文化程度越高，地方认同度越低；对九寨沟的重游次数和熟悉程度越高，地方认同感越高。因此，上述因素都会影响旅游者对沟内人的感知评价。旅游者与当地居民以及工作人员间较远的“距离”是拉低地方认同度的主要因素，为彼此创造联系的纽带，增加交流的时间与空间，是拉近“距离”的有效方式。针对高文化水平的旅游者，需提高景区的整体环境质量，并加深其对景区的了解，以获得多方面的感知体验，从而提高其地方认同度。

（五）灾后区域未全面恢复，安全性感知较低

九寨沟景区经过灾后重建后，部分景观恢复对外开放，重新开放的区域包括扎如沟的扎如寺、树正沟（火花海除外）、日则沟（诺日朗至五花海段景点）、则查洼沟。旅游者对灾后九寨沟的安全感知维度认同均值较低，具体体现在对旅游环境安全性的认知态度、对旅游环境受灾恢复现状的感知以及对旅游行程的整体安全感知。在整个安全感知维度中，旅游者对“这里的景物没怎么受到破坏”认同度最低，多数旅游者表示地震对九寨沟的破坏程度较大，尽管景区的灾后恢复工作值得称赞，但进入景区还是能感受到地震对生态环境造成的影响，心理上会有明显感受。相较于环境受灾恢复现状的感知度，旅游者对旅游环境的安全感知和旅游交通及行程的整体安全感知认同度较高，这是对灾后恢复成果的一个重要肯定，对于仍在开展的灾后恢复工作是一个重要衡量标准。

四、基于旅游者地方感的灾后九寨沟恢复发展建议

（一）景区旅游产品开发层面：加大文化旅游资源的开发，营造地方文化氛围

旅游者对九寨沟景区的地方文化以及民族风情的历史文化价值感受度低，甚至有些旅游文化资源未被感受到，导致旅游者对九寨沟的社会人文维度感知度较低，文化体验感较差。因此，在旅游产品开发层面，景区要充分开发九寨沟现有的文化旅游资源，特别是独特的民族风情文化和传统的藏族民俗，应注重对沟内村寨的“地方性”的营造，保留藏族居民的传统建筑风格，多开展传统的民俗文化节庆活动，丰富活动的内容和形式，充分向游客展示原汁原味的藏族传统文化，让游客走进文化，深层次地体验文化。景区要充分利用沟内村民的“东道

主”形象，发挥好村民对地方特色文化的传播媒介作用，在旅游者体验旅游产品的过程中，促进二者的相互交流，让旅游者真正走进藏族群众的生活，深入体验藏族文化。

（二）景区经营管理层面：完善服务机制，提高服务质量

在提高旅游者游览行为价值认同度方面，首先，要完善景区内的解说系统，打造连续性强的解说系统流程，提高旅游者对景区自然环境和人文环境的认知度。发挥游客中心的服务作用，不仅为旅游者提供便民服务，还要承担景区信息普及和宣传的功能，使旅游者进入景区前对九寨沟的整体概况有初步了解。要增加旅游宣传手册的使用频率，在景区入口处和各个景观处设置宣传手册自取点，为旅游者提供详细的景区讲解资料。其次，普及智慧化的景区讲解系统，可在每个景观处设置微信二维码，游客只需扫描二维码便可获得讲解资料与讲解语音，这将在极大程度上加深旅游者对景区自然景观和人文景观的认知程度。最后，目前静态陈列式的景观标志牌需改良升级，在保证展示内容完整、科学的前提下，呈现样貌应图文并茂，呈现方式要有新意，这样才会吸引旅游者的注意，起到信息传播的预期效果。

在改善旅游者自身的游览体验方面，景区需要完善沟内的旅游服务设施，在数量上满足旅游者的生理需求；提高设施的服务水平与质量，满足旅游者的心理感知需求。在餐饮服务上，完善价格机制，避免出现店大欺客的现象。景区管理层需加强对工作人员的专业培训，提高其专业素质和服务意识，从而提高服务质量，提高游客对灾后九寨沟的服务感知度。

（三）形象塑造与传播层面：完善内容展示方式，提高依恋感知度

旅游者对旅游地的情感依恋以旅游地的地方特色为基础，而后才能在游览体验行为中获得对旅游地的感知认知，其中包含有对旅游地产生的特殊情感。旅游者对灾后九寨沟的情感依恋度总体低于整体的地方量表均值，为此提出几点建议：第一，促进景区环境的改善，以此提高旅游者的情感依恋度；第二，在景区的宣传上，在强调景区优美的自然景色的同时，也要对景区的特色地方文化进行宣传，根据已有的自然旅游资源和人文旅游资源对宣传内容进行设定；第三，九寨沟景区的自然景观蕴含着无比丰富的时间沉淀和魅力无穷的科学知识，在旅游者欣赏美丽的景色时，让其知晓这些美景的历史，有助于其获得更高的旅游体验；第四，在历史文化上，突出沟内的藏羌民族特色，在地方民俗、宗教文化等方面进行呈现方式的改造，不仅是依靠单一的标示牌的图片文字简介，要打造游客参与度高、互动性强的节目，使游客在获得乐趣的同时体会到文化的魅力；第五，在景区展示元素上，将九寨沟的标志设置在景区的各个位置，提高旅游者的感知度；第六，在沟内的景观标志、民居建筑的风格上，沿袭传统的藏羌风格，巧妙利用带有民族特色文化氛围的装饰元素，营造沟内的藏族文化氛围。

（四）主体层面：增加主体双方交流的时间和空间，加强交流互动度

在旅游者对灾后九寨沟的地方认同这一维度中，对沟内人的感知认同度较低，这与旅游者同当地居民以及工作人员缺乏交流机会有关，这也是地方认同度的主要影响因素。此外，对景区不同熟悉程度的旅游者的地方认同度也有较大差异，对景区的知悉程度越高，地方认同度越高；反正，则越低。因此，为旅游者与当地居民以及工作人员创造交流机会，增加彼此之间交流的时间长度和交流的空间范围，对主体间的语言交流和情感交流难度都会有较大提升。当地政府应积极引导当地居民以恰当的方式融入九寨沟的旅游发展中，对居民进行服务职能与礼仪培训，为居民提供工作岗位，增加他们与旅游者的接触和交流机会，使其以自身沟内居民的身份优势，为旅游者提供更好的游览与感知体验。同时，当地居民和工作人员也是景区的形象标识和信息传播的重要渠道，发挥其独特的优势，向旅游者传达景区的相关信息，提高旅游者对景区的熟知度，有利于提高旅游者的地方认同感。

（五）景区灾后重建层面：完善灾后恢复工作，提高景区安全可靠性

九寨沟景区的灾后恢复工作仍在继续，景区还未达到整体开放的标准。旅游者对现在的九寨沟安全感知较低。因此，景区应稳步完成后续的重建工作，在游览环境安全性得到保障的前提下，加快景区的全面开放。在对地震受损的自然景观进行修复时，应遵循自然的原则，注重对生态环境的自然修复，兼顾生态保护和自然景观的完整性。

从目前灾后恢复工作已取得的效果来看，树立安全旅游地的景区形象是当务之急。景区需利用微信公众号、微博、抖音等各大社交媒体平台的营销作用，实时向公众传播景区灾后恢复现状，提高潜在旅游者对景区的关注度，加深其对景区恢复情况的了解。此外，景区应组织专家进行勘察，并及时将勘查结果通过社交媒体平台向公众公布，树立景区安全性的公信力，提高旅游者对景区开展旅游活动安全性的认可度。

第三节　九寨沟社区居民地方感与恢复力

一、居民地方感与灾后恢复感知

熟悉的家乡，过去度假的怀旧思考，宁静的高山草甸，芳香清新的松树林，都代表着我们与周围世界的联系。无论是工作还是娱乐，周边的环境为我们生活中发生的所有事件和活动提供了背景。人与周围环境的密切关系往往会导致对重要场所的依恋，因为某些原因，它们有着特殊的价值或意义。事实上，“成为人就是生活在一个充满重要位置的世界里”。寻求更好的理解人们对特定地方的依恋感的探索，不断推动着学者对这一现象的科学探索。

（一）地方意义与生活质量

地震对九寨沟当地的环境造成了重大负面影响，因此需要在当地社区内推广环境可持续的做法，这也是促进旅游业可持续发展和长远利益的重要战略。如果管理得当，游客到这里去可以产生显著的积极影响，游客对环境负责任的行为可以让游客更好地评估自然资源，同时享受环境带来的物质和心理利益。通过发挥当地居民的地方依恋感，会让地方尽快从灾害中恢复过来。

除了这个地方所提供的意义，九寨沟的旅游景区属性增强了当地居民的生活质量，它服务于功能性的目的，在这里，居民的具体目标会得到满足。社会关系也促进了他们和游客之间的开放交流，通过旅游，本地居民获得了收益，提高了生活质量。因此，他们认为这个地方对他们的意义首先表现为与生活质量有关，高质量的生活最能体现人与环境的一致性。

彭丰社区的超市经营者说："我希望它赶紧好起来。好起来做生意就有收入了。""作为外地人，我觉得在这里生活很好，挺习惯。邻里之间相处得很好。""好的主要方面就是收入高嘛"。

地震后，国家和政府大力展开灾后重建，帮助当地社区恢复资源与环境，保护九寨沟的生物多样性，从而提高社区居民的生活质量。这些措施也得到了社区居民的认同："我们支持政府恢复重建，不然旅游发展不起来，就赚不到钱，娃娃上学、老人看病都需要钱，还是要靠旅游。""地震后要不要离开这里？不离开嘛，除了环境好，这里赚钱也容易些。"

访谈过程表明，社区居民的地方依恋应该被看作是当地旅游可持续发展和恢复力的重要影响因素，而环境和旅游都会增强他们的地方感。

受访的漳扎镇早餐店主说："我们住在这里感觉很好，环境好，房东、邻居都很好，他们很热情，我们相处得很愉快。""九寨沟地震对我们影响很大，现在基本没啥游客。我们暂时还没有想过出去，毕竟在这里待了这么多年了。"

地方依恋对旅游目的地社区居民的感知恢复力有积极影响。因此，地方依恋是提高社区居民应对旅游目的地危机和外部压力能力的催化剂。随着九寨沟居民对社区认同度的提高，他们应对风险和变化的能力增强。与社区的强烈情感联系和心理认同可以鼓励居民获得当地知识，有助于适应性学习，以维持社区的生存能力。地方认同也促进了社区的社会资本，促进了集体行动，增强了社区应对自然灾害的能力。

（二）身份认同与地方依恋影响灾后恢复

个人身份与地方依恋之间有直接的关系，这种关系提供的身份和社会环境支持他们获得部分福利，使他们更关注地方发展和灾后恢复，并高度重视环境和社会的可持续发展。

受访的荷叶寨村民说："地震后没想过离开这个地方去别的地方发展，我们就是在这儿土生土长的，去哪里呢。”“相比外面，还是更喜欢居住在这里。”“我是在这里长大的，感觉还是家乡好。”

受访的扎如寨村民说：“我们村里的邻居们相处得都很好，我们喜欢这里。”“有没有想过离开九寨沟？如果以后有条件的话？没有，这里很好。而且，离开这里去哪里呢？”

访谈显示，具有积极地方身份的社区居民更愿意适应和抵抗环境变化及灾害带来的影响。地方依赖性增强了旅游目的地社区居民的感知弹性，其与重新组织、学习和规划的能力以及应对风险和变化的能力之间的关系尤为强烈，当地社区居民的灾害适应能力、积极主动学习和寻求知识的能力与他们的身份认同有关；调查还发现，与地方认同相比，地方依赖对恢复力的影响更大。对于九寨沟居民来说，九寨沟作为旅游目的地社区，是他们生计的主要来源，与情感关系相比，功能驱动型关系是保护该社区的一个更重要的激励因素。社区恢复力中，更多的研究者强调救灾和抗灾能力，但当地居民则更强调社会关系和社区归属感。尽管地方依恋的来源不同，但它们都表现出与社区的强烈联系和地方依恋，与一个地方的积极情感联系在激励当地居民和旅游社区居民应对自然灾害方面发挥着重要作用。

（三）社区参与对增强居民的地方满意度和社区恢复力都有关键作用

社会参与是支持当地可持续保护、加强九寨沟灾后资源保护和旅游活动的第一步。如果没有这种努力（即社会参与程度很低），居民就不太可能参与需要更多努力的行为。因此，有人认为，社会参与是地方满意度与地方依恋之间关系的潜在调节者，当参与者的社会参与程度较高时，个人与地方的关系更强。这些发现表明，社会参与对地方满意度与地方依恋之间的关系具有显著的调节作用。

受访的荷叶寨居民说：“作为年轻一代，即使以后有机会出去，我们也不愿意离开这里。我们在这里做了那么多事情，把环境变得越来越好了，肯定不会出去。”“还是喜欢这里，这是自己的家。地震后，我们帮助游客，也相互帮助，还帮着社区做其他事，就是希望赶快恢复好。”“我们的房子盖得这么漂亮，生活也越来越好，村里谁家有事情大家都去帮忙，我也经常去帮忙，都是熟人，不想搬到其他地方住。”

调查发现，社区居民参与对地方有积极影响。访谈结果表明，越是参与度高的居民越有可能拥有较高的地方依恋。因此，积极支持当地恢复重建的意愿是地方依恋的有力预测因素。参与度高的行为旨在保持当地良好的生态环境、生物多样性和旅游的可持续性。

二、居民地方感与灾后恢复建议

第一，提高居民社区参与度。研究表明，较高的社会参与度会导致更高层次的地方依恋和生活质量。当社区居民进行一定的参与行为时，他们会感觉与这个地方的情感联系更紧密，从而产生更高层次的地方依恋。

第二，提高社区的灾害抵御能力。社区的恢复力影响应对多层次环境、政治和社会经济变化的集体能力。提高社区抵御能力被认为至关重要，因为世界各地的社区面临着各种各样的新风险，这些风险正在改变社区本身的性质。社会生态系统文献表明，恢复力应被理解为人与环境关系的新型属性。恢复力是由复杂系统的不同组成部分之间的相互作用决定的，这些组成部分影响恢复力发生的机制。提高社区抵御能力已成为减少灾害风险、适应气候变化和社区发展领域的学术与政策分析及实践的重点。然而，恢复力通常被视为个人、社区和更广泛系统的静态属性，但这种认识无法捕捉恢复力概念的复杂性，忽略了社区恢复力中的动态变化，因此，有必要了解社区不同组成部分之间的关系，增加社区恢复力，抵御自然灾害。

第三，提高居民地方满意度。很多研究表明，地方满意度与地方依恋之间有必然的联系。一个人从出生开始，就有了地方身份，会受地方和地方社会关系的影响，通过增强地方认同和地方依恋而更乐意服务于地方，从而增加社区的恢复力。

第四节　结论与讨论

随着旅游业的发展和大量游客涌入旅游地，游客对旅游地的感知已经成为人地关系发展研究的重要组成部分。旅游者对旅游地的地方感是综合的、多维度的，不仅包括对旅游地自然环境、社会环境的感知，还包含对以服务游客为主要目的的旅游环境的感知。研究旅游者对旅游地的地方感，对旅游地的资源规划与开发利用具有重要意义。

第一，旅游者对灾后九寨沟的地方感感知均值较高，对其自然风景感知度最高，对环境责任、地方恢复、地方认同、情感依恋、安全感知、旅游功能的感知度依次降低，对社会人文维度的感知值最低。这说明九寨沟的自然风景是对旅游者产生吸引力的主要因素，“欣赏优美的自然风光”是旅游者出游九寨沟的主要目的。经过两年的灾后重建，景区对自然风景的修复颇具成效。与自然风景感知度相比，旅游者对九寨沟社会人文维度的感知值较低，并且影响了对九寨沟地方感的整体感知。在出游目的中，以“体验独特的藏式风情文化”为目的的旅游者较少；在游览过程中，旅游者对地方文化特色以及民族风情特色的认同度评价较低。九寨沟在注重自然环境恢复的同时，也要强调沟内文化特色和民族风情的开发与塑造，双管齐下，共同发展。

第二，不同人口特征和出游特征的旅游者对灾后九寨沟的地方感感知有差异，文化程度和对九寨沟景区的熟悉程度是影响旅游者地方感感知的关键因素。文化程度越高的人，社会文化的品位可能越高，对旅游地的感知要求和体验要求也越高。这导致文化水平较高的旅游者对九寨沟的社会人文维度感知和地方认同度偏低。此外，文化程度越高的人，对景区的环境责任意识和灾后恢复意识越强，对景区的安全感知也更细腻，从而对安全性的要求也更高。对九寨沟的自然环境和社会环境熟悉程度较高的旅游者，对九寨沟的情感依恋、地方认同越强，但对景区的安全感知评价却更低。

第三，旅游者对灾后九寨沟安全感知评价较低，特别是对景区景观受灾程度的感知，认为景观受到的破坏较严重，一方面表明地震对景区的生态环境破坏较严重，恢复工作难度较大；另一方面也反映了目前景区的灾后恢复工作尚未全面完成，对自然景观的修复工作仍需继续。不同年龄、不同文化程度、不同收入水平以及对九寨沟熟悉程度不同的旅游者，对灾后景区的安全感知度有差异。除年龄外，旅游者的安全感知值与其文化程度、收入水平以及对景区的熟悉度呈负相关。了解影响旅游者安全感知的因素，为景区制定相应规划与措施，提高旅游者对目前灾后景区恢复成果的安全感知，将他们较高的地方恢复意愿变成助力景区灾后恢复的行为，对九寨沟的后续发展意义重大。

第十二章　九寨沟社区产业发展与恢复

第一节　背　景

九寨沟自然保护区是世界自然遗产、世界生物保护区，遗产区有社区居民，社区居民是遗产地的组成部分，他们与遗产地的发展保护有着千丝万缕的关系。一直以来，遗产地的社区发展既是遗产地保护管理的焦点问题，也是学术界研究的热点问题。首先，从社区的角度来看，遗产地的建立一方面对其生产和生活产生了许多制约；另一方面，遗产地发展相关旅游和保护事业，使他们从经济和环境中受益匪浅。其次，从遗产保护的角度来看，社区居民的存在不仅是遗产保护可以争取的合作力量，他们也是保护对象，社区发展需求是遗产保护面对的主要挑战[262]。

目前，我国很大一部分自然遗产地都是国家级的风景保护区。这些遗产地的相关社区仍然采用原来传统的风景区社区管理方式。关于社区的认识，除了具有显著的历史文化和视觉景观价值的社区外，普通的居民点往往被认为与风景名胜区的目标不一致，因此在规划政策方面往往采取搬迁或缩减人口的政策，且政策相对简单，缺乏执行过程和方法的研究。随着社会经济的发展和中国城市化的加快，这些社区也发生了很大变化。许多社区本身正处于快速变化的过程中。应调整社区发展管理的想法。2011 年联合国教科文组织世界委员会确定 2012 年庆祝《保护世界文化自然遗产公约》颁布 40 周年的主题为“世界遗产与可持续发展：本地社区的作用”，使当地社区和遗产的可持续发展紧密相连。

九寨沟是我国最具吸引力的自然风景旅游目的地之一。游客量的迅猛增加给地方带来了丰富的收入，也带来了生态环境的沉重压力。不仅是游客，九寨沟常驻人口大量增加，不可避免地带来了垃圾排放、污水、燃料燃烧的增加，加剧了景区的环境污染；人口增长也带来了建筑用地的增加，人地矛盾日益突出；同时遗产地内部分区域还存在非法的采药与放牧行为，造成了对遗产地生态的严重破坏。因此，合理引导村寨的布局，引导村寨人口的分布，规范村民的行为，也是九寨沟直接世界自然遗产地保护与修复的需求。

2000 年由于“沟内游、沟外住”政策的出台，九寨沟沟内的家庭旅馆、餐馆陆续停止经营，分期拆除，经营活动向沟外聚集，沟内居民经济收入下降。在空间上，除荷叶、树正、则查洼三个寨子外，其余寨子较为偏远，人员分散，造成了村寨发展的内生增长阻滞。同时，由于2020年以来沟内人口迅猛增加，带来了建筑用地的增加，人地矛盾日益突出。因此，沟内社区经济、规模与空间如何发展，是九寨沟内社区发展的迫切诉求。

2017年8月8日的地震造成九寨沟遗产村寨人员伤亡和财产损失，地震后九寨沟景区，旅游活动完全停滞，依附于九寨沟景区而发展的沟内村寨也损失惨重，许多村寨房屋倒塌，亟待重建改建。根据国家和四川省对“8·8”地震灾后重建的要求，通过灾后恢复重建，要让九寨沟作为世界休闲度假旅游目的地吸引力显著增强，构建生态文明建设新模式，努力把灾区建设成为实践“绿水青山就是金山银山”重要思想、促进少数民族地区绿色发展、脱贫致富的优秀典范；同时，还要将灾区生产生活条件和经济社会发展全面恢复并超过震前水平，早日向世人重新展示九寨沟世界自然遗产的独特魅力。要实现这一目标，灾后的社区产业发展无疑是关键的环节和重要任务之一。

第二节　九寨沟社区发展

与世界其他地方不同，在我国，大多数自然遗产地建立之前就有人居住于此。随着自然遗产的建立，地方经济得到发展，社区居民生活水平得到提高，但自然遗产地与社区自然资源保护之间的矛盾和社区经济的发展要求得越来越不协调。一方面，传统的保护模式在很大程度上忽视了社区的发展要求，制约了当地社区经济的发展，使社区与自然遗产地之间的矛盾日益加剧；另一方面，社区的发展削弱了自然遗产地的管理，难以实现生物多样性保护的目标，自然遗产地逐渐处于自我发展自我完善的“孤岛”状态[263]。如何正确处理自然遗产地建设与周边社区发展的关系，一直是困扰自然遗产地建设的热点问题。在自然遗产地工作中，正确处理自然遗产地建设与当地社区发展之间的关系，会直接影响自然遗产地生物多样性保护的有效性和社区的协调稳定可持续发展。因此，如何在实践中协调自然遗产地与周边社区之间的关系已经成为一个需要深入研究的课题。

经过多年的发展，九寨沟世界遗产地村寨依附于景区发展旅游业，无论从总体规模还是经济效益上来看，都呈现出较好的态势。随着我国社会经济进入新的历史发展时期，九寨沟景区所处的宏观环境发生了深刻而巨大的变化，旅游业已从观光型向休闲度假型转变，但九寨沟提供的旅游产品仍以初级观光旅游等初级产品为主，其村寨产业功能更是单一，主要为景区旅游配套服务。由此可见，九寨沟世界遗产地村寨产业的发展已进入瓶颈期，需要寻找产业的新模式、新路径，亟待实行重大的规划调整。

作为人口居住和生产生活场所的村寨，历经了社会经济和政策体制的发展与改革，由于发展的差异，沟内村寨的发展远滞后于沟外村寨。特别是因“沟内游、沟外住”政策而实施的一系列举措，沟内村寨的发展受到了明显影响，加上随后地震灾害的影响，其人地关系发生了巨大变化，由于村寨的现实特点，今后九寨沟世界自然遗产地的村寨还将面临灾害、环境、经济社会发展水平、政策体制等众多因素的制约，但村寨产业发展始终是九寨沟世界自然遗产地人地关系协调发展的突破口，谋求村寨人地关系和谐共生也是灾区村寨发展的最终目标。新形势下，需要进一步提出新的模式、路径和机制，促进产业升级转型，不断提高居民收入，提升产业产品的附加值，提升村寨产业的品质和内涵。

第三节　社区产业相关研究

一、社区产业的理论发展与实践探索

西方国家将社区产业纳入社区经济发展的范畴，关于社区经济发展的讨论兴起于 20 世纪 80 年代。狄奥康尼（Diochon）经过分析与归纳得出，20 世纪 80 年代之前社区经济发展大多属于“外力型发展”模式，发展动力来自社区外资本及其他发展要素的投入，随着全球经济危机的出现，欧美国家饱受通胀和失业率急升的威胁，社区经济发展逐渐向“内生型发展”转变，关键的发展要素开始植根于地方社区，组织方式也更加灵活多变[264]。世界银行在《扩大财富衡量：环境可持续发展的指标》报告一文中指出：“社区里其他形式的资本仅部分维持了社区经济成长的过程，而社区经济成长必须依赖于人的互动与关系的建立所产生的影响往往被忽略”[265]。袁恩（Yuen）以新加坡地方认同搜寻计划为个案分析，指出地方认同不仅关乎社区居民的归属感，也在社区产业发展中发挥着重要作用[266]。奥尼克斯（Onyx）等认为，社区产业的发展必须结合信任、互惠、网络、规范等社会精神特质，才能维持社区的永续性发展[267]。

国内学者对于社区产业的探索起步较晚，但大多研究得具体而实际。郭瑞坤、林佩璇以社会资本为理论基础，寻找影响社区产业发展的因素并探讨各因素之间的关系，研究结果得出：欲增加社区产业行动实践的效果，需通过地方认同的建构、社会信任与互动的机制及居民社区参与的精神三方面[268]；吴明儒、刘宏钰提出，社区产业必须与居民的生活机能相结合，才能发展出自我特色，社区产业最重要的元素是环境和人，社区居民既是生产者，也是消费者[269]；邱家辉、周显荣在对山东省农业产业化发展情况调查分析的基础上，得出发展社区产业的有效做法是：统筹规划、强化引导、服务保障、抓销售，促进市场开拓的联合[270]；陈飞等通过调研贵州万峰国家湿地公园的产业现状，明晰了社区产业发展应践行“调结构、转方式、促发展、共富裕”理念，完善社区发展体系，进一步加快农村社区经济发展，加大第三产业扶持力度，做大做强社区特色产业，形成以旅游业带动生态林业、服务业等多产业协调发展的格局[271]。

二、世界遗产地社区产业研究

世界遗产地是指列入《世界遗产名录》的文化遗产和自然遗产赖以生存的地域空间与相关物质环境。通常人们将世界遗产地直接称为“世界遗产”[272]。

世界遗产地社区是指位于世界自然遗产区域内及其周边区域，经济发展对当地资源依赖度较高的生活共同体。由于世界遗产社区大多远离中心城市，市场经济发展水平较低，社区最常见的生产组织形式是以“家庭”为单位的个体经营者，产品或服务的主要提供者实际上是社区居民。因此本研究将世界遗产地社区产业定义为“在世界遗产地区域内或周边社区居住，依靠世界遗产地内资源生产提供产品或服务的社区个体经营者的集合”。

目前国内外专家学者对世界遗产地的研究多着眼于遗产地的旅游经营、管理体制、保护利用、利益相关者及如何实现可持续发展，对世界遗产地社区产业的研究大部分体现在旅游层面，研究成果有限且具有一定的局限性，因此部分将通过对风景名胜区、自然保护区、森林公园、地质公园、世界遗产地、生物圈保护区等类似案例的研究，梳理社区产业发展及重建问题。

（一）国外世界遗产地社区产业研究现状

国外在遗产地社区产业发展方面多以保护理念为主，1941 年谢尔福德（Shelford V. E.）正式提出“缓冲区”概念[273]，此后，缓冲区的定义不断完善，也越来越多地被应用于实践指导。赛尔（Sayer）等认为，可以建立二级保护区（即缓冲区），允许当地社区在缓冲区内开展对保护区可再生资源的可持续利用，发展社区经济，通过经济收益激励保护区社区形成对保护区的更为长久的支持和包容[274]。在保护区经营模式的具体实施方面，目前国外主要有以下几种模式：

第一种是美国、英国、澳大利亚等西方发达国家的私人特种经营的模式。这类模式的特点是具有专业经营资格的大型企业承包了社区中的产业，由政府对该企业进行有效监督，目的之一是防止企业的商业活动对该区域的生态环境及生物多样性产生不该有的破坏。

第二种是非洲、东南亚等欠发达地区采用的模式，即社区产业的发展由保护区管理机构和国际保护组织共同推动下的居民参与。在社区产业发展主体方面，除了保护区管理机构和社区之外，在保护区社区经济基础较差且外界企业具有投资意向的同时，企业也可以成为社区产业发展的推动主体之一。

第三种是以韩国和我国香港地区为代表的高端社区产业发展模式。在社区产业发展主体方面，保护区的社区经济基础较差，除了管理组织和社区外，外部有投资意向的企业也可以成为推动社区产业发展的主体之一。在这种发展模式中，由于保护区面积较小，政府财政经费充足，非政府组织发展完善，能够支持资本技术密集型的高新科技产业的发展，因此，社区产业主要由生态旅游、特种养殖和高科技产业组成。社区居民通过相关机构的组织参与生态旅游和特殊养殖，并分享社区产业发展带来的经济收益[275]。

（二）国内世界遗产地社区产业研究现状

国内对遗产地社区产业发展的研究主要分为两大板块。一是对发展模式的研究。傅晓莉将我国自然保护区社区经济发展模式归纳为社区共管模式、产业结构升级模式、支柱产业模式三种模式[276]；吴小敏、徐海根总结了保护区与社区协调发展的有效模式，如区域合作模式、协调组织模式、保护与扶贫相结合模式、经济双赢模式、公众参与模式等[277]；徐建英等分析了国内外协调保护区与社区关系的方法和实践经验，提出保护区的管理模式已经从传统的强制性保护转向比较公开、民主的保护模式，将自然保护区与社区协调发展的有效模式概括为政区合署模式、协调机构模式、保护与扶贫相结合模式、经济上双赢模式、公众参与模式[278]；汪惠玲、李励恒对祁连山自然保护区社会经济发展模式进行了探讨和研究，提出了符合当地实际情况的“生态旅游资源开发经济发展模式”等四种社区经济发展模式[279]；宋开慧建议银殿山—龙虎山自然保护区采用产业结构升级模式，利用资源优势策略发展一系列在不违背自然资源保护原则基础上的产业结构，如种植业、渔牧业、养殖业、农产品深加工业的相互结合等[280]。

二是对遗产地社区产业现存问题解决路径的研究。金敏艳、袁虹结合祁连山自然保护区社区产业发展现状及问题提出了因地制宜、合理布局、重点突破、分步实施等合理建议[281]；张华堂等调查了甘肃盐池湾国家级自然保护区特殊的自然条件及社会经济基础，提出了包括旅游资源开发、畜牧业改造和种植业优化等社区经济与自然保护区和谐发展的对策[282]；陈衡民认为，将海坛风景名胜区承包给平潭旅游发展公司直接进行建设的做法，不利于周边社区的长远发展，风景区周边社区营造就是要将社区发展整合到风景区的旅游发展之中，将旅游产业融入社区生活之中，利用旅游业的综合性和带动性，让旅游成为社区生产生活变革的催化剂，带动社区的产业升级和经济多样化，实现旅游开发与社区发展一体化[283]；刘玉梅、刘洋调查了云南省纳板河流域国家级自然保护区周边社区的经济发展模式，探讨了纳板河流域国家级自然保护区周边社区参与当地生态旅游开发的现状，同时结合分析了国内外社区参与生态旅游发展模式的成功经验，对其进行了有意义的探索[284]；徐凡通过对白水江自然保护区周边社会经济发展和自然资源关系的研究，提出资源问题是造成保护和发展之间矛盾的主要原因，也是保护区周边社区缓解贫困的重要条件，必须选择能兼顾发展和保护双重目标的资源利用方式[285]。

第四节　灾后重建过程中社区产业发展

一、国内外灾后重建过程中的社区产业发展研究

社区产业的重建（即经济层面的恢复）在灾后恢复重建中被视为核心任务。张怡文（Chang），研究了1996年日本神户地震对当地经济社会的影响，认为神户经济恢复需要3～4年才能达到灾前90%的经济水平[286]；相关研究表明，灾后企业的受损程度对社会影响很大，灾区的经济发展水平和环境破坏程度对企业的恢复起着重要作用[287]；瓜尔纳奇（Guarnacci）以位于印度尼西亚地震高发带、具有贫困和孤立特点的尼亚斯地区为例，将灾后社区产业的可持续重建与环境治理相结合，考虑在灾后可持续重建过程中进行环境治理，并推进可替代性和可持续性未来的建设[288]。

蓝定香通过回顾美国、日本、印度尼西亚、巴基斯坦等国地震灾后重建的情况，发现受灾国家或地区灾后重建具有以下三个特点：灾后重建过程为先恢复后发展，灾后重建速度较缓、周期较长，灾后重建以恢复为主兼顾发展[289]。王华认为，雅安芦山地震中的先锋社区是具有商业、休闲、旅游、生产等复合功能的可持续发展社区，主张充分利用根雕产业园的产业优势，引导和发展民间手工业，在发展经济的同时保障社区安全，维护社区生态环境，优化社区农林渔业，发展农家旅游型林盘生态旅游模式，为可持续性社区发展提供产业支撑[290]。梁艳、沈一总结了台湾地区桃米社区灾后重建的经验，论证了桃米社区产业主要是基于生态资源的优势，居民通过创造优美环境和兴建设施，运用社区营造过程所学知识共同创造乡村体验式旅游产业模式，这种产业发展模式在我国具有巨大的发展潜力[291]。李文东认为，四川汶川“5·12”大地震后，灾区重建的关键是产业的优化重建，在重建产业时，必须调整结构、优化布局、提升层次，从发展思路、重点产业、配套设施等方面加大力度，着力进行产业优化重建，从灾后重建走向产业复兴，实现四川的可持续发展[292]。杜娟、杨赛霓比较了美国格林斯堡镇与中国汶川在灾后重建工作中的不同侧重之处，分析出美国的多方合作机制能有力整合政府、社区、非营利机构以及整个社会层面的力量，有效促进社区灾后产业的恢复，实现各方资源的对接；我国汶川灾区产业恢复重建工作则充分发挥了中国特色社会主义制度集中力量办大事的优势，将对口支援机制引入灾区恢复重建工作中，高效拉动和提升了灾区社区产业的发展[293]。

二、世界遗产地灾后重建过程中的社区产业发展研究

（一）国外世界遗产地灾后重建过程中的社区产业发展研究

纵观近年来曾发生严重自然灾害的世界多国，其社区产业重建的重点往往落

脚于文化重建或旅游发展上，且以政府主导建设为主。面对 2010 年康塞普西翁发生的 8.8 级地震，智利政府进一步明确和强化文化事业的主导地位，并陆续出台一系列文化政策，加强对文化产业的重建力度。意大利摩德纳的大教堂、市民塔和大广场等世界遗产地曾在 2009 年地震中遭到严重损坏，地震发生后，意大利政府出资 1.5 亿欧元启动了 50 个古迹修复项目，旨在让遗产地文化旅游恢复昔日荣光。美国第一个入围世界遗产城市的洛杉矶曾在 1994 年发生 6.7 级大地震，震后，洛杉矶借地震重振旅游业，推出灾害旅游，灾害旅游的发展为当地经济和旅游业的发展提供了更好的发展契机。1995 年阪神大地震是日本近 20 年最严重的一次地震，震后，日本政府特别修建了阪神地震纪念馆、港口公园及野岛赈灾纪念馆，并通过召开媒体发布会、重新树立会展商务国际会议的旅游形象等带动区域旅游经济的恢复重建[294]。

（二）国内世界遗产地灾后重建过程中的社区产业发展研究

范文静等分析了汶川“5·12”大地震对世界遗产地的各类影响，倡议世界遗产地在灾后重建的过程中，应从健全法律法规、探索新的管理体制和方法、警惕文化瓦解、加强公众参与和国际合作等方面加以改进和提升[295]。宋娟提出灾后重建初步完成后，四川世界遗产地还应着重考虑旅游者的传统旅游动机（即游览观光动机、逃离保健型动机和情感交流动机）来深化当地的旅游发展，盲目地大规模发展地震相关旅游项目是不可取的[296]。贾建中、邓武功把汶川风景区（世界遗产地）灾后恢复重建的基本思路概括为：编制各风景区灾后重建规划，发现、保护与建立新景区和景点，分期安排新的区域旅游“九环线”，建立风景区的地震防灾体系等[297]。任文举认为，灾后四川要实现世界遗产旅游的可持续发展，必须始终坚持保护第一的原则；加强对资源的科学管理，确保资源的可持续利用；加强生态环境管理和科学利用，注重生物多样性保护；依靠科技进步促进遗产旅游可持续发展，切实把“科技兴旅”战略落实到各级遗产旅游发展中；完善政策法规体系，确保遗产旅游可持续发展，建立高效的综合决策和协调管理机制[298]。

（三）分析

通过以上回顾可以发现，当前世界遗产地灾后重建社区产业发展研究主要存在以下几点不足：

首先，当前国内理论界对世界遗产地灾后重建社区产业发展的理论研究成果甚少，现有研究大多停留在灾后如何恢复旅游产业的重建发展上，对世界遗产地社区如何在灾后对整体资源进行有效合理的利用，如何可持续推进产业多样化发展，仅为少数直观映像的反映，缺乏理论支撑。

其次，关于世界遗产地灾后社区产业重建问题，还停留在对于汶川等个别案例的探讨上，以个案联系具体实际或社区产业的某一个环节进行分析者寥寥无几，且关于灾后产业重建模式及经验的总结的研究较为匮乏。

最后，国外对于灾后重建的研究虽然较为具体、系统，但鲜有涉及“世界遗产地”这个概念，大多数是以城市或地区作为研究对象进行分析，缺乏关于世界遗产地灾后重建社区产业发展的具体发展框架方面的讨论，相关经验对于世界遗产地社区来说，借鉴性不强，指导性和推广性较差。

第五节　九寨沟社区发展模式及参与

一、社区产业发展与参与

历史上，九寨沟社区居民一直过着半农半牧的传统生活，由于山大沟深，交通不便，长期以来，跟外界的交流和联系都很少。直到 20 世纪 80 年代，开始有少量旅游者进入，1984 年九寨沟正式对外开放，社区开始发展旅游，社区居民也自觉自发地参与到旅游发展当中。30 多年过去了，九寨沟的社区参与旅游的模式不断在改变，参与过程和参与特点也与时俱进（表 12－1）。

表 12－1　九寨沟社区参与旅游的模式及特点

参与阶段	自发式参与	合作式参与	依附式参与	融入式参与
参与时间	1984—1991 年	1992—1998 年	1999—2005 年	2006 年至今
参与过程	部分村民腾出自家的部分房间，开始吸引游客入住；有些分布在远离公路的寨子逐渐向公路边靠拢和迁建，并积极参与旅游经营中	九寨沟风景名胜区管理局与沟内居民成立联合经营公司；管理局的招待所、宾馆与村民的家庭旅馆都以床位数入股，按股份制的方式联合经营	九寨沟风景名胜区开始推进和实施“沟内游、沟外住”的措施；沟内的家庭旅馆和餐馆彻底停业；管理局帮助和引导分散的居民在沟口附近的荷叶和树正两村集中重建	沟内居民由农牧民变成旅游社区居民
参与特点	沟内的树正、荷叶、日则等寨子形成了集中的居民点和为游客服务的住宿、餐饮店铺	公司建立了董事会、监事会和执委会，村民代表进入公司决策与监督层	双方共同出资新建诺日朗旅游服务中心；联合经营公司按照股份制模式由管理局和社区共同建设与经营	联合公司共同管理；居民参与门票提成和餐厅分红
参与表现	部分村民在游客集中的景点租售衣服，租借马、牦牛等供游客使用和拍照 沟内居民以季节工的身份参与九寨沟自然保护区的保护和旅游服务工作；还有部分人参与到消防、巡查等义务性和集体性工作中	社区居民以多种方式参与旅游，业务范围扩大到管理、驾驶、导游、保洁等工作中	九寨沟风景名胜区管理局取缔了对环境影响较大的租牛、租马、湖内游船等业务，为补偿居民，从 1999 年开始，管理局以 1998 年的游客接待人次数为依据，按每张门票提取 22 元的标准对居民进行政策性分红；补贴餐厅停业的社区红利损失	九寨沟沟内全部实现退耕还林（草），居民完全停止农牧业生产

（续）

参与阶段	自发式参与	合作式参与	依附式参与	融入式参与
参与描述	沟内藏族群众家庭大都开了家庭旅馆和餐馆；1992年前后，沟内床位已达5 000多个	沟内家庭基本都开设了家庭旅馆和餐馆大量接待游客；越来越多的居民为游客提供租牛、租马、租衣、照相等业务	九寨沟风景名胜区管理局对景区内的租衣服和租牦牛、照相点等进行重新规划与统一管理，继续交由居民经营	诺日朗服务中心划出一块区域，作为居民的旅游纪念品售卖区，每个家庭可申请一个摊位，缴纳少量租金和管理费后自主经营
参与模式	自发经营，自由竞争，自主参与	初步合作，仍以自主经营和参与为主	被动式参与	全程合作，深度参与
利益分配	各自独立	九寨沟风景名胜区管理局在门票中加收22元住宿费，由公司统一安排游客在景区内住宿，年底按床位数分配住宿费；餐馆经营按村寨下设则查洼、树正、荷叶三个分公司，各村寨各自管理，餐馆经营收入纳入公司，年终按照双方床位数的标准，即管理局23%、社区77%的标准分红	在建设投资中，九寨沟风景名胜区管理局出资51%、社区出资49%，分配利润时，居民占77%，管理局占23%； 管理局以补贴的方式保障社区居民的收入不低于以前，居民不需要工作就可以获得与原来相同的经济回报。收入在很大程度上取决于政策保障	2006年开始，居民固定从门票中提取7元作为资源权益补偿费，还有诺日朗餐厅的经营分红；社区居民与其他核心利益相关者联系紧密；九寨沟社区与景区达到和谐与共生发展

不同时期九寨沟社区产业发展与参与的模式不同，居民利益保障方式不同，参与的过程和特点不同，居民的社区依恋和责任感也不同。社区居民参与既是旅游景区发展的需要，也是社区健康可持续发展的前提。社区居民充分参与到景区旅游和景区建设中，不仅可以保障其切身利益，还可以增强其责任感和环境保护的自觉意识。

二、社区旅游发展与环境保护

社区发展和环境保护是九寨沟遗产地保护管理的焦点问题之一，不管灾前还是灾后，环境保护都是与社区发展齐头并进的事情。在近几十年的发展过程中，与社区发展和参与模式相对应的，是九寨沟社区在参与旅游的过程中，不断进行的生态环境保护（表12-2）。

表 12-2　九寨沟旅游产业发展过程

时间	时期	旅游发展
1955—1978 年	林勘采伐期	沟内居民过着半农半牧、自给自足的生活，很少与外界往来；60 年代中期，两个林场相继进沟开始大规模的采伐；70 年代，有关部门和专家多次到此深入考察，发现其丰富的自然资源和景观资源，并积极呼吁保护九寨沟
1978—1984 年	单纯保护期	1978 年停止区域内的森林采伐，次年林场全部撤出；之后建立九寨沟自然保护区管理所，围绕森林资源和大熊猫组织开展宣传、设立检查站等简单的保护工作
1984—1992 年	开发探索期	1984 年九寨沟被划为第一批国家级重点风景名胜区，建立了南坪县九寨沟风景名胜区管理局，正式对外开放，最初的探索性、小规模和粗放式的旅游发展模式开始了；之后，九寨沟旅游公司和九寨沟联合运营有限公司相继成立，并实行统一的管理活动
1992—1998 年	初步发展期	1993 年九寨沟管理处和九寨沟风景名胜管理局实行挂两块牌子但同属一套班子的管理体制，开始自主经营和自主分配的企业化经营方式；家庭宾馆渐成规模，游客消费主要都在景区内进行；其间以保护型开发为主
1998—2004 年	快速发展期	注重可持续发展，保护和发展同等重视；加强设施建设，加强旅游管理，九寨沟成为中国最佳旅游产品之一
2005 年至今	提质增效期	以《保护世界文化和自然遗产公约》《世界遗产公约操作指南》《风景名胜管理条例》《自然保护区管理条例》等法律法规为依据和准则，科学地保护九寨沟；实行经济和社会协调发展的景区管理模式

第六节　九寨沟灾后社区产生重建与恢复

一、村寨居民收入及结构

（一）村寨居民基本就业结构

2017 年，九寨沟各村寨劳动力数量共有 886 人，其中就业人口 448 人，就业比 50.6%；大于 60 岁的共有 128 人，其中参与租衣、快照业的有 15 人。其就业结构如表 12-3 所示。

表 12-3　九寨沟沟内居民就业情况

村寨	大九旅分公司	九寨沟风景名胜区管理局	联合公司	居委会	公务员等	租衣	快照	小计
扎如 1	1	19	1	3	1	32	16	73
扎如 2	1	7	2	1	1	15	7	34

（续）

村寨	大九旅分公司	九寨沟风景名胜区管理局	联合公司	居委会	公务员等	租衣	快照	小计
荷叶 1	12	26	5	4	11	41	23	122
荷叶 2	2	6	3	2	5	46	25	89
树正 1	5	39	7	4	11	29	7	102
树正 2	3	13	12	1	2	12	2	45
小计	24	110	30	15	31	175	80	465

（二）沟内居民收入分配结构

沟内居民从事的产业类型和收入来源主要有四类（表 12-4）。

表 12-4　沟内居民从事产业类型

从事产业类型	主要区域
餐饮服务	以诺日朗旅游服务中心的集中餐饮服务为主
旅游经营或与旅游经营相关的工作	租衣照相、售卖商品等
入股	联合经营公司
非正规产业（极个别）	挖药、放牧、非正规旅游、个人住宿

从收入结构来看，沟内居民的主要收入来源有四类（表 12-5）。

表 12-5　沟内居民主要收入来源

收入类型	收入来源
工资性收入	在九管局及其他涉旅公司上班，主要靠工资
财产性收入	诺日朗餐厅参股分红、诺日朗摊位出租、沟外房屋出租
家庭经营收入	沟内租衣照相、诺日朗摊位经营、沟内铺面经营、沟外其他经营
转移性收入	门票收入补偿、退耕还林补贴、粮食补贴

从收入结构来看，地震之前，转移性收入是九寨沟各社区家庭收入的主要来源，即门票收入财政转移分成、退耕还林收入等，占家庭收入的近 50%。从总量来看，地震前九寨沟居民收入比较可观。如 2016 年荷叶社区居民户均收入 23.4 万元，树正社区户均收入 21.3 万元，扎如社区居民户均收入 17.8 万元。

地震后，九寨沟环境遭到严重破坏，旅游业受到重创，社区居民的收入结构被彻底打乱。如何在重建时既保护环境和遗产地的价值，又保证居民生活，是迫在眉睫的事情。

二、社区重建的方法与经验

（一）重视自然环境的生态修复，保障社区可持续发展基础

九寨沟地震首先带来的是自然资源的严重破坏，震后恢复时，九寨沟也面临了一系列难题。由于此前并无全国同级别的自然保护地的成功经验可借鉴，如何在遵守世界遗产地相关条例的前提下，既保证安全性，又兼顾当地生态环境和自然景观的完整性，对九寨沟来说，是相当大的挑战和难题。

经过多次反复的探索和研究，九寨沟最终采用“自然恢复为主，人工治理为辅；生物措施为主，工程措施为辅”的生态修复措施，对当地的生态环境进行恢复和修复。自然生态环境方面，景区尊重自然，强调自然修复和生态修复。生态环境修复包括世界自然遗产景观及生态保护国家级综合观测站项目、地质灾害治理项目、九寨沟世界遗产地解说体系构建、世界自然遗产地保护与恢复研究项目等；环境生态修复主要以保护区内珍稀动物栖息地修复、林地清理、水土保持工程为主的自然生态系统修复，以保护区内外的动物物种和建立科普宣教基地为主的生物多样性保护，以恢复和重建自然保护区、森林公园、森工企业、基层林业站等单位生态保护管理为主的生态保护设施恢复以及人居环境整治。

通过以上多种方式的生态修复，九寨沟的生态环境和人居环境大大改善，并取得了很好的效果，为保障社区产业的可持续发展提供了良好的基础。

（二）政府主导，管理部门全面联动，因地制宜采取措施引导居民就业

在灾后社区重建过程中，地方政府起了主导作用。地震前，九寨沟涉及旅游业发展的相关人员众多；地震后，景区无法接待游客，大量居民失业，失去了主要的收入来源。一方面，考虑九寨沟的实际情况，因地制宜推广和扶植社区产业模式，以解决社区长远生存危机；另一方面，积极探索和创新九寨沟灾后重建的就业新模式，由九寨沟县牵头，建立实名制劳动力登记数据库，举行多场招聘会，向外输出农民工；组织当地群众参与重建项目建设；发展生态护林员、地灾监测员、卫生防疫等公益性岗位，保障震后失业人员和贫困户实现再就业。

（三）修复景区内外的设施，加快景区内外社区居民生活环境的恢复与改善

九寨沟县发生的7.0级地震导致景区内外多处道路及配套设施遭到破坏，不仅影响了旅游活动，也影响了社区居民的正常生活和生产。在重建过程中，前期的恢复工作主要集中在公共服务设施方面，景区内外的部分道路因地震发生坍塌，路面损坏情况严重，恢复重建后的道路，不仅为游客带来更好的旅游体验，还能方便景区居民的生产生活。此外，重建工作还对景区内外的村寨和农房进行了相应改造（表12-6）。

表 12-6　恢复重建项目和主要特点

重建和恢复项目	主要特点
公共服务设施以及旅游专项设施	栈道的修复是在原有栈道基础之上的改造升级，注重生态性和环保性； 景区内旅游厕所进行了整体升级改造，以适应旅游需求； 景观处标识牌进行了更新，呈现内容更加丰富，体现了当地的文化特征； 游客集散中心结合当地自然环境，对传统建筑材料进行现代化创新，彰显地域特色，造型利用了藏语里元音的符号，把自然和人文巧妙地结合起来，更具地方性和美观性
村貌农房改造	灾后重建时注重地方特色和文化传承，注重寨子的地灾资料及构筑物的地勘资料，注重村寨建筑安全等
交通设施建设	已建设完成沟口游客集散中心、301 省道上的新建高架桥、两河上的桥梁、游客中心的双层立体接驳，以及三分钟落客区和应急车道建设，这些项目的建成将有效缓解沟口区域人员、交通拥堵，快速疏解游客，改善沟口交通现状
村寨住宅重建	注重传统性，为每个村寨修建了藏式传统风格的样板房，村民可以按照自己喜欢的类型进行改造
改造、完善景区村寨的人居环境	保持九寨沟自然遗产地村寨的原真性，提升村寨文化感召力

（四）调整发展思路，发展全域旅游，进行产业优化

九寨沟原来主要依靠景区发展，地震的发生让景区内外赖以为生的产业受到重创，迫使当地考虑今后的发展道路。基于全国全域旅游发展和建设的大背景，九寨沟以旅游业为优势产业，重新进行统一的规划布局，优化公共服务，在阿坝州全球旅游发展框架下开展全面统筹管理和全面营销推广，推动旅游产业从单一景区建设管理向综合目的地服务转型，从门票经济向产业经济转变，积极融入国内大循环，以旅游业带动文化产业、服务业等多产业协调发展，打破过去单一业态、单一景区的模式，加速构建“一核多点”全域旅游格局。如为了把游客留住，九寨沟在县城及周边区域，利用灾后游客尚未到来之前的空窗期，加快民宿建设，在景区周边引进新项目，导入新的文化活动，研发升级本地藏家菜品，通过整体规划和项目实施，将全域旅游的理念贯彻下去，构建全域、全时、多元的旅游发展格局，推进城乡、区域旅游统筹协调发展，增强九寨沟世界遗产景区和周边核心旅游城镇对全域旅游的辐射带动作用，并通过重建将其打造融为一体，加快恢复提升旅游基础设施功能，丰富旅游产品类型，提高重建后的旅游服务能力和水平。

（五）发挥生态资源优势，以生态文明理念指导，走绿色重建道路

在灾后恢复过程中，九寨沟考虑其地处国家重点生态功能区、长江上游重要水源涵养地等独特生态地位的实际情况，贯彻生态文明理念，践行“绿水青山就

是金山银山”，进行生态恢复与重建。根据《实施〈世界遗产公约〉操作指南》保护和维护自然遗产遗址的真实性和完整性；提出自然恢复与人工治理相结合、生物措施与工程措施相结合，最大限度地恢复灾区的自然生态功能。九寨沟与中国保护大熊猫研究中心、四川省林业科学研究院、四川农业大学等机构开展合作，科学制定《九寨沟地震灾区灾后重建生态环境修复保护规划》，提出以生态为主的“一主两核三带”绿色发展新布局，明确动态监测和保育诺日朗瀑布、火花海等受损遗产点，建立健全遗产地生态监测系统等举措。从发展理念、规划开发、投资建设、经营管理等方面入手，彰显生态文明精神，根据资源环境承载能力的综合评价结果，将重建规划区域分为生态保护区、旅游产业集聚区、农牧业发展区、人口聚居区四类，其中生态保护区面积最大，占比达 81.44%。不同分区内进行不同类型的产业布局，但均强调产业生态化和生态产业化。震后修复诺日朗瀑布时，修复团队采用就地取材的方法与技术，用震损的钙华体来填补漏水的裂隙，再借助藻类对钙华进行生物修复，完美复原了诺日朗的英姿。

（六）加强地质灾害防治，建立风景区的地震防灾体系等，保障社区产业发展环境安全

灾后，九寨沟迅速而全面地完成灾区地质灾害应急排查评估和九寨沟景区重点调查，健全了以群测群防为基础的群专结合监测预警网络，基本实现地质灾害气象预警预报工作全覆盖，全面提升了灾区基层灾害防御能力。具体项目内容包括对区域地质灾害进行调查评价，完成居民安置点地质灾害的危险性评估；通过群测群防专职监测网络和专业监测预警及数据库建设，完成地质灾害的监测预警；对小型地质灾害隐患进行排危除险，完成当地地质灾害的综合治理；建设基准站、基本站和一般站，建立地震减灾的系统工程，为其他产业的顺利开展和进行提供了良好的安全环境。

三、九寨沟景区恢复情况

2019 年 9 月 23 日九寨沟景区发布的《关于部分区域恢复开放（试运行）的公告》显示，历经两年重建，大部分区域已具备重新对外开放的条件。重新开放的区域为扎如沟的扎如寺、树正沟（火花海除外）、日则沟（诺日朗至五花海段景点）、则查洼沟。恢复重建期间，景区部分景观于 2019 年 9 月 27 日（世界旅游日）起恢复对外开放（试运行），并规定单日接待最大限量为 5 000 人。后又发布公告，自 2019 年 10 月 20 日起，景区单日最大人数限量上调至 8 000 人。为了保障游客的生命财产安全、控制景区的灾后环境承载力，九寨沟暂时不接受散客游览，主要接待通过旅行社统一订票的团队游客。

据九寨沟官网数据显示，自 2019 年 9 月 27 日到 11 月 9 日，景区的日接待人次基本处于单日最大限量的饱和状态。从 11 月 10 日到笔者前往九寨沟调研结束当天（11 月 15 日），游客人数较前段时间有所下降，但入园率还是达到了 70%左右。对于灾后重建开放不久的景区来说，游客量还是十分可观的。在个别景观游览时，还会出现人员拥挤的现象。这也为实地调研的完成提供了较为充足的样本数据。表 12 - 7 为景区开放后的每日进沟人次。

表 12 - 7　九寨沟日接待人次统计（2019 年 9 月 27 日—2019 年 11 月 15 日）

日期	游客量（人次）	日期	游客量（人次）	日期	游客量（人次）
2019 年 9 月 27 日	3 152	2019 年 10 月 14 日	5 000	2019 年 10 月 31 日	8 000
2019 年 9 月 28 日	3 278	2019 年 10 月 15 日	5 000	2019 年 11 月 1 日	8 000
2019 年 9 月 29 日	3 437	2019 年 10 月 16 日	5 000	2019 年 11 月 2 日	8 000
2019 年 9 月 30 日	5 000	2019 年 10 月 17 日	5 000	2019 年 11 月 3 日	8 000
2019 年 10 月 1 日	5 000	2019 年 10 月 18 日	5 000	2019 年 11 月 4 日	8 000
2019 年 10 月 2 日	5 000	2019 年 10 月 19 日	5 000	2019 年 11 月 5 日	7 838
2019 年 10 月 3 日	5 000	2019 年 10 月 20 日	6 289	2019 年 11 月 6 日	7 620
2019 年 10 月 4 日	5 000	2019 年 10 月 21 日	7 481	2019 年 11 月 7 日	7 804
2019 年 10 月 5 日	5 000	2019 年 10 月 22 日	8 000	2019 年 11 月 8 日	7 279
2019 年 10 月 6 日	5 000	2019 年 10 月 23 日	8 000	2019 年 11 月 9 日	7 972
2019 年 10 月 7 日	4 747	2019 年 10 月 24 日	8 000	2019 年 11 月 10 日	5 956
2019 年 10 月 8 日	3 553	2019 年 10 月 25 日	8 000	2019 年 11 月 11 日	5 802
2019 年 10 月 9 日	5 000	2019 年 10 月 26 日	8 000	2019 年 11 月 12 日	5 802
2019 年 10 月 10 日	5 000	2019 年 10 月 27 日	7 806	2019 年 11 月 13 日	5 767
2019 年 10 月 11 日	5 000	2019 年 10 月 28 日	7 412	2019 年 11 月 14 日	5 865
2019 年 10 月 12 日	5 000	2019 年 10 月 29 日	8 000	2019 年 11 月 15 日	5 487
2019 年 10 月 13 日	5 000	2019 年 10 月 30 日	8 000		

总体来看，九寨沟恢复情况良好，通过生态环境修复保护、地质灾害防治、景区恢复提升等重建工作，九寨沟产业发展逐渐步入正轨，也得到了更多游客的青睐和肯定。

九寨沟灾后重建，既要恢复产业，也要恢复生态。九寨沟属于世界自然遗产的特殊属性，决定了其重建过程中必须一方面按《实施〈世界遗产公约〉操作指南》要求，保护和维护好自然遗产地的原真性和完整性；另一方面要保障社区居民的发展利益，保障产业的可持续发展。总体来看，其实施的恢复和重建措施与方案是推进生态文明建设的一次创新实践，既不违背遗产地保护原则，又促进了村寨的良好发展。

第十三章　结论与展望

聚落是人类各种形式的居住地，分布于乡村的旅游聚落既是农户的居住场所，也是旅游活动发生的空间，聚落空间的演变过程受自然和社会的共同作用和影响，乡村聚落发展过程就是聚落居民对周围环境的不断适应和不断改造过程。乡村在聚落选址、聚落生产活动和构成、聚落人口的生活习惯等方面，都有明显的环境适应特征。

由于各地的实际情况并不相同，其发展演变的过程也各具特色。我国西部有大量的山区民族旅游聚落分布，由于旅游的介入和迅速发展，其聚落空间演化过程受社会、经济、文化和制度的影响越来越明显。对九寨沟这种比较典型的民族旅游聚落空间演变的研究，对人们从微观视角了解和掌握民族旅游聚落的演变过程及影响因素具有现实意义，对我国山区民族地区实现乡村振兴也具有实践意义。

恢复力视角作为理解社会—生态系统动态变化的有效途径，被认为是构建区域可持续性的必要环节[299]。由于不可避免的社会和环境的变化，近年来，国际社会提出的恢复力理论是一个比可持续发展更有效的发展模式[300]。

在聚落受到外界干扰时，如何能够保持正常机能，吸引资源集聚，应对挑战和变化，取决于社区、社区成员以及社区资源的利用和管理。

第一节　主要结论

本书选择民族旅游聚落九寨沟为典型案例点，结合地理学、环境生态学和社会学相关统计分析及野外调查，以聚落和恢复力理论为指导，深入研究和探讨其聚落演化过程、机制以及灾后旅游社区恢复力的变化特点及影响机理，主要研究如下：

第一，九寨沟作为典型的山区民族旅游聚落，其聚落发展演变及社区灾后重建不仅受到水土资源、灾害分布等客观条件的限制，同时还受居民、管理局等利益相关者的认知和态度行为的影响。另外，旅游聚落与其他山区聚落最大的不同在于其生计方式依赖于生活空间，聚落内社区成员的生计模式与旅游资源类型、离核心景区的距离、与交通线的关系、在聚落中所处的空间位置都有直接的联系，因此，无论在聚落演变过程中的行为还是灾后社区恢复时的态度，都有其特殊性。

第二，不同时期的聚落中心分布和聚落空间演变，均受人类活动的影响，而且建立在人类利用和改造地理环境的基础上。从九寨沟的聚落发展变化及空间演变过程来看，地形、区位和旅游三个因子共同对其产生了影响：地形是基础，也是限制；区位因子主导；旅游是催化剂。不同的时间段，三个因子的影响作用并不相同。在早期，主要是地形因子起关键作用，聚落的演化过程相对迟缓，其他两个因子的作用不太明显；随着社会的迅速发展和旅游的介入，区位的作用显著增强，旅游则促使聚落的变化服从于旅游活动与旅游者的行为，聚落中心也逐渐向游客活动中心偏移。从演变的驱动机制来看，驱动因子包括政府规划、社会发展、可进入性、游客行为；演进方式分为主动和被动两种类型；驱动对象为旅游聚落，最终使民族旅游聚落呈现一种与自然有关，更与社会和旅游直接联系的演进模式。

第三，从聚落的时间演变过程来看，旅游地域系统是一个变化的过程，反映系统从一种状态向另一种状态转变和一种结构向另一种结构转变，转变的结果取决于系统内外物质、能量和信息的交换关系。九寨沟旅游地域系统作为复杂的开放系统，系统的熵值受人类活动的影响，也受资源环境的制约。整体上，从长时间的动态演化过程来看，九寨沟旅游区地域系统基本稳定、健康、有序。但不能否认的是，每次景区的游客有了大幅度猛烈波动时，系统熵值都会随之发生变化。尽管资源环境在一定的范围内和一定条件下，有自我调节和自我恢复的能力，但旅游区内的活动强度不能超过该区域内资源环境的承载能力。为了保持旅游地域系统的功能完善，保持其熵值处于健康的范围，并使系统持续处于有序状态，合理控制游客量及采取多种环保措施提高环境承载量仍是今后景区最主要的工作。

第四，由于九寨沟地处西南山区，特殊的地质地貌条件决定了自然灾害会频繁且突然地发生。旅游业是一种资源依赖型产业，突发灾害作为旅游社会生态系统的强大干扰因素，往往会导致整个系统的瘫痪，如何避免或减少突发事件的干扰，提高系统的恢复力，或者创建一个恢复力系统来抵御突发事件的干扰，既是国际社会研究的重点，也是这类聚落和社会共同关注的焦点。研究认为，从灾后干预中吸取教训是重要的；在灾后重建和发展规划中，应该有一个更强的意识去关注底层社区的适应能力并引导他们付诸行动，以解决灾后经历的危机，帮助社区进行自我恢复。

第五，社区是应对灾害风险的直接主体，是基层防灾减灾管理的基础单位，也是当地恢复重建的主要参与者。社区恢复力包括社会或个人对于灾害发生后环境的适应能力、社会系统的自组织能力、决策的及时调整能力、从历史灾情中学习的能力。社区的恢复力大小直接决定了当地灾后恢复和重建的速度和效率，从灾害影响认知来看，九寨沟当地居民普遍具有较客观的认知，但尽管对灾害的影响认识正确，在风险评价上却存在侥幸心理，往往会低估灾害事件发生的概率。灾害发生之后，旅游业的环境影响与环境不稳定之间的关系，引起了九寨沟居民对脆弱环境和社区发展的关注，并开始有主动的行为试图参与或影响灾后恢复进程和社区发展规划。引导和培训他们对灾害本身的进一步关注和正确认知，是必要和必需的。

第六，社区居民适应能力是他们应对灾害影响的关键环节，他们的适应手段、适应态度及对灾害的防范是恢复力大小的重要指标。研究表明，具有积极地方身份的社区居民更愿意适应和抵抗环境变化和灾害带来的影响。尽管多数居民仍然将灾后恢复寄希望于政府，但地方依赖增强了旅游目的地社区居民的恢复态度和能力，当地社区居民灾害适应能力、积极主动地学习和知识寻求能力与他们的身份认同有关。对政府来说，在灾后管理和发展规划中，应提高对潜在社区恢复力的认识，加强当地社区的主动能力，以应对危机期间他们所经历的负面社会和经济影响；建立区域防御机制，发挥社会网络对社区恢复的影响力。

第七，无论在九寨沟聚落演化还是社区恢复的过程中，旅游者都扮演了非常重要的角色。一方面，他们通过自身的消费行为直接或间接地推动并影响了该地的聚落演化，使山区民族聚落表现出了与传统山区聚落主要受限于自然要素不同的演化过程；另一方面，在社区灾后恢复的过程中，游客的参与和支持是社区恢复的巨大动力，更好地发挥旅游者的积极作用，让旅游者参与作为聚落演化和社区恢复的正面力量，也是旅游聚落和社区需要重点考虑的任务。

第二节　展　　望

九寨沟是我国典型的旅游社区，突发的地震对其旅游业和社区发展带来了巨大的损失，目前进行中的灾后重建和社区恢复由于牵扯到经济、生态、文化等诸多问题，也面临很多难题。

第一，在乡村振兴和文旅融合相关政策的指引下，旅游聚落呈现出独特又多元的特征，关于不同地域不同资源类型的旅游聚落如何形成和演变，需要从理论方面进行更多深入的讨论和研究，也需要更多更广泛的研究点和案例来支撑和参与。

第二，恢复力理论为乡村聚落和社区的研究提供新思路和新视角，虽然本研究做了一定的尝试性研究，但关于恢复力在微观尺度上的应用和作用过程，乡村旅游社区如何抵御风险，如何有效应对灾害带来的内部和外部的扰动等问题，需要进一步做针对性的探讨。

第三，在今后的社区恢复研究中，应从社会角度理解社区恢复力，并发挥社会网络的作用；社会文化的作用应当在研究中被重视，特别是在民族社区内，文化纽带的作用值得重点关注。

第四，为了更好提升乡村旅游聚落的可持续性，应将恢复力理论与聚落的动态演变过程结合起来，了解其时空差异，并将其与全域旅游、乡村振兴等内容相结合，讨论发展路径和对策。

参　考　文　献

[1] 李小建，胡雪瑶，史焱文，等．乡村振兴下的聚落研究——来自经济地理学视角 [J]. 地理科学进展，2021，40（1）：3-14.

[2] 李红波．韧性理论视角下乡村聚落研究启示 [J]. 地理科学，2020，40（4）：556-562.

[3] 郭永锐，张捷，张玉玲．旅游社区恢复力研究：源起、现状与展望 [J]. 旅游学刊，2015，30（5）：85-96.

[4] 郭永锐，张捷．社区恢复力研究进展及其地理学研究议题 [J]. 地理科学进展，2015，34（1）：100-109.

[5] 杨兴柱，杨周，朱跃．世界遗产地乡村聚落功能转型与空间重构：以汤口、寨西和山岔为例 [J]. 地理研究，2020，39（10）：19.

[6] 石若利，袁晓蝶，张军．三江并流地区聚落生态适应性传递规律研究 [J]. 中北大学学报：自然科学版，2021，42（1）：68-74，81.

[7] 刘彬，周国华，贺艳华，等．乡村社区可持续性研究进展与展望 [J]. 人文地理，2021，36（1）：11-20.

[8] 郭晓东．乡村聚落发展与演变 [M]. 北京：科学出版社，2013.

[9] 斐迪南·滕尼斯．共同体与社会 [M]. 林荣远，译．北京：商务印书馆，1999.

[10] 王亚红．试论场所理论 [J]. 美术观察，2008（12）：112.

[11] 林志森．基于社区结构的传统聚落形态研究 [D]. 天津：天津大学，2009.

[12] 诺伯格·舒尔兹．存在·空间·建筑 [M]. 尹培桐，译．北京：中国建筑工业出版社，1990：48.

[13] Adger W N. Social and ecological resilience：are they related? [J]. Progress in Human Geography，Sage Publications Sage CA：Thousand Oaks，CA，2000，24（3）：347-364.

[14] Cutter S L，Barnes L，Berry M，et al. A place-based model for understanding community resilience to natural disasters [J]. Global Environmental Change，Elsevier，2008，18（4）：598-606.

[15] Christensen L，Krogman N. Social thresholds and their translation into social-ecological management practices [J]. Ecology and Society，2012，17（1）：293-303.

[16] 诺伯格·舒尔兹．场所精神：迈向建筑现象学 [M]. 施植明，译．武汉：华中科技大学出版社，2010.

[17] Roger Trancik. Finding lost space：Theories of Urban Design [M]. John Wiley & Sons，1986：112-124.

[18] 王媛媛．基于场所理论下的阳陵国家考古遗址公园文化旅游研究 [D]. 西安：长安大学，2013.

[19] 张中华，张沛，朱菁．场所理论应用于城市空间设计研究探讨 [J]. 现代城市研究，2010，25 (4)：29 - 39.

[20] Hummon D M. Community attachment-local sentiment and sense of place [J]. Human Behavior& Environment Advances in Theory & Research，1992，12：253 - 278.

[21] 方创琳．中国人地关系研究的新进展与展望 [J]. 地理学报，2004，59 (Z1)：21 - 32.

[22] 鲁礼新．农村聚落更移与自然环境变化：以水城县沙坡村为例 [J]. 信阳农林学院学报，2006，16 (3)：13 - 15.

[23] 陈勇．国内外乡村聚落生态研究 [J]. 生态与农村环境学报，2005，21 (3)：58 - 61.

[24] 沈茂英．山区聚落发展理论与实践研究 [M]. 成都：巴蜀书社，2006.

[25] 金其铭．农村聚落地理 [M]. 北京：科学出版社，1988.

[26] 王建革．华北平原内聚型村落形成中的地理与社会影响因素 [J]. 历史地理，2000 (1)：89 - 96.

[27] 余英．中国东南系建筑区系类型研究 [M]. 北京：中国建筑工业出版社，2001.

[28] 李小云．参与式发展概论 [M]. 北京：中国农业大学出版社，2001.

[29] R. J. 约翰斯顿．人文地理学词典 [M]. 柴彦威，等，译．北京：商务印书馆，2004：737，266.

[30] Patricios N N，Tuan Y F. Space and place：The perspective of experience [J]. Leonardo，1979，12 (3)：251.

[31] Williams D R，Stewart S I. Sense of place：An elusive concept that is finding a home in ecosystem management [J]. Journal of Forestry，1998，96 (5)：18 - 23.

[32] 李艳．游憩者的城市人居环境体验研究 [D]. 武汉：华中师范大学，2014.

[33] 徐汉晖．空间、地方感与恋地情结的文学抒写 [J]. 湖北社会科学，2017，371 (11)：119 - 125.

[34] 段义孚．恐惧 [M]. 潘桂成，邓伯宸，梁永安，译．台北：台北“国立”编译馆，2008.

[35] 高泳源．诗人眼里的地方感 [J]. 文史知识，1991 (11).

[36] Jorgensen B S，Stedman R C. A comparative analysis of predictors of sense of place dimensions：Attachment to，dependence on，and identification with lakeshore properties [J]. Journal of Environmental Management，Elsevier，2006，79 (3)：316 - 327.

[37] 唐文跃．地方感研究进展及研究框架 [J]. 旅游学刊，2007 (11)：70 - 77.

[38] 邵培仁．当“看到”打败“听到”：论景观在传媒时代的特殊地位 [J]. 浙江师范大学学报：社会科学版，2010，35 (6)：1 - 5.

[39] 朱竑，刘博．地方感、地方依恋与地方认同等概念的辨析及研究启示 [J]. 华南师范大学学报：自然科学版，2011 (1)：1 - 8.

[40] 许振晓．中西旅游者杭州目的地地方依恋系统研究 [D]. 南京：南京大学，2011.

[41] 张中华，焦林申．城市历史文化街区的地方感营造策略研究：以西安回民街为例 [J]. 城市发展研究，2017，24 (9)：10 - 14.

[42] 闫海明，战金艳，张韬．生态系统恢复力研究进展综述 [J]. 地理科学进展，2012，31

(3)：303-314.
[43] Holling C S. Resilience and stability of ecological systems [J]. Annual Review of Ecology and Systematics，Annual Reviews 4139 El Camino Way，PO Box 10139，Palo Alto，CA 94303-0139，USA，1973，4 (1)：1-23.
[44] Gunderson L H，Holling C S. Panarchy：Understanding transformations in human and natural systems [M]. Island press，Washington D C，2002.
[45] Carpenter S，Walker B，Anderies J M，et al. From metaphor to measurement：Resilience of what to what? [J]. Ecosystems，Springer，2001，4 (8)：765-781.
[46] Walker B H，Holling C S，Carpenter S R，et al. Resilience，adaptability and transformability in social-ecological systems [J]. Ecology and Society，2004，9 (2)：5.
[47] 孙晶，王俊，杨新军．社会—生态系统恢复力研究综述 [J]. 生态学报，2007，27 (12)：5371-5381.
[48] Adger W N. Vulnerability [J]. Global Environmental Change，2006，16 (3)：268-281.
[49] Smit B J，Wandel J. Adaptation，adaptive capacity and vulnerability [J]. Global Environmental Change，Elsevier，2006，16 (3)：282-292.
[50] Gallopín G C. Linkages between vulnerability，resilience，and adaptive capacity [J]. Global Environmental Change，Elsevier，2006，16 (3)：293-303.
[51] 周晓芳．从恢复力到社会-生态系统：国外研究对我国地理学的启示 [J]. 世界地理研究，2017，26 (4)：156-167，155.
[52] 齐代华．九寨沟水生植物物种多样性及其环境关系研究 [D]. 重庆：西南大学，2007.
[53] 杨仲元，徐建刚，林蔚．基于复杂适应系统理论的旅游地空间演化模式：以皖南旅游区为例 [J]. 地理学报，2016，71 (6)：1059-1074.
[54] 蓝振江．九寨沟陆生植物群落的生物量和生产力研究 [D]. 成都：四川大学，2004.
[55] 一文．25 年中国世界遗产之路 [J]. 中国文化遗产，2010 (6)：16-35，6，36.
[56] 邓贵平．九寨沟旅游地学景观成因与保护 [M]. 北京：科学出版社，2012.
[57] 司马迁·史记：第 1 册 [M]. 北京：中华书局，1959：34.
[58] 宁越敏，张务栋，钱今昔．中国城市发展史 [M]. 合肥：安徽科学技术出版社，1994：5.
[59] 班固·汉书：第 6 册 [M]. 北京：中华书局，1962：1692.
[60] 吴良镛，等．发达地区城市化进程中建筑环境的保护与发展 [M]. 北京：中国建筑工业出版社，1999：191.
[61] 徐贤如．传统聚落空间形态的构成研究 [J]. 南京艺术学院学报：美术与设计，2021 (1)：99-104，218.
[62] 斯皮罗·科斯托夫．城市的形成：历史进程中的城市模式和城市意义 [M]. 北京：中国建筑工业出版社，2005.
[63] 沈茂英．中国山区聚落持续发展与管理研究 [D]. 成都：中国科学院研究生院（成都山地灾害与环境研究所），2005.
[64] 陈勇，陈国阶．对乡村聚落生态研究中若干基本概念的认识 [J]. 生态与农村环境学

报，2011，18（1）：54-57.

[65] 张熹，车震宇．基于空间句法的旅游村落空间形态变化研究：以丽江束河古镇为例［J］．华中建筑，2012，30（9）：105-109.

[66] 鲁鹏，杨瑞霞．数字环境考古中的史前聚落研究综述［J］．地域研究与开发，2013，32（1）：165-169.

[67] 雷振东．整合与重构：关中乡村聚落转型研究［M］．南京：东南大学出版社，2009：1.

[68] 王传胜，孙贵艳，朱珊珊．西部山区乡村聚落空间演进研究的主要进展［J］．上海交通大学学报：人文地理，2011，26（5）：9-14.

[69] Hall R B. Some rural settlement forms in Japan［J］. Geographical Review，JSTOR，1931，21（1）：93-123.

[70] 黄荣静．陕西省传统村落时空分布特征及发展模式研究［D］．西安：陕西师范大学，2019.

[71] 吴传清，曹静．德国经济学家杜能的农业区位理论初传中国史料钩沉［J］．学习月刊，2010（28）：28-29.

[72] 克里斯泰勒 W. 德国南部中心地原理［M］．常正文，等，译．上海：商务印书馆，2010.

[73] 曼德尔雷木·巴哈德．土地利用模式［J］．李柱臣，译．地理译报，1986，5（1）：50-54.

[74] Chisholm M. Rural settlement and land use［M］. Transaction Publisher，1979.

[75] 乔家君．村域经济研究的国际进展［J］．人文地理，2010，25（2）：24-30.

[76] Lewis C A，Mrara A Z. Rural settlements，mission settlements and rehabilitation in Transkei［J］. Geojournal，Springer，1986，12（4）：375-386.

[77] Bylund E. Theoretical considerations regarding the distribution of settlement in inner north Sweden［J］. Geografiska annaler，Taylor & Francis，1960，42（4）：225-231.

[78] Hudson J C. A location theory for rural settlement［J］. Annals of the Association of American Geographers，Taylor & Francis，1969，59（2）：365-381.

[79] Carrión-Flores C E，Flores-Lagunes A，Guci L. Land use change：A spatial multinomial choice analysis［R］. 2009.

[80] Goodwin H L，Doeksen G A，Oehrtman R L. Determination of settlement patterns in rapidly growing rural areas［J］. The Annals of Regional Science，Springer，1984，18（3）：67-80.

[81] Sevenant M，Antrop M. Cognitive attributes and aesthetic preferences in assessment and differentiation of landscapes［J］. Journal of Environmental Management，Elsevier，2009，90（9）：2889-2899.

[82] Kurkieva K M. Institutions as a factor of territorial differentiation of socioeconomic characteristics of rural settlements in Ingushetiya［J］. Regional Research of Russia，2013，3（1）：62-70.

[83] Alekseev A I，Safronov S G. Transformation trends of Russia's rural settlement patterns in

the late soviet and post-soviet periods：1970--2010 [J]. Regional Research of Russia，Springer，2015，5 (2)：193 - 201.
[84] Hosseini S B，Faizi M，Norouzian-Maleki S. Impact evaluation of rural development plans for renovating and retrofitting of rural settlements [J]. Environmental Earth Sciences，Springer，2015，73 (7)：3033 - 3042.
[85] Choubey A N，Bansal T. Impact of corridor development on rural settlements along Delhi-Jaipur [J]. Geoecology of Landscape Dynamics，Springer Nature，2020：295 - 305.
[86] 严钦尚．西康居住地理 [J]. 地理学报，1939，6 (1)：43 - 56.
[87] 陈述彭，杨利普．遵义附近之聚落 [J]. 地理学报，1943，10：69 - 81.
[88] 李旭旦，金其铭．江苏省农村聚落的整治问题 [J]. 经济地理，1983 (2)：132 - 135.
[89] 陈宗兴，陈晓键．乡村聚落地理研究的国外动态与国内趋势 [J]. 世界地理研究，1994 (1)：72 - 79.
[90] 范少言．乡村聚落空间结构的演变机制 [J]. 西北大学学报：自然科学版，1994，24 (4)：295 - 298.
[91] 张小林．乡村空间系统及其演变研究 [M]. 南京：南京师范大学出版社，1999.
[92] 李小建．农户地理论 [M]. 北京：科学出版社，2009.
[93] 龙花楼，李裕瑞，刘彦随．中国空心化村庄演化特征及其动力机制 [J]. 地理学报，2009，64 (10)：1203 - 1213.
[94] 刘彦随．中国东部沿海地区乡村转型发展与新农村建设 [J]. 地理学报，2007，62 (6)：563 - 570.
[95] 李旭，崔皓，李和平，等．近40年我国村镇聚落发展规律研究综述与展望：基于城乡规划学与地理学比较的视角 [J]. 城市规划学刊，2020，260 (6)：82 - 89.
[96] 冯晓英．论北京“城中村”改造：兼述流动人口聚居区合作治理 [J]. 人口研究，2010，34 (6)：55 - 66.
[97] 刘彦随，刘玉，翟荣新．中国农村空心化的地理学研究与整治实践 [J]. 地理学报，2009，64 (10)：1193 - 1202.
[98] 朱凤凯．北京市郊区农村居民点用地转型与功能演变研究 [D]. 北京：中国农业大学，2014.
[99] 邢谷锐，徐逸伦，郑颖．城市化进程中乡村聚落空间演变的类型与特征 [J]. 经济地理，2007 (6)：932 - 935.
[100] 范少言，陈宗兴．试论乡村聚落空间结构的研究内容 [J]. 经济地理，1995，15 (2)：44 - 47.
[101] 庞骏，张杰．闽台传统聚落保护与旅游开发 [M]. 东南大学出版社，2018.
[102] 付孟泽，闫凤英，林建桃．人地关系驱动下浙北乡村聚落空间演变与发展研究 [J]. 地域研究与开发，2019，38 (6)：152 - 157.
[103] 杜佳，华晨，余压芳．传统乡村聚落空间形态及演变研究——以黔中屯堡聚落为例 [J]. 城市发展研究，2017，24 (2)：47 - 53.
[104] 邱士可，鲁鹏，陈盼盼，等．甘青地区史前聚落地理研究现状与展望 [J]. 地域研究

与开发，2019，38（5）：164-168+180.
[105] 邓巍，胡海艳，杨瑞鑫，等．传统乡村聚落空间的双构特征及保护启示［J］．城市规划学刊，2019（6）：101-106.
[106] 郭晓东，马利邦，张启媛．陇中黄土丘陵区乡村聚落空间分布特征及其基本类型分析［J］．地理科学，2013，33（1）：45-51.
[107] 高苹，席建超．旅游地乡村聚落产业集聚的时空演化及其驱动机制研究：野三坡旅游地苟各庄村案例实证［J］．资源科学，2017，39（8）：1535-1544.
[108] 张海朋，樊杰，何仁伟，等．青藏高原高寒牧区聚落时空演化及驱动机制：以藏北那曲县为例［J］．地理科学，2019，39（10）：1642-1653.
[109] 郭晓东，牛叔文，吴文恒，等．陇中黄土丘陵区乡村聚落空间分布特征及其影响因素分析［J］．干旱区资源与环境，2010，24（9）：27-32.
[110] 席鸿，肖莉，桑国臣．古城边缘传统村落公共空间形态演变机制研究：以陕西韩城庙后村为例［J］．四川建筑科学研究，2016，42（4）：124-128.
[111] 张磊，武友德，李君，等．云南环洱海地区农村聚落空间分布变化及特征分析［J］．水土保持研究，2016，23（6）：316-321，326.
[112] 闵婕，杨庆媛．三峡库区乡村聚落空间演变及驱动机制：以重庆万州区为例［J］．山地学报，2016（1）：100-109.
[113] 李伯华，曾菊新．基于农户空间行为变迁的乡村人居环境研究［J］．地理与地理信息科学，2009，25（5）：84-88.
[114] 郭晓东，马利邦，张启媛．基于 GIS 的秦安县乡村聚落空间演变特征及其驱动机制研究［J］．经济地理，2012，32（7）：56-62.
[115] 蔡为民，唐华俊，陈佑启，等．近 20 年黄河三角洲典型地区农村居民点景观格局［J］．资源科学，2004（5）：89-97.
[116] 马晓冬，李全林，沈一．江苏省乡村聚落的形态分异及地域类型［J］．地理学报，2012，67（4）：516-525.
[117] 李红波，张小林，吴江国，等．苏南地区乡村聚落空间格局及其驱动机制［J］．地理科学，2014，34（4）：438-446.
[118] 罗光杰，李阳兵，王世杰，等．自然保护区聚落空间格局与演变的梯度效应：以贵州茂兰为例［J］．自然资源学报，2012，27（8）：1327-1339.
[119] 闵婕，杨庆媛．岩溶山区乡村聚落的格局特征及类型分析：以重庆市巫山县为例［J］．中国岩溶，2014，33（1）：99-109.
[120] 王传胜，朱珊珊，孙贵艳，等．西部山区坡地村落空间演进与农户生计改变［J］．自然资源学报，2012，27（7）：1089-1100.
[121] 席建超，赵美风，葛全胜．旅游地乡村聚落用地格局演变的微尺度分析：河北野三坡旅游区苟各庄村的案例实证［J］．地理学报，2011，66（12）：1707-1717.
[122] 席建超，王首琨，张瑞英．旅游乡村聚落“生产-生活-生态”空间重构与优化：河北野三坡旅游区苟各庄村的案例实证［J］．自然资源学报，2016，31（3）：425-435.
[123] 冯文兰，周万村，李爱农，等．基于 GIS 的岷江上游乡村聚落空间聚集特征分析：以

茂县为例 [J]. 长江流域资源与环境，2008，17 (1)：57-61.
[124] 周国华，贺艳华，唐承丽，等．中国农村聚居演变的驱动机制及态势分析 [J]. 地理学报，2011，66 (4)：515-524.
[125] 田光进，刘纪远，张增祥，等．基于遥感与GIS的中国农村居民点规模分布特征 [J]. 遥感学报，2002 (4)：307-312+326.
[126] 刘仙桃，郑新奇，李道兵．基于 Voronoi 图的农村居民点空间分布特征及其影响因素研究——以北京市昌平区为例 [J]. 生态与农村环境学报，2009，25 (2)：30-33+93.
[127] 马利邦，郭晓东，张启媛．甘谷县乡村聚落时空布局特征及格局优化 [J]. 农业工程学报，2012，28 (13)：217-225.
[128] 单勇兵，马晓冬，宣勇．基于 GIS 的徐州市乡村聚落空间适宜性分析 [J]. 地域研究与开发，2012，31 (6)：156-160.
[129] 彭鹏，周国华．农村聚居模式研究初探 [J]. 特区经济，2008 (1)：132-133.
[130] 李全林，马晓冬，沈一．苏北地区乡村聚落的空间格局 [J]. 地理研究，2012，31 (1)：144-154.
[131] 单勇兵，马晓冬，仇方道．苏中地区乡村聚落的格局特征及类型划分 [J]. 地理科学，2012，32 (11)：1340-1347.
[132] 孙丕苓．1990 年来商州区聚落规模扩展及其空间演变研究 [D]. 西安：西北大学，2012.
[133] Nepal S K. Tourism and rural settlements Nepal's Annapurna region [J]. Annals of Tourism Research，Elsevier，2007，34 (4)：855-875.
[134] Wall G. Perspectives on tourism in selected Balinese villages [J]. Annals of Tourism Research，Elsevier，1996，23 (1)：123-137.
[135] Harrison D. Tourism and less developed countries：Key issues. [J]. Tourism and the Less Developed World：Issues and Case Studies，CABI Publishing，2001：23-46.
[136] 陶伟，戴光全．区域旅游发展的"竞合模式"探索：以苏南三镇为例 [J]. 人文地理，2002 (4)：29-33.
[137] 吴承照，肖建莉．古村落可持续发展的文化生态策略：以高迁古村落为例 [J]. 城市规划汇刊，2003 (4)：56-60.
[138] 孙静，苏勤．古村落旅游开发的视觉影响与管理：以西递—宏村为例 [J]. 人文地理，2004，19 (4)：37-40.
[139] 车震宇，保继刚．传统村落旅游开发与形态变化研究 [J]. 规划师，2006，22 (6)：45-60.
[140] 伍家平．论民族聚落地理特征形成的文化影响与文化聚落类型 [J]. 地理研究，1992，11 (3)：50-57.
[141] 管彦波．民族地理学 [M]. 北京：社会科学文献出版社，2011.
[142] 邓春凤，石晓红，黄耀志．社会转型背景下桂北少数民族聚落空间重构策略研究 [J]. 城市发展研究，2012，19 (11)：70-75.
[143] 许家伟．乡村聚落空间结构的演变与驱动机理 [D]. 开封：河南大学，2013.

[144] 李伯华，曾菊新，胡娟．乡村人居环境研究进展与展望［J］．地理与地理信息科学，2008，24（5）：70－74.
[145] 李立．乡村聚落：形态、类型与演变：以江南地区为例［M］．南京：东南大学出版社，2007.
[146] 屠爽爽，周星颖，龙花楼，等．乡村聚落空间演变和优化研究进展与展望［J］．经济地理，2019，39（11）：142－149.
[147] 田世政，杨桂华．社区参与的自然遗产型景区旅游发展模式：以九寨沟为案例的研究及建议［J］．经济管理，2012，34（2）：107－117.
[148] 杨友宝．旅游地域系统演化的空间效应［M］．北京：中国旅游出版社，2019.
[149] 宋涛，陈雪婷，陈才．基于聚集分形维数的旅游地域系统空间优化研究［J］．干旱区资源与环境，2017，31（4）：189－194.
[150] 李雪，李善同．旅游地域系统时空维演化理论探讨［J］．社会科学家，2012，185（9）：89－92.
[151] 九寨沟县地方志编辑委员会．九寨沟县旅游纵览［M］．成都：电子科技大学出版社，2003.
[152] Fang Y，Zeng Y，Li S. Management philosophy and practices of habitat conservation for Jiuzhaigou Nature Reserve，Sichuan，China［J］．Wuhan University Journal of Natural Sciences，Wuhan University Journal，2005，10（4）：730－738.
[153] Messerli B，Grosjean M，Hofer T，et al. From nature-dominated to human-dominated environmental changes［J］．Quaternary Science Reviews，2000，19（1－5）：459－479.
[154] 伍锋．旅游地系统自组织演化的条件、动力机制与途径［J］．吉首大学学报：社会科学版，2012，33（3）：135－138，163.
[155] 李雪，董锁成，李善同．旅游地域系统演化研究综论［J］．旅游学刊，2012，27（9）：46－55.
[156] Butler R W. The concept of a tourist area cycle of evolution：Implications for management of resources［J］．Canadian Geographer/Le Géographe canadien，Blackwell Publishing Ltd Oxford，UK，1980，24（1）：5－12.
[157] 李少梅．地理系统熵［J］．甘肃广播电视大学学报，1995（4）：65－66.
[158] 李春华，李宁，史培军，等．基于信息熵的江苏省耕地安全系统演化分析［J］．资源科学，2008（1）：43－51.
[159] 耿海青，谷树忠，国冬梅．基于信息熵的城市居民家庭能源消费结构演变分析：以无锡市为例［J］．自然资源学报，2004（2）：257－262.
[160] 徐菲菲，杨达源，黄震方．基于层次熵分析法的湿地生态旅游评价研究：以江苏盐城丹顶鹤湿地自然保护区为例［J］．经济地理，2005，25（5）：707－711.
[161] 冯卫红．基于人地关系的生态旅游地域系统演变定量分析［J］．人文地理，2006，21（4）：74－78.
[162] 韩永学．人地关系协调系统的建立：对生态伦理学的一个重要补充［J］．自然辩证法研究，2004，20（5）：5－9.

[163] 谢彦君．基础旅游学 [M]. 2 版．北京：中国旅游出版社，2004.
[164] 胡炳清．旅游环境容量计算方法 [J]. 环境科学研究，1995，8 (3)：20-24.
[165] 李江天，甘碧群．基于生态足迹的旅游生态环境承载力计算方法 [J]. 武汉理工大学学报：信息与管理工程版，2007，29 (2)：96-100.
[166] 李孜沫．汾河流域古村落的时空演化与形成机理 [J]. 经济地理，2019，39 (2)：207-214，231.
[167] 郭晓东．黄土丘陵区乡村聚落发展及其空间结构研究 [D]. 兰州：兰州大学，2007.
[168] 马恩朴，李同昇，卫倩茹．中国半城市化地区乡村聚落空间格局演化机制探索：以西安市南郊大学城康杜村为例 [J]. 地理科学进展，2016，35 (7)：816-828.
[169] 海贝贝．快速城市化进程中城市边缘区聚落空间演化研究：以郑州市为例 [D]. 开封：河南大学，2014.
[170] 李灿，张佰林，张凤荣．农户生计分化对农民新村建设的影响：基于山东沂水县农村的实证调查 [J]. 农业现代化研究，2016，37 (4)：754-759.
[171] 李红波，张小林，吴江国，等．苏南地区乡村聚落空间格局及其驱动机制 [J]. 地理科学，2014，34 (4)：438-446.
[172] 李天宇，陆林，任以胜，等．浙江省传统村落空间格局演化及影响因素研究 [J]. 资源开发与市场，2020，36 (6)：626-634.
[173] 秦士强．揭阳市月湄传统村落聚落形态演变探析 [D]. 广州：广东工业大学，2017.
[174] Ruda G. Rural buildings and environment [J]. Landscape and Urban Planning, Elsevier, 1998, 41 (2)：93-97.
[175] 屠爽爽，龙花楼，李婷婷，等．中国村镇建设和农村发展的机理与模式研究 [J]. 经济地理，2015，35 (12)：141-147.
[176] 韩非，蔡建明．我国半城市化地区乡村聚落的形态演变与重建 [J]. 地理研究，2011，30 (7)：1271-1284.
[177] 李骞国，石培基，刘春芳，等．黄土丘陵区乡村聚落时空演变特征及格局优化：以七里河区为例 [J]. 经济地理，2015，35 (1)：126-133.
[178] 朱倩琼，郑行洋，刘樱，等．广州市农村聚落分类及其空间特征 [J]. 经济地理，2017，37 (6)：206-214.
[179] 李红波，张小林，吴启焰，等．发达地区乡村聚落空间重构的特征与机理研究：以苏南为例 [J]. 自然资源学报，2015，30 (4)：591-603.
[180] 王国刚，刘彦随，王介勇．中国农村空心化演进机理与调控策略 [J]. 农业现代化研究，2015，36 (1)：34-40.
[181] 李智，张小林，李红波，等．江苏典型县域城乡聚落规模体系的演化路径及驱动机制 [J]. 地理学报，2018，73 (12)：2392-2408.
[182] 李智，张小林，李红波．县域城乡聚落规模体系的演化特征及驱动机理：以江苏省张家港市为例 [J]. 自然资源学报，2019，34 (1)：140-152.
[183] 刘佳燕，沈毓颖．面向风险治理的社区韧性研究 [J]. 城市发展研究，2017，24 (12)：83-91.

[184] 周晓芳. 从恢复力到社会-生态系统：国外研究对我国地理学的启示 [J]. 世界地理研究，2017，26 (4)：156-167，155.

[185] Ruiz-Ballesteros E. Social-ecological resilience and community-based tourism: An approach from Agua Blanca, Ecuador [J]. Tourism management, 2011, 32 (3): 655-666.

[186] 王群，陆林，杨兴柱. 国外旅游地社会—生态系统恢复力研究进展与启示 [J]. 自然资源学报，2014，29 (5)：894-908.

[187] 王群，陆林，杨兴柱. 旅游地社会—生态子系统恢复力比较分析：以浙江省淳安县为例 [J]. 旅游学刊，2016，31 (2)：116-126.

[188] Hillmer-Pegram K C. Understanding the resilience of dive tourism to complex change [J]. Tourism Geographies, Taylor & Francis, 2014, 16 (4): 598-614.

[189] Davidson D J. The applicability of the concept of resilience to social systems: Some sources of optimism and nagging doubts [J]. Society and Natural Resources, Taylor & Francis, 2010, 23 (12): 1135-1149.

[190] 王群，陆林，杨兴柱. 千岛湖社会—生态系统恢复力测度与影响机理 [J]. 地理学报，2015，70 (5)：779-795.

[191] Lew A A, Cheer J M. Lessons learned: Globalization, change, and resilience in tourism communities [A] //Tourism, Resilience and Sustainability. Routledge, 2017: 319-323.

[192] Paton D, Johnston D. Disasters and communities: Vulnerability, resilience and preparedness [J]. Disaster Prevention and Management, An International Journal, MCB UP Ltd, 2001, 10 (4): 270-277.

[193] Skerratt S. Enhancing the analysis of rural community resilience: Evidence from community land ownership [J]. Journal of Rural Studies, Elsevier, 2013, 31: 36-46.

[194] Maguire B, Cartwright S. Assessing a community's capacity to manage change: A resilience approach to social assessment [J]. Bureau of Rural Sciences Canberra, 2008.

[195] Maclean K, Cuthill M, Ross H. Six attributes of social resilience [J]. Journal of Environmental Planning and Management, Taylor & Francis, 2014, 57 (1): 144-156.

[196] Magis K. Community resilience: An indicator of social sustainability [J]. Society and Natural Resources, Taylor & Francis, 2010, 23 (5): 401-416.

[197] Plodinec M J. Definitions of resilience: An analysis [J]. Oak Ridge: Community and Regional Resilience Institute (CARRI), 2009.

[198] 王群. 旅游地社会—生态系统恢复力研究 [D]. 合肥：安徽师范大学，2015.

[199] Tobin G A. Sustainability and community resilience: The holy grail of hazards planning? [J]. Global Environmental Change Part B: Environmental Hazards, Taylor & Francis, 1999, 1 (1): 13-25.

[200] Matarrita-Cascante D, Trejos B. Community resilience in resource-dependent communities: A comparative case study [J]. Environment and Planning A, SAGE Publications

Sage UK: London, England, 2013, 45 (6): 1387 - 1402.

[201] Berkes F, Ross H. Community resilience: Toward an integrated approach [J]. Society & Natural Resources, Taylor & Francis, 2013, 26 (1): 5 - 20.

[202] Coles T, Duval D T, Hall C M. Tourism, mobility, and global communities: New approaches to theorising tourism and tourist spaces [A] //Global Tourism. Routledge, 2012: 476 - 494.

[203] Buckle P, Marsh G, Smale S. Assessing resilience and vulnerability: Principles, strategies and actions [J]. Strengthening Resilience in Post-disaster Situations, 2001: 245.

[204] Pelling M. The vulnerability of cities: Natural disasters and social resilience [M]. London, U K: Earthscan, 2003.

[205] Cutter S L. The landscape of disaster resilience indicators in the USA [J]. Natural Hazards, Springer, 2016, 80 (2): 741 - 758.

[206] Becken S, Mahon R, Rennie H G, et al. The tourism disaster vulnerability framework: An application to tourism in small island destinations [J]. Natural Hazards, Springer, 2014, 71: 955 - 972.

[207] 郭永锐，张捷，张玉玲．旅游目的地社区恢复力的影响因素及其作用机制 [J]. 地理研究，2018，37 (1): 133 - 144.

[208] Calgaro E, Lloyd K, Dominey-Howes D. From vulnerability to transformation: A framework for assessing the vulnerability and resilience of tourism destinations [J]. Journal of Sustainable Tourism, Taylor & Francis, 2014, 22 (3): 341 - 360.

[209] Orchiston C. Tourism business preparedness, resilience and disaster planning in a region of high seismic risk: the case of the Southern Alps, New Zealand [J]. Current Issues in Tourism, Taylor & Francis, 2013, 16 (5): 477 - 494.

[210] Biggs D, Hall C M, Stoeckl N. The resilience of formal and informal tourism enterprises to disasters: Reef tourism in Phuket, Thailand [J]. Journal of Sustainable Tourism, Taylor & Francis, 2012, 20 (5): 645 - 665.

[211] 刘婧，史培军，葛怡，等．灾害恢复力研究进展综述 [J]. 地球科学进展，2006，21 (2): 211 - 218.

[212] 蒋斌，侯成．灾后农村社区建设中村民社区参与现状与模式研究：以北川县擂鼓镇灾后重建为例 [J]. 社会工作，2009 (14): 32 - 35.

[213] Timmerman P. Vulnerability, resilience and the collapse of society: A review of models and possible climatic applications [J]. Toronto, Canada. Institute for Environmental Studies, University of Toronto, 1981.

[214] Mileti D. Disasters by design: A reassessment of natural hazards in the United States [M]. Joseph Henry Press, 1999.

[215] Luthar S S, Cicchetti D, Becker B. The construct of resilience: A critical evaluation and guidelines for future work [J]. Child Development, Wiley Online Library, 2000, 71 (3): 543 - 562.

[216] Assembly U G. Resolution 58/214 on International Strategy for Disaster Reduction [J]. Un General Assembly, 2004: 182 - 221.

[217] 金小红，陆汉文．汶川地震灾后农村社区系统的恢复重建 [C] //灾后重建与扶贫开发结合国际研讨会，2010.

[218] Steiger R, Stötter J. Climate change impact assessment of ski tourism in Tyrol [J]. Tourism Geographies, Taylor & Francis, 2013, 15 (4): 577 - 600.

[219] Lehto X Y, Cai L A, O'Leary J T, et al. Tourist shopping preferences and expenditure behaviours: The case of the Taiwanese outbound market [J]. Journal of Vacation Marketing, Sage Publications Sage CA: Thousand Oaks, CA, 2004, 10 (4): 320 - 332.

[220] Prideaux B, Laws E, Faulkner B. Events in Indonesia: Exploring the limits to formal tourism trends forecasting methods in complex crisis situations [J]. Tourism Management, Elsevier, 2003, 24 (4): 475 - 487.

[221] Lew A A. Scale, change and resilience in community tourism planning [J]. Tourism Geographies, Taylor & Francis, 2014, 16 (1): 14 - 22.

[222] Andereck K L. Tourists' perceptions of environmentally responsible innovations at tourism businesses [J]. Journal of Sustainable Tourism, Taylor & Francis, 2009, 17 (4): 489 - 499.

[223] Gursoy D, Rutherford D G. Host attitudes toward tourism: An improved structural model [J]. Annals of Tourism Research, Elsevier, 2004, 31 (3): 495 - 516.

[224] Allen K. Warning and Informing the Public [J]. Natural Hazards Observer, 2005, XXIX (6): 11 - 12.

[225] Bruneau M. Seismic risk: Why it should be considered and impediments to implementation—An earthquake center perspective [C]. Structures Congress 2005: Metropolis and Beyond, 2005: 1 - 5.

[226] Tsai C-H, Wu T, Wall G, et al. Perceptions of tourism impacts and community resilience to natural disasters [J]. Tourism Geographies, 2016, 18 (2): 152 - 173.

[227] Forino G. Disaster recovery: Narrating the resilience process in the reconstruction of L'Aquila (Italy) [J]. Geografisk Tidsskrift-Danish Journal of Geography, Taylor & Francis, 2015, 115 (1): 1 - 13.

[228] Morrow B H. Identifying and mapping community vulnerability [J]. Disasters, Wiley Online Library, 1999, 23 (1): 1 - 18.

[229] Coles E, Buckle P. Developing community resilience as a foundation for effective disaster recovery [J]. Australian Journal of Emergency Management, 2004, 19 (4): 6 - 15.

[230] Triandafyllidou A. Book review: Risk, environment and modernity: Towards a new ecology [J]. Sociological Research Online, 1997, 2 (4): 121 - 122.

[231] Fuchs G, Reichel A. Correlates of destination risk perception and risk reduction strategies [A] //Progress in tourism marketing. Routledge, 2007: 191 - 200.

[232] Graefel A R. Social psychological carrying capacity [J]. Outdoor Recreation Benchmark,

1988：451.
[233] 王书霞．秦岭暴雨灾害游客风险感知能力评价指标体系研究 [D]．西安：陕西师范大学，2014.
[234] 许晖，许守任，王睿智．消费者旅游感知风险维度识别及差异分析 [J]．旅游学刊，2013，28 (12)：71-80.
[235] 邹永广，郑向敏．旅游目的地游客安全感形成机理实证研究 [J]．旅游学刊，2014，29 (3)：84-90.
[236] 辜寄蓉，范晓，彭东．九寨沟地质灾害预测的空间分析模型 [J]．中国地质，2002，29 (1)：109-112.
[237] Torkildsen G. Leisure recreation management [M]. Routledge，2012.
[238] 王珏．人居环境视野中的游憩理论与发展战略研究 [M]．北京：中国建筑工业出版社，2009.
[239] Butler R W. The concept of a tourist area cycle of evolution：Implications for management of resources [J]. Canadian Geographer，Blackwell Publishing Ltd Oxford，UK，1980，24 (1)：5-12.
[240] 甘朝有．旅游心理学 [M]．修订版．天津：南开大学出版社，2001.
[241] Eyles J D. Sense of place：An investigation of the relationships between theory，observation and explanation [D]. Queen Mary，University of London，1983.
[242] Tuan Y F. Rootedness versus sense of place [J]. Landscape，1980，24：3-8.
[243] Kyle G，Chick G. The social construction of a sense of place [J]. Leisure Sciences，2007，29 (3)：209-225.
[244] 汪芳，黄晓辉，俞曦．旅游地地方感的游客认知研究 [J]．地理学报，2009，64 (10)：1267-1277.
[245] 陈慧琳．人文地理学 [M]．北京：科学出版社，2013.
[246] Stedman R C. Toward a social psychology of place：Predicting behavior from place-based cognitions，attitude，and identity [J]. Environment and Behavior，Sage Publications Sage CA：Thousand Oaks，CA，2002，34 (5)：561-581.
[247] Walker G J，Chapman R. Thinking like a park：The effects of sense of place，perspective-taking，and empathy on pro-environmental intentions. [J]. Journal of Park & Recreation Administration，2003，21 (4)：71-86.
[248] Williams D R，Vaske J J. The measurement of place attachment：Validity and generalizability of a psychometric approach [J]. Forest Science，Oxford University Press，2003，49 (6)：830-840.
[249] Kyle G，Graefe A，Manning R. Testing the dimensionality of place attachment in recreational settings [J]. Environment and Behavior，Sage Publications Sage CA：Thousand Oaks，CA，2005，37 (2)：153-177.
[250] Halpenny E A. Pro-environmental behaviours and park visitors：The effect of place attachment [J]. Journal of Environmental Psychology，Elsevier，2010，30 (4)：409-421.

[251] Halpenny E A. Environmental behaviour, place attachment and park visitation: A case study of visitors to Point Pelee National Park [D]. University of Waterloo, 2006.

[252] Schreyer N B. Space, place, and self: The art of how environment shapes us [D]. Kent State University, 2008.

[253] Smaldone D. The role of time in place attachment [C]. Proceedings of the 2006 Northeastern Recreation Research Symposium, 2007: 47 - 56.

[254] Pooley J A, o'Connor M. Environmental education and attitudes: Emotions and beliefs are what is needed [J]. Environment and Behavior, Sage Publications Sage CA: Thousand Oaks, CA, 2000, 32 (5): 711 - 723.

[255] Vaske J J, Kobrin K C. Place attachment and environmentally responsible behavior [J]. The Journal of Environmental Education, Taylor & Francis, 2001, 32 (4): 16 - 21.

[256] Kelly S Bricker, Deborah L Kerstetter. Level of specialization and place attachment: An exploratory study of whitewater recreationists [J]. Leisure Sciences, Taylor & Francis, 2000, 22 (4): 233 - 257.

[257] Proshansky H M, Fabian A K, Kaminoff R. Place-identity: Physical world socialization of the self. [J]. Journal of Environmental Psychology, Elsevier Science, 1983, 3 (1): 57 - 83.

[258] Williams D R, Patterson M E, Roggenbuck J W, et al. Beyond the commodity metaphor: Examining emotional and symbolic attachment to place [J]. Leisure Sciences, Taylor & Francis, 1992, 14 (1): 29 - 46.

[259] Sampson K A, Goodrich C G. Making place: Identity construction and community formation through "sense of place" in Westland, New Zealand [J]. Society and Natural Resources, Taylor & Francis, 2009, 22 (10): 901 - 915.

[260] Marshall N A, Park S E, Adger W N, et al. Transformational capacity and the influence of place and identity [J]. Environmental Research Letters, IOP Publishing, 2012, 7 (3): 034022.

[261] Eakin H, York A, Aggarwal R, et al. Cognitive and institutional influences on farmers' adaptive capacity: Insights into barriers and opportunities for transformative change in central Arizona [J]. Regional Environmental Change, Springer, 2016, 16 (3): 801 - 814.

[262] 庄优波，杨锐．世界自然遗产地社区规划若干实践与趋势分析 [J]. 中国园林，2012，28 (9): 9 - 13.

[263] 黄韬，胡军．论自然保护区建设与社区发展的关系 [J]. 农村经济，2007 (5): 40 - 42.

[264] Diochon M C. Entrepreneurship and community economic development [M]. McGill-Queen's Press-MQUP, 2003.

[265] Cameron J. World Bank, "Expanding the Measure of Wealth: Indicators of Environmentally Sustainable Development" (Book Review) [M] //Third World Planning Review, Liverpool University Press, 1998, 20 (3): 325.

[266] Yuen B. Searching for place identity in Singapore [J]. Habitat International, Elsevier, 2005, 29 (2): 197 - 214.

[267] Onyx J, Bullen P. Measuring social capital in five communities [J]. The Journal of Applied Behavioral Science, Sage Publications Sage CA: Thousand Oaks, CA, 2000, 36 (1): 23 - 42.

[268] 郭瑞坤，林佩璇．社区产业发展影响因素研究：基于社会资本视角的分析 [J]. 公共管理研究，2007 (0): 231 - 256.

[269] 吴明儒，刘宏钰．以社区经济为导向之社区发展历程分析：以台湾三个自发型乡村社区组织为例 [C] //何艳玲. 回归社会：中国社会建设之路，首届社会建设论坛，2011: 91 - 113.

[270] 邱家辉，周显荣．发展社区产业促进农业产业化深化升级 [J]. 山西农经，2014 (5): 52 - 53.

[271] 陈飞，孙鸿雁，王丹彤，等．湿地公园社区规划可持续发展模式研究：以贵州万峰国家湿地公园为例 [J]. 林业建设，2015，186 (6): 24 - 29.

[272] 彭顺生．世界遗产旅游概论 [M]. 北京：中国旅游出版社，2008.

[273] Shelford V E. List of reserves may serve as nature sanctuaries of national and international importance, in Canada, the United States, and Mexico [J]. Ecology, Wiley Online Library, 1941, 22 (1): 100 - 110.

[274] Sayer J. Rainforest buffer zones: Guidelines for protected area managers [R]. International Union for Conservation of Nature and Natural Resources, 1991.

[275] 谢文斌．自然保护区社区产业发展研究：以陕西太白山、甘肃白水江和四川唐家河国家级自然保护区为例 [D]. 兰州：兰州大学，2011.

[276] 傅晓莉．中国西部自然保护区社区经济发展研究 [J]. 未来与发展，2005 (5): 51 - 53.

[277] 吴小敏，徐海根，蒋明康，等．试论自然保护区与社区协调发展 [J]. 生态与农村环境学报，2011，18 (2): 10 - 13.

[278] 徐建英，陈利顶，吕一河，等．保护区与社区关系协调：方法和实践经验 [J]. 生态学杂志，2005，24 (1): 102 - 107.

[279] 汪慧玲，李励恒．祁连山国家级自然保护区周边经济发展模式探讨 [J]. 林业经济问题，2008，28 (6): 521 - 525.

[280] 宋开慧．银殿山—龙虎山自然保护区周边社区发展问题研究 [D]. 南宁：广西大学，2013.

[281] 金敏艳，袁虹．祁连山自然保护区社区产业发展建议 [J]. 中国林业，2011 (24): 61.

[282] 张华堂，李晓兵，赵华．甘肃盐池湾国家级自然保护区社区经济发展模式初探 [J]. 甘肃林业科技，2007，32 (3): 46 - 49.

[283] 陈衡民．海坛风景名胜区周边社区营造研究 [D]. 泉州：华侨大学，2016.

[284] 刘玉梅，刘洋．云南纳板河自然保护区周边社区参与生态旅游的模式研究 [J]. 中国环境管理干部学院学报，2010，20 (3): 15 - 19.

[285] 徐凡 . 白水江自然保护区周边社区贫困和自然资源利用的关系研究 [D]. 北京：北京林业大学，2007.

[286] Chang S E. Urban disaster recovery：A measurement framework and its application to the 1995 Kobe earthquake [J]. Disasters，Wiley Online Library，2010，34 (2)：303 - 327.

[287] Centre for Advanced Engineering Earthquake Commission. Wellington after the quake：The challenge of rebuilding cities [M]. New Zealand：Centre for Advanced Engineering，University of Canterbury Earthquake Commission，1995.

[288] Guarnacci U. Governance for sustainable reconstruction after disasters：Lessons from Nias，Indonesia [J]. Environmental Development，Elsevier，2012，2：73 - 85.

[289] 蓝定香 . 从国外地震灾后重建特点看我国"5 · 12"灾后重建经验 [J]. 成都大学学报：社会科学版，2011 (4)：6 - 8.

[290] 王华 . 社区灾后重建的可持续发展探究：以雅安芦山先锋社区为例 [C] //中国城市规划学会，贵阳市人民政府 . 新常态：传承与变革——2015 中国城市规划年会论文集 . 北京：中国建筑工业出版社，2015：1320 - 1330.

[291] 梁艳，沈一 . 台湾农村灾后重建中的社区营造及对大陆的启示：以台中埔里镇桃米社区为例 [J]. 国际城市规划，2015，30 (5)：116 - 119.

[292] 李文东 . 四川灾后重建的关键是产业优化重建 [J]. 经济体制改革，2009 (5)：133 - 136.

[293] 杜娟，杨赛霓 . 中美灾后重建对比研究：以美国格林斯堡镇与中国汶川灾区为例 [J]. 北京师范大学学报：自然科学版，2013，49 (5)：506 - 510.

[294] 杨红 . 基于可持续发展观的汶川地震重灾区旅游产业重建研究 [D]. 成都：西南交通大学，2011.

[295] 范文静，孙建华，霍斯佳，等 . 四川地质灾害背景下世界遗产保护与可持续发展研究 [J]. 资源与产业，2012，14 (3)：134 - 140.

[296] 宋娟 . 四川世界遗产地国内旅游者旅游动机研究：以汶川地震灾后重建初步完成后青城山为例 [J]. 河西学院学报，2013，29 (4)：83 - 88.

[297] 贾建中，邓武功 . 汶川地震灾区风景名胜区（世界遗产地）灾损类型与灾后重建基本思路 [C]. 中国风景园林学会 . 第十届中国科协年会第 14 分会场——风景园林与城市生态学术讨论会论文集，2008：14 - 19.

[298] 任文举 . 地震灾后四川世界遗产可持续发展研究 [J]. 国土与自然资源研究，2010 (5)：70 - 71.

[299] 张甜，刘焱序，王仰麟 . 恢复力视角下的乡村空间演变与重构 [J]. 生态学报，2017，37 (7)：2147 - 2157.

[300] 何景明，高彬 . 尺度、变化和恢复力：社区旅游规划的视角 [J]. 资源科学，2016，38 (9)：1635 - 1642.

致　谢

诚挚感谢九寨沟风景名胜区管理局为本书提供的支持，感谢管理局杜杰、朱忠福等为本书提供相关技术资料和数据支持；感谢中国科学院成都山地灾害与环境研究所、四川省金科成地理信息技术有限公司、四川师范大学等单位和张金山、魏军林、温敏、彭立等给予的大力支持与帮助，提出的宝贵意见和建议；感谢西南民族大学旅游管理专业的杨波、陆相钱、方舒、陈超、侯雨萌等同学做的问卷调查和数据分析处理。还有其他为本书献言献策的同仁和朋友们，在此一并致谢。

沈兴菊

2024 年 1 月